広島修道大学テキストシリーズ

Gradations in Pedagogy

教育学のグラデーション

教育学科の歩き方

木村恵子 Keiko Kimura
谷口直隆 Naotaka Taniguchi
宮崎康子 Yasuko Miyazaki
編

ナカニシヤ出版

はじめに

教育をめぐる不思議と、大学で教育学を学ぶということ

「「教育」について、すぐに思い浮かぶイメージを教えてください」。このような問いを、「教育原理」の授業の最初で問うことがある。そのイメージを絵に描いてもらったときに多いのは、大きな丸い時計が正面についた学校の建物や教室らしい場所に机とイスが並んでいる様子、教卓を挟んで向かい合う先生と子どもたちといった授業風景などである。その絵について、さらに文章で表現してもらうこともある。その場合には、教育とは「子どもにとって大切なもの」「学校教育だけではなくて卒業後も一生続くもの」などといった、教育の重要性や継続性を示唆する言葉が続く。いずれにしても、そこには教育に対する肯定的なイメージが見られる。このような教育のイメージはどこから来るものなのだろうか[1]。

　教育や教育の場である学校は、現代の日本に生きるわたしたちのほとんどにとって、とても馴染みが深い。一番短くても義務教育として小学校の六年間と中学校の三年間の計九年間、その後高等学校や専門学校へ進学し、さらに大学や大学院までの進学までを含めると、最長では二〇年以上にわたって学校で教育を受けることになる。つまり、現代の日本人は人生の基礎をつくる最初の大切な時期のほとんどを、教育のためにつくられた特別な時空間、すなわち学校で過ごしたという経験によって、誰もが教育について自分なりの一家言を持つことになるのだ。

　けれども、誰もが自分自身の経験としての教育、それも学校での教育経験を持っているために、わたしたちが共通してイメージする「教育」は、実は、きわめて私的な経験と結びついている。もちろん、学校の建物や教室

の配置、学年ごとのカリキュラム、各教科で教わった内容などの外的な共通項は存在する。それでも、個人がイメージする教育の内容は、どうしても私的な経験でしかなく、似たような経験を思い浮かべて互いに共通のものとして語っているのだ。とくに義務教育のあいだの教育イメージには共通する部分がかなり多いために似通ったものになりがちだ。では、義務教育終了後はどうだろうか。あるいは、時代や社会状況の違いは教育イメージにどう影響するのだろうか。

この本のメインの読者としては大学進学直後の新入生を想定しているので、本書を手に取っているみなさんの多くは、かなり同質性の高い集団に属していると思われる。それでも、大学入学後には、それまで一般的だと思っていた自分の経験と、周囲の人たちの語る「当たり前」の経験とが、どこか異なっていることに気が付き始めているのではないだろうか。個人の経験の集合は、どこまでいっても共通の経験の一部であって、全体とイコールになることはない。このように気づいたときにはじめて、共通するものとして表現された教育イメージは、個人的経験の集積であり普遍的なものではないのではないか、と考える視点が萌芽する。このような視点——当事者として経験してきた教育についてメタ・レベルで考える視点に立つのが、学問としての教育学だ。

大学での教育は、それまで受けてきた教育とは目的も内容も大きく異なる。高等教育機関として設置されている大学では、知を生産・創造していくことが求められている。それに対して、大学までの教育（初等および中等教育）は、知を伝達していく場として想定されている。高大の接続には、非連続の隔たりが存在しているのだ。したがって、大学での教育は、より専門的な内容（知識や倫理、技術）を身につけ、その理論と実践を修得することがまず目指される。平たく言えば、教育を受けるのではなく、教育の対象について自分から学ぶ姿勢が重要になる。教育を客観的な学問の対象として見ること、見たものを深く考察すること、考察内容を他者と議論すること、議論してまた考察したことを表現すること……このような繰り返しの自主的な作業が求められるようになるのだ。自分で教育学の森へと分け入っていくことによってはじめて、一括りに「教育」と呼ばれてきた営為の内実には、広大な沃野が存在することに気が付くだろう。その沃野について、教育哲学者の田中智志による「教育学（教育諸科学）の分布図」（図1）に学問としての教育学の重なりが示されている。この図には、教育学におけるさまざまな領域が、マクロな視点でとらえるかミクロな視点にフォーカスするか（縦軸）、学問志向か実践志向か（横軸）によって分類され、布置されている。大学での教育学の学びについて、この図を中心に田中の指摘を概観しておこう。[2]

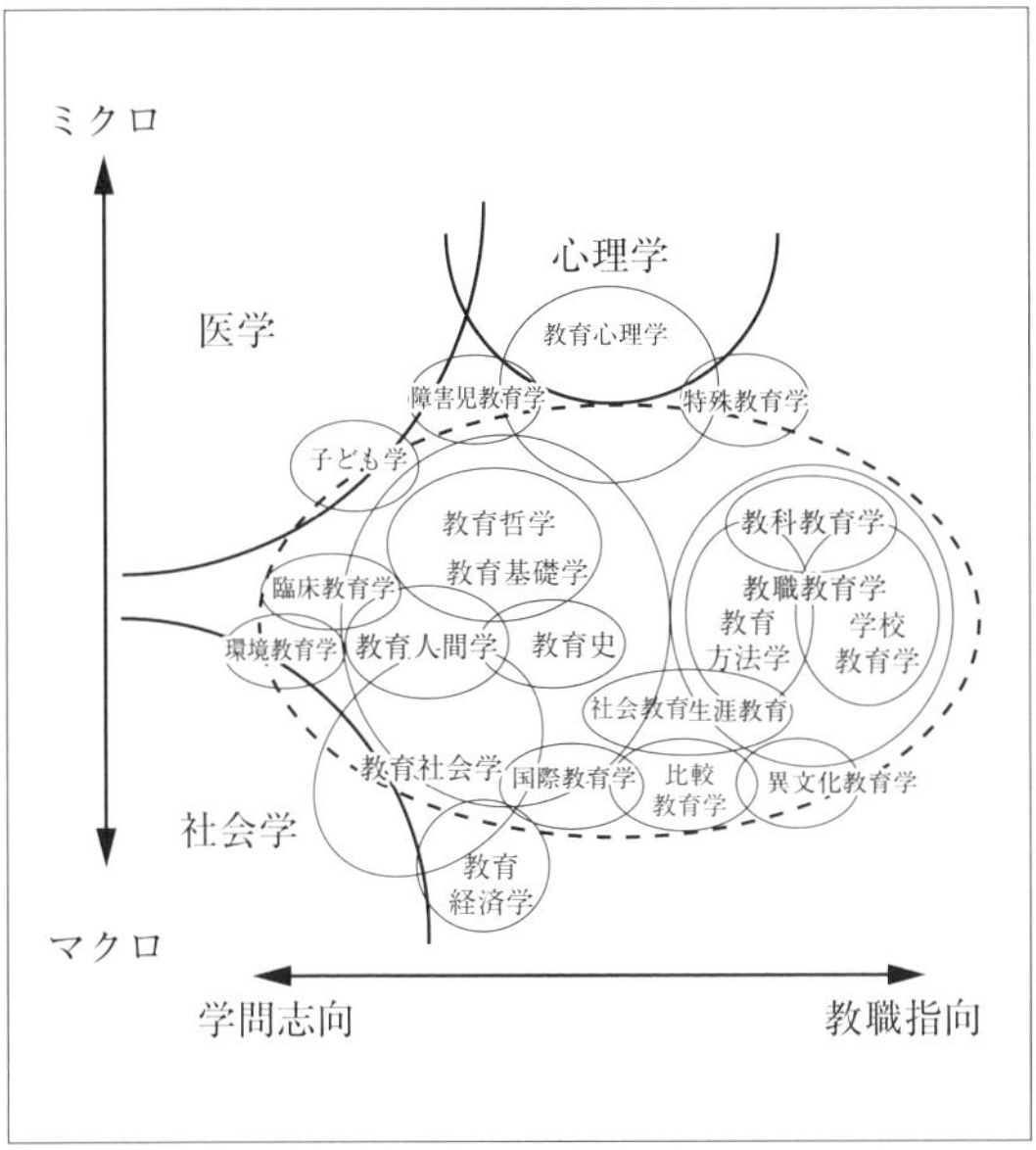

図1　教育学（教育諸科学）の分布図

田中によると、教育学とは、一般に次の六つの領域を指す。教育哲学、教育社会学、教育史、教育方法学、学校教育学（教育制度論・教育行政学）、社会教育学（生涯教育学）の六つが教育学の理論を担う領域として設定されている。この理由は、これらの領域の多くが文部科学省による大学の教職課程の必須科目となっていることから、古くから教育学の領域としてあったことによる。六つの領域のなかでも最初の四つ――教育哲学、教育社会学、教育史、教育方法学は「教育基礎学」として分類されており、理論に重きを置く傾向がとくに強く見られる。それに対して、残りの二領域――学校教育学（教育制度論・教育行政学）と社会教育学（生涯教育学）は

「教職教育学」と呼ばれ、理論よりも実践を志向する傾向がある。

より広い範囲での教育学には、この図に記されていない領域も数多く存在する。さらに、この図は「教育学の分布図」とされているが、教育学に隣接する社会学や心理学、医学といった分野も描かれているように、それら教育学の隣接諸分野と重なる教育社会学や教育心理学、子ども学なども教育学の領域に入ってくる。このように、教育学は多種多様のアプローチでもって教育事象における謎や不思議を究めようとしている。それらのアプローチの一端でも示そうという意図の下に編んだのが本書である。

本書『教育学のグラデーション』には、多様な教育学の領域が登場する。第Ⅰ部「教育学の基礎を知ろう！」には、「教育哲学」「教育社会学」「教育方法学」「生涯学習論」などの、教育基礎学に分類される学問志向の領域を、第Ⅱ部「教科を教えるってどんなこと？」には、「国語科教育学」「社会科教育学」「数学教育学」「科学教育学」「音楽教育学」「美術科教育学」といった教職（実学）志向にある教職基礎学の領域を、そして第Ⅲ部「教育学の広がりに触れよう！」では、「幼児教育学・保育学」「障害児心理学」「障害児教育学」「スポーツ科学」など、先ほどの図に載っていない領域も含めて紹介している[3]。

本書の企画段階で全体に緩やかな統一をはかってはいるが、各章の書き方——視点の取り方、志向性、文体等——は実に千差万別な仕上がりになっている。この雑多とも見える多様性こそ、教育学という学問分野における豊かな領域性と学際性を表していると捉え、あえてそのままにしている。その方が各分野・領域の相同や彩りの豊かさを直に感じてもらうことができるのではないかと考えるからだ。本書の章の並びは、あくまで学問としての教育学ということを意識して、その核から広がりへと開いていくように編んでいる。ここに掲載している諸分野・領域に学問としての優劣はない。それどころか、違う色を重ねることで成立するグラデーションのように、それぞれの専門内容が響き合うことでオーケストラのような重層的かつダイナミックな世界を立ち上げている。

このような意図も含んで、この本を教育学に触れるはじめの一歩として楽しんでもらいたい。
最後に、先ほど、高等教育機関である大学での学びはそれまで受動的に受けてきた教育とは大きく異なると述べた。その根拠の一つとして、大学の教員には教職免許が必要ないということをあらためて指摘しておく。これはどういうことかというと、大学教員はたしかに「先生」と呼ばれ教育も行うが、何よりも研究者だ。それぞれの領域において専門的な研究を行い、その成果が認められたからこそ大学に在籍している。みなさんが大学で出会う「先生」は皆、それぞれの分野・領域の研究の専門家として大学に勤めている。そして、そのそれぞれの専門は、実は、「教育学の分布図」におけるような分類を超えて重なっていることも多くある（たとえば、わたしの専門分野は教育哲学と教育人間学だが、専門家になるための訓練を積んだのは臨床教育学の講座なので、三番目の専門は臨床教育学となる）。したがって、領域の名称にこだわらずに、まずは、教育学がカバーする広さと深さに少しでも触れてみてほしい。疑問が湧きあがったら、まずは自分で調べて、専門家である先生方に質問をしてみよう。大学で学ぶということは、自ら動くということだ。受動的な教育経験から、能動的な学びへと転換していく過程で、なぜ誰もが経験する教育をそれぞれの経験からの共通項として語るだけではなく、あらためて教育学として、客観的な学問の対象として考えなければならないのかということがわかってくるだろう。この本が、みなさんの教育学の学びへの最初の一歩に、そして学びのプロセスの杖となることを期待している。

宮崎康子

注

（1） このような問いを投げかけるのは、高校までに受けてきた（どちらかというと）受動的な教育経験に対する批判めいた意見が多少なりとも出るのではないかと予想してのことだった。そうであるならば、教育は学校での個人的な経験とイコールではなく、もっと広くもっと深いもので、人間が生きることに密接に結びついているのだということを強調し、大学での学びへと導入することへつなげていけると考えていた。ところが、興味深いことに、教育一般のイメージは、必ずしも学校教育と混同されているわけでないということがわかる結果となっている。

（2）田中智志「教育学とはどんな学問か?」『教育学がわかる事典』日本実業出版社、二〇〇三年、二三二―二三五頁。

（3）本書に収録している教育学の領域は、二〇二一年四月現在に広島修道大学で学ぶことが可能な内容である。

この本の使い方のヒント

本書は、多様な視点で教育学を捉え、それを紹介することを目的として構成されている。マクロな視点で理念的、観念的に「教育とはなんぞや」と考えることも可能であるし、ミクロな具体的な視点で「教科の授業を考えるためには何が必要か」を考えることも可能である。その意味で一四ある章のどの章から読んでも構わない。自身の関心のある領域、テーマから読み始めてもらえればと思う。そのうえで、その分野・領域が教育学においてどのような視点に立つものなのかを考えることで、教育学の中でのその分野の意義や位置づけについても考えることができるだろう。

本書のタイトルに含まれている「グラデーション」は連続している色調の段階を意味する言葉である。具体的な例を挙げるならば、色彩のスペクトル、すなわち「虹」をイメージしてもらえればよいだろう。虹は赤と紫の間の段階的な色調の連続体である。では、虹の色の数は何色《しょく》だろうか。多くの日本人の学生は、「七色」と答えるだろう。しかし、他の国では六色や五色、三色で分けている例もある。私たちを取り巻く連続する世界をどのように切り取るか、それはその主体の見方や考え方によって異なる。「教育」の世界も全てが連続している世界であり、「教育とは何か」という教育哲学のマクロな視点も、「国語や算数の授業におけるよりよい教師の話し方とはどのようなものか」といったミクロな視点に連続している。切れ目なくつながっている連続した「教育」という世界を、あえて、ある視点で切り分けたり、異なる角度で捉えたりして、それぞれの研究分野・領域が成り立っている。そしてそれぞれの研究分野に特有の語彙や概念に基づいて教育という世界を整理したり、説明したりしている。そのため、それぞれの分野・領域特有の考え方や捉え方が育まれ、進展していると言える。また、研究分野に特有なのは、語彙や概念だけではない。その研究分野で何を大事にしているかという立ち位置や姿勢も異なる。本書の一四の章を比べて読むことでその違いに気づくことだろう。

また、本書には自分自身の興味や考え方を振り返る五つの〈書き込み〉ワークを準備している。入学直後や進級時、ゼミ検討といった大学の学びの節目を一つの関頭として自分自身を振り返り、考え方や興味の変化を意識してみよう。以下、ワークに取り組む時期とその内容について説明する。

〈書き込みワーク1〉**【大学入学時】**

「現時点であなたが「教育」と聞いて思いつくもの、こと、人、その他イメージを書き出そう」

ワーク1は大学入学時、あるいは、教育学を学ぼうとするそのときに取り組んでほしい。「教育」について学ぶ前に、自分自身の教育についてのイメージを図や言葉を使って書き出してみよう。本書の「はじめに」に示してあるように、教育を学ぼうとする人は、すでに何らかの形で教育を受けていて、その経験によって教育のイメージをつくっている。つまり、教育について自分の考えを持っているとも言えるのだ。教育について学ぶ前に、自分自身の持つ教育のイメージや教育についての考えを記録しておこう。学びを進めるなかで、あるいは、例えば大学卒業という節目において、自身のイメージや考えの何が変化したか、どのように変化したのかを見るためには、学ぶ前のイメージや考えを形として残しておくことは不可欠である。

〈書き込みワーク2〉**【大学二年時】**

「一番関心のある教育学の領域を選んで、その理由を記録しておこう」

ワーク2は大学二年時を取り組みの時期と想定している。一年時の授業を通して、教育について概念的、理念的な、マクロな視点での学びが進んでいることだろう。二年次からは、少しずつ具体的な、ミクロな視点での学び（授業科目）がカリキュラムとして準備されているはずである。そしてそれは、それぞれ各校種の教員免許や教育に関わる資格につながっている。つまり、大学二年次は、特定の教員免許や保育士資格などの免許・資格取得の要件科目を通じて教育について具体的に学び始める段階である。この段階では、自分自身の進路や取得したい免許、資格も参考にしながら、学問として学びたい教育学の分野を考えてみよう。むしろ、教員免許や各種資格取得のために授業を受けてきているし、授業もその視点で選択している、という人も多いことだろう。だからこそ、ここで自分が学ぼうとする授業科目がどのような学問なのか、どのような分野・領域に位置づけられるものなのかを考えてみることも重要である。大学であるからこそ可能な「学際的な学び」を再度確認しておこう。これは、卒業研究や卒業論文の執筆をどのような分野で行うかを考えたり、ゼミ選びの視点を得たりするうえでも重要である。

〈書き込みワーク3〉【大学三年時】
「あなたが選んだゼミで考えてみたいことは何だろう」

大学三年次は、配属されるゼミが決まり、いよいよ研究を始める時期である。まずは、教育に関わって考えてみたいテーマを見つけよう。自分自身が受けてきた教育を振り返ったり、教育について学んだりするなかで浮かんできた疑問を手がかりにすると見つけやすい。ただ、その疑問に対するアプローチは一つではない。ここで言う「アプローチ」は、研究の「方法」という意味ではなく、研究の「視点」という意味である。同じ教育事象について考えるにしても、例えば教育制度の問題としてアプローチするのか、社会学的な問題としてアプローチするのかによって、問題の見つけ方もその答えの探し方も異なる。ゼミの担当教員とも話をしながら、自分で考えてみたいテーマや疑問を見つけよう。そして、なぜ、それを考えてみたいのか（その理由）も言語化しよう。研究の動機を言語化することは、教育の諸問題を他人事ではなく自分事として捉える、つまり「当事者性を立ち上げる」ことにも資する重要な手続きである。

〈書き込みワーク4〉【大学四年時】

「あなたが卒業研究論文で取り上げたいテーマは何ですか？　またそのテーマは教育学の領域でどこに位置づけられるでしょうか？」

いよいよ研究を進め、卒業論文を執筆する学年である。三年次までの学びを通して、研究したいテーマは見つかっただろうか。なかには、実習に参加して、テーマを見つけた、テーマが変わった、という人もいるだろう。そういう具体的な経験や場面の中の小さな疑問が研究につながるものである。これまで、「（教育は）こうあるべき」と観念的・理念的に考えてきたものが「本当にそうだろうか」と疑問を持って捉えられることもあるだろう。そういう考え方、捉え直しが研究のタネとなる。ただ、それを研究として昇華するためには、やはり学問としての「教育学」を意識しなければならない。自身が見つけた疑問やテーマについてどのような視点で研究を進めるのか、どのように研究を進めるのか、あるいはこれまでどのような視点でどのように研究がなされてきたのか、それも丁寧に確認しなければならない。そういう先行研究を探す視点としても、また先行研究を整理・分類する視点としても、教育学の分野、領域という見方は重要である。先行研究をきちんと確認、整理・分類しながら、自分自身はどのような視点で、すなわち、どの分野・領域に立脚して研究を進めるのかを意識しておこう。そうすることで、みなさんの「研究」が研究として価値の高いものになっていくはずである。

〈書き込みワーク5〉【大学卒業時】

「大学での学びを振り返ってみて、入学当時に思っていた「教育」のイメージはどのように変わりましたか？そう変わった理由は何ですか？　変わっていない場合も、その理由を記録しておきましょう」

ワーク5は大学卒業時を最後の節目として設定している。教育についての学びが卒業研究・卒業論文の執筆を通して一区切りついたと言えるだろう。ここで、今抱いている教育のイメージを書き出そう。お気づきのことと思うが、これはワーク1と同じワークである。だからまず、大学卒業時の今、抱いている教育のイメージを書き出し、その後、ワーク1の記録と比べてみよう。イメージや考え方は変わっているだろうか。変わっているとすれば、何が、どのように変わったか、さらに、なぜそのように変化したのかを考えよう。そして、その「なぜ」を記録しておこう。そうすることで、教育についての大学での学びをある程度振り返ることができるはずである。ただし、ここで断っておきたいのは、必ずしも変わっていなければならないわけではないということである。教育に関わる人たちは、とかく「教育の対象を変えること」を志向し、その「変化」を好ましいものとして「成長」と呼びがちである。私もその教育という営みに関わっていながら、その営みを「なんとおこがましい、押しつけがましいことか」と思うことがある。いや、そういう思いを持てなければならないし、そう思えることが「正常」だとさえ思っている。だから、イメージや考えは変わっていなくてもいい。「同じ」でいい。結果的に、考えは変わらなかったということもある。学んだ末に、「もともと持っていたイメージや考えは間違っていなかったのだ」、と確信できたのである。私はそれを「強化」と呼んでいる。それに、一見すると「同じ」であっても、それは最初に持っていたイメージや考えとは「違う」はずである。大学での学びや経験をくぐったうえでの考えは、みかけは同じでもその内実は大きく異なるはずだ。そのことをきちんと記録しておこう。みかけにとらわれない自分自身の学びを自分で残しておこう。

ここまで、本書に用意した五つの〈書き込み〉ワークについて、目安となる時期・節目とワークの意味について説明してきた。最後に、先に挙げた「成長」について、もう少し私見を述べておきたい。

今の私は、教育や物語について語るとき「成長」という言葉を安易に使うことを好まない。何についてもイメージや考え方、価値観は変化しうるが、それは、必ずしも直線的な「成長」を意味しない。より多くのことを知ることによって、または経験することによって、混乱することも、逆にわからなくなることもあるだろう。それは、一般的にイメージされる「成長」ではないかもしれない。ただ、変化であり、学びに違いないと考えている。そしてそれは、いわゆる「成長」につながるもののはずである。こう言うと、学生を含む若年層は、すぐに「いい意味で」という枕詞を使いたがるが、私は、「ネガティブな側面も「成長」と捉えるべき」、すなわち、いわゆる「「いい意味で成長」と考えよ」、と言いたいわけではない。そもそも、「成長」という安易で大括りな捉え方をやめてはどうかと提案したいのである。「成長」というポジティブな言葉でその人の変化を一括することで、その変化の内実が見えなくなってしまわないだろうか。大事なのは何がどのように、そしてなぜ変化したのか、そういうある種、分析的な見方ではないだろうか。そうすることで、人は自分自身の変化を客観的に見ることができるし、変化をもたらすきっかけになったモノやコト、人に思いを致すこともできる。（本書の本論では執筆者の変化とそのきっかけとなった出来事なども垣間見ることができるので楽しみにしてほしい）。本書のワークは、そういう具体的、分析的で丁寧な見方で自身の学びや変化を捉えてみてはどうか、という提案でもある。

教育についての学びは大学で終わりではない。また、そもそも「教育」も学校における教育、すなわち「学校教育」のみを意味していない。さまざまな分野で、さまざまな場面で、「教育」やそれに関連することを考えることがあるだろう。そのたびに教育についての自分自身の考えや、向き合い方について振り返ってみよう。その振り返りを通して、その時々の自分自身の考えや価値観を意識、認識できるはずだ。そうすることで、学びは深まり、その学びこそが、次の学びへの動機になったり、新しい学びの視点を与えたりしてくれることだろう。「成長した」と区切りをつけてしまうより、変化を具体的に丁寧に振り返ることの方が、際限のない学び、成長への活力を与え、道を示してくれることだろう。

本書をそういう学びのための手がかり、きっかけ、練習としてほしい。そして、その学びが、大学在学時に留まらず、教育について考えたり、立ち止まったり、見直したりするときにも続く学びとなってほしい。そうすれば、その学びは、教育について考える他の研究者や実践者の学びに寄与する新しい「知識」となることだろう。

本書が、読者のみなさんの学びの「連続体」の中に位置づけられ、その学びが教育のグラデーションの中に新たな色合いを加えることを願っている。

谷口直隆

〈書き込みワーク１〉【大学入学時】

「現時点であなたが「教育」と聞いて思いつくもの、こと、人、その他イメージを書き出そう」

イメージを図示してみよう

上で描いたイメージを言葉で表現してみよう

教育学のグラデーション　＊　目　次

目　次

はじめに――教育をめぐる不思議と、大学で教育学を学ぶということ……i

この本の使い方のヒント……vii

〈書き込みワーク1〉【大学入学時】　xiv

第Ⅰ部　教育学の基礎を知ろう！

第1章　教育哲学……宮崎康子　3

「教育」を哲学する

第2章　教育社会学……木村和美　21

マイノリティの視点から学校を問う

第3章　教育方法学……西森章子　37

教育の「不易流行」に対応し続ける

第4章　生涯学習論……山川肖美　57
人と社会の幸せを紡ぐ学びの創造

〈書き込みワーク2〉【大学2年時】　78

第Ⅱ部　教科を教えるってどんなこと？

第5章　国語科教育学……谷口直隆　81
「言葉を学ぶ」ことってどんなこと？

第6章　社会科教育学……永田成文　99
公民的資質の育成につながるＥＳＤとしての社会科授業

第7章　数学教育学……木村恵子　115
数理認識形成を目指して

第8章　科学教育学（微生物生理学、微生物生態学、細菌群衆構造解析）……松崎雅広　131
科学的思考力の育成について
第9章　音楽教育学……小長野隆太　145
なぜ音楽を学ぶ必要があるのか？
第10章　美術科教育学（絵画制作・美術教育）……沼本秀昭　165
美術教育・美術研究・絵画制作
〈書き込みワーク3〉【大学3年時】　186

第Ⅲ部　教育学の広がりに触れよう！

第11章　幼児教育学・保育学……光本弥生　189
「人生の始まりを力強く」つくる

第12章　障害児心理学……樋口和彦 207
新しい心理学の視点からの発達支援
第13章　障害児教育学（発達援助）……平田香奈子 223
発達援助から考える個別の支援とは
第14章　スポーツ科学（アダプテッド体育・スポーツ）……三木由美子 241
誰も排除されないスポーツとは
〈書き込みワーク4〉【大学4年時】 259
おわりに――本書を読んだみなさんへのメッセージ…… 260
〈書き込みワーク5〉【大学卒業時】 262

第Ⅰ部　教育学の基礎を知ろう！

第1章　教育哲学

「教育」を哲学する

宮崎康子

【自己紹介】

氏名　宮崎康子（Yasuko MIYAZAKI）

専門領域　教育哲学・教育人間学

研究テーマ　二〇世紀フランスの思想家バタイユの人間学的思想に依拠しつつ、「子ども」の「悪」の「体験」と教育の関係について、思想の吟味やメディア作品の分析を通して考えています。このような作業は、わたしたちが自明のものと思い込んでいる在り方に疑問を突きつけることで、教育とは何か、人間にとって教育はなぜ必要かといった、人間の生と教育をめぐる根源的な問いへの接近をはかるものだと考えています。

主な担当講義　「教育原理」「教育原理（中等）」「教育哲学」「教養講座a　人間と教育」など。

その他　地元の教員養成系の大学で中高の教員免許（国語および英語）を取得しましたが、教員にはならずに、「なぜ学校に通わなくてはならないのか」「なぜいつも評価されなければならないのか」「なぜ学ぶこと以外にも多くのことを学校では強制されるのか」といった、学校というシステムへの素朴な疑問から違う分野（日本学）への大学院進学を目指しました。その大学院で研究生としてアカデミズムの門を叩いたのですがうまくいかず、その後は民間で日本語教師などをしていました。二〇代後半でまた別の大学の教育学部に三年次編入をしました。それ以降、「教育」を研究対象として、そのまま研究者になっています。研究者として教育について専門的に考えるようになり、（だからこそ？）教育をめぐる謎と不思議に対する好奇心は増すばかりです。

一　教育と哲学をどう結ぶか

「教育哲学 Philosophy of Education」とは、教育学における一領域で、教育をめぐるさまざまな不思議に対して、哲学的な切り口からアプローチすることを特徴とする学問分野だ。教育についてのもっとも基礎的な内容を理論的に網羅するという特質から、教育（基礎）学の中心に置かれている。この章では、教育哲学について知るために、まず「教育」と「哲学」のそれぞれの定義、そして両者の関係から確認しておこう。

「教育」について考える

「教育とは何か」という問いとその答えは、教育学部／学科に入学後すぐの一年生前期に、必須科目として提供されている「教育原理」や「教育学（入門）」といった講義で示される。それらの授業で指定されたほとんどの教科書の最初の章に「教育の意義と目的」として述べられている。

教育（学）は、わたしたち人間を「ホモ・エドゥカンドス homo *educandus*」と規定する。「ホモ」は人類／人間を、「エドゥカンドス」はラテン語で教育を必要とする存在を意味する。つまり、わたしたちは教育を必要とする存在だということが教育学には前提されているのだ。このことを別の表現では、「ヒトは教育によって人間となる」と説明される。このときの「ヒト」は、「サル」や「イヌ」などと同様に、生物学上の一区別を表しており、ヒトであることは即人間であることを意味しないのだ。このことを、哲学者カント（Immanuel Kant, 1724–1804）は、次のように述べている。

人間は教育によってはじめて人間になることができる。人間とは、教育が人間からつくり出したものにほかならない。注意すべきなのは、人間は人間によってのみ教育されるということ、同じように教育を受けた人間によってのみ教育されるということである。[1]

ここで言われていることは、人間は生まれただけでは動物の一種としてのヒトに過ぎず、人間となるためには（人間による）教育が不可欠である、ということだ。辞書的な定義を確認しておくと、教育とは、「ヒトに生まれながらには備わっていない能力を身につけさせようとする行為（作用）、またはその結果」とされる。[2] わたしたちが他の動物と大きく異なるのは、長い養育期間を経て後天的に能力を獲得してからでないと人間（≒大人）となることができない点にある。ここには、たとえば動物の親が仔に狩りの仕方を教えることとはまったく異なる教育の意義が見られる。教育は、人間にとって必要不可欠であり、それと同時に可能性を開くツールとして提示されているのだ。

哲学とは智を愛するということ

哲学はどうだろうか。

「哲学」という言葉は、西洋文化の積極的な取り入れが行われた明治時代に、西洋語として入ってきた「フィロソフィー philosophy」に対する翻訳語として、西周（一八二九―九七）によって創られた訳語だと言われる。[3] そもそも、philosophy は、ギリシア語の philosophia に由来し、智（sophia）を愛する（philein）ということを意味する。哲学成立の詳細な系譜については、古代ギリシア以来の連綿と続く歴史を紐解く必要があるのでここでは触れないが、ざっくりと次のようにまとめることができるだろう。哲学とは、「わたし（たち）」はなぜ生きるのか」とか、「この世界とはどのようなものなのだろうか」とか、「しあわせとは何か」などといった、人生観や世界観——きわめて私的であるにもかかわらず普遍的な生の謎や不思議——に対する基礎的・根源的な理《ことわり》についての知的な探求の態度を指している、と。

教育について哲学するのか、哲学的に教育を考えるのか

伝統的な教育哲学は、哲学者や思想家の理論や思想を人間であることの意味と結び付けて考えてきた。人間および人間の生についての理論や思想を教育に絡めながら議論の俎上にのせることで、わたしたち人間自身を考察の対象としてきた。ヒトが人間になるためには教育が必要不可欠なので、教育のプロセスは人間形成のプロセスと重ねて議論される必要がある。そのためには、教育についてより深く考えるための思想家を選んで（思想家に出会って）、その思想にどっぷりと嵌《はま》ることがまず求められる。そうすることによって、自分の主体的な経験のみで構成された狭い枠組みに捉われた視点を超え出て、偉大な哲学者・思想家の視線を借りつつ、世界を新たに捉えなおすことが可能となる。それは、自分の眼に加えて、もう一つ新たな眼を自分のものとして獲得することであり、複眼的に世界を視ることが可能になるということだ。そのような複眼的視角を与えてくれる哲学者・思想家を簡単に紹介しておく。

「人間はただ人間によってのみ教育される」——カント

先述のカントの哲学は「批判哲学」と称され、次のように概説される。感性や啓示宗教（信仰）に基づくのではなく、理性における哲学である。カントは、人間理性の有限性を考察することを通じて人間の生と歴史の現実における「可能」「当為」「許容」を示すことで、人間とは何かという問いを追求した。教育が人間をつくるとい

う彼の言葉は、人間を人間にしている道徳の次元――普遍性を有する純粋理性が、理論的に使用される際に問題となる「認識」と、実践的に使用される際に問題となる「自由」と、自由を実現する「道徳性」を問題とする[4]。

このようなカントの哲学を教育に引き寄せて言えば、道徳性をめぐる問題は、外部からの強制が内部からの自発的な自己啓蒙へと変化していくという「人間」の生成の過程において、人間はいかにして他の人間に働きかけることができるか、どの程度、どのように働きかけることができるか、という道徳教育としての可能性が探られてきたと言える。

子どもを中心に教育を考える――デューイ

もう一例、デューイ（John Dewey, 1859–1952）を紹介しよう。デューイはアメリカを代表する哲学者かつ教育思想家であり、プラグマティズム哲学の創始者として、また、機能主義心理学のリーダーとしても活躍した。進歩主義教育運動の理論的指導者としても有名である。

デューイが活躍したのは一九世紀の終わりから二〇世紀半ばにかけてだが、この時期は「新教育」と呼ばれる教育改革運動が世界を席巻していた[5]。この運動は、教育のための新しい共同体形成の実践活動と考えることができる。新教育は、それまでの教師中心的な教育に対する、児童中心的な教育の称揚に特徴を持つ。教師ではなく子ども（児童）を中心に置く教育実践であるために、子どもの自発性が重視されることにより、民主的・自由主義的立場が強調された。

デューイが唱えた進歩主義教育は、学習における子どもの行動と経験の重要性を強調した。学校に実験室、作業場や農園などを設けて、直接的な経験をさせるとともに、認識を獲得し検証する機会を与え、学校を、児童が生き生きと生活し学ぶ場所としようとした。また、実験的・探究的方法を活用し、経験を連続的に改造させ、現実の生活をより望ましい姿に変えていこうとする態度・方法を身につけさせようとした。さらに、社会生活との結び付きを重視し、従来の学校教育と社会生活の分離を克服し、学校を「小型の社会」・「胎芽的な社会」として組織することで、学校の内外の学習を連続させ、民主的な社会生活に有効に参加する能力を発達させることが強調された。このようなデューイの思想は、日本の戦後の教育にも多大な影響を与えており、彼の思想の読みなおしは現在でも世界中で絶えず行われている。

教育と人間の関係を考えた哲学者・思想家

ここにごく簡単に紹介したカントやデューイ以外にも、教育哲学において重要な哲学者・思想家は大勢存在する。

古代ギリシア哲学のソクラテス（Socrates, A. D. 470–A. D. 399）やプラトン（Plato, A. D. 428/427–A. D. 348/347）をはじめ、近代教育学の祖コメニウス（Johannes Amos Comenius, 1592–1670）、近代哲学のパイオニアであり大陸合理論の始祖デカルト（René Descartes, 1596–1650）やイギリス経験論の始祖ベーコン（Francis Bacon, 1561–1626）、「教育の世紀」と呼ばれる一八世紀に「子ども」を発見したルソー（Jean-Jacques Rousseau, 1712–78）や、カントの弟子ヘルバルト（Johann Friedrich Herbart, 1776–1841）、現代思想に分類されるフッサール（Edmund Gustav Albrecht Husserl, 1859–1938）の現象学、ハイデガー（Martin Heidegger, 1889–1976）やキルケゴール（Søren Aabye Kierkegaard, 1813–55）、ニーチェ（Friedrich Wilhelm Nietzsche, 1844–1900）らの実存主義、メディア論・経験論のベンヤミン（Walter Bendix Schoenflies Benjamin, 1892–1940）、公共哲学を論じるアーレント（Hannah Arendt, 1906–75）やハーバマス（Jürgen Habermas, 1929–）、他者論のレヴィナス（Emmanuel Lévinas, 1906–95）等々、多くの偉大な哲学者、思想家の極限まで磨かれた鋭い理論と思想に現在でも依拠しつつ、わたしたちは教育を語っている。

その理由は、彼らの理論・思想の裡《うち》に人間にとっての普遍のものがあるからだ。教育哲学は、教育という営為の不思議について徹底的に考える、それも一度は無条件に肯定的なものとして受け入れたものを、あえて再び考察の俎上にのせるという意味で、教育哲学は、教育を哲学する学問なのだ。[6] そして、教育だけが人間をつくることを可能とするのだから、教育と人間の関係について考えることは、教育哲学にとっての必然となる。

「哲学する」ということ

ところで、「哲学する philosophying」という動詞形は新しい。一九七〇年代以降に興隆した「子どものための哲学　Ｐ４Ｃ：Philosophy for Children」の活動において頻出するようになった表現だ。二〇一八年からまずは小学校で始まった「特別の教科　道徳」では「考え、議論する」ことが重要視されているが、Ｐ４Ｃはこの方針ともつながるので、少し紹介しておこう。

子どもとともに哲学すること

Ｐ４Ｃの活動は、子どもとともに、日常生活における素朴な疑問——子どもの「なぜ？」——をきっかけに世界の不思議に対する探求を行う授業実践である。代表的なものに、リップマン（Matthew Lipman, 1923–2010）らによって示された、哲学的問いかけと対話による子どもたちの共同作業を通じて、「探求の共同体 community of inquiry」を生起させるという実践がある。[7] この共同体は、哲学者であり教育思想家でもあるデューイの思想の系譜にも位置づけられる。哲学することにより、教育哲学は知識の修得をはるかに超え出た実践としての場へとその沃野を広げている。哲学することは、自分で疑問を見つけて、自分の頭で考えて、自分の言葉で他者に伝わるように表現することの一連の実践を意味している。

教育哲学という学問に興味を持ったなら、哲学することから始めてみたらよい。哲学することは格別に高尚で難しいことではない。わたしたちが日常において抱くふとした疑問を徹底的に追求して知の限界に近づくことで、見えてくる頂きがある。その頂きに立ってはじめてわたしたちは、世界の主観的な捉え方から解放されて、世界を相対化して視る視点を得ることができるのだ。

二　複眼的に世界を捉えなおす

「特異な」思想家バタイユ

誰かの思想にどっぷりと嵌って世界を捉えなおすという作業について、二〇世紀のフランスの思想家バタイユ（Georges Albert Maurice Victor Bataille, 1897–1962）を例にとって、もう少し具体的に考えてみよう。彼の思想がどのような（教育）思想史の系譜に属し、同時代の思想のなかではどのように布置され、どのような共通性と独自性を、そして普遍性を持つかということをまずは知識として知ることから始めよう[8]。

バタイユは、ヘーゲル（Georg Wilhelm Friedrich Hegel, 1770–1831）やニーチェの思想に強い薫陶を受けて独自の思想を展開し[9]、フランスのポスト・モダンの知識人たちに大きな影響を与えた。しかし、その思想を語る切り口や内容、および実践活動、あるいはその文学作品執筆・発表時の匿名性により、「特異な」という形容詞とともに語られていた。しかし、近代的理性の限界を論じる「主体」の体験について限界まで鋭く考察したその思想内容は、死後になってフーコー（Michel Foucault, 1926–84）によって評価され、二一世紀になってさらに高く再評価されるようになっている。

時代背景——ヨーロッパにおける一九三〇年代

ヨーロッパにおける近代は、合理的な経済論理に基づいて、資本主義的な思考を発展・拡大させてきた。しかし、二〇世紀に入ると、そこに亀裂が見え始め、その亀裂は、近代的個人（主体）としての人間やそのような個人の総体とされる社会および共同体、さらには科学的知に対する叛乱として噴出した。人間の狂気と愚かさとが露呈し、近代理性の限界が顕わになった臨界的時代だと一般に形容される。バタイユが思想を発表するようになった一九三〇年代は、人間が初めて遭遇した二つの世界大戦のはざまにある戦間期にあたる。世界戦争においては、個々の主体は戦争と化した世界の運動のなかに巻き込まれてしまい、個々の戦争主体としての国家の主体性もまた、全体としての戦争のうちに溶解してしまう[10]。近代の特徴である「主体性を持った個人」は、世界戦争の時空間においては成立不可能であることを、人々が身をもって知った時代だ。このような時代の空気がバタイユの思想形成に大きな影響を与えている。

彼の思想の特徴は、「内的体験」、「至高性」、「暴力」や「エロティシズム」、「悪」といった、わたしたちの日常生活を破壊するような危険と同時に魅力をはらんだ概念を繰り返し取り上げることで、日常を基礎づける同質性に潜む異質性の力を、理論的そしてときに実践的にも徹底して追求したことにある。これら異質性は、同質性の対概念としての異質性でもあるが、それだけではない。理性対狂気というような二項図式におさまるＡ／非Ａの非Ａであり、かつ、このような二項図式の成立を許さないがゆえの異質性として、圧倒的な力として、わたしたちを襲う出来事である。わかりにくいだろうが、バタイユ思想の核となる考え方なので、もう少し説明する。

バタイユは、わたしたちの安定した日常は、同質性に基盤を置く次元にあると考える。同質性とは、何らかの尺度を共有しているということを意味する。貨幣経済を考えてみるとよくわかるだろう。貨幣は貨幣そのものに価値があるのではない。その金属片あるいは紙片をある価値があるものとしての認識を共有することで価値が持たされる。一〇〇円の商品を一〇〇円玉と等価のものとして交換できるのも、為替レートという考え方が成立するのもそのためだ。ここにおいて、貨幣は共有された同質性における尺度の一つとなる。

言語もそうだ。たとえば、目の前に存在する四つ足で尻尾をぶんぶん振りながら「ワン！」と鳴くかわいらしい何かを、「犬」であり「いぬ」であり「イヌ」、あるいは「dog」と同じものだと共通して認識できるのはなぜだろうか。イヌはイスであってはいけないのはなぜだろうか（「ヌ」と「ス」のかたちはとてもよく似ているのに！）。言語は、理性による意味の体系の表出作用を持つ、つまり、言語と理性は共犯関係にある。したがって、理性もまた尺度となるのだ。この意味で、同質性は有用性でもある、とバタイユは考える。それというのも、共通の尺度は、有用なものだからだ。そして、そのように、共通の尺度という同質性に基づいたわたしたちの日常のなかに、異質性は潜んでいる。この異質性こそが、同質なもの＝有用なものの尺度に隷属したわたしたちの生を十全に開放するのだとバタイユは考えた。なぜ異質性が生を解放するのだろうか。

バタイユにおける異質性とは、同質性の秩序を脅かすような共同体のなかの異質な部分――未だ同化できていないがいずれ取り込み可能な個人のような存在ではない。異質性は、生産＝労働を基盤とする有用性という共約可能性を共有する同質的共同体の秩序を侵犯するものである。それは「知的な還元に先行して存在[11]」するものであるために、同質性についての知識を前提とする。この知識が排除によって異質性の境界を定める。近代資本主義社会では、人間の金銭への還元が無意識的に共約されているために、有用でないものの価値を認めず否定し排除したり、異質性の矮小化されたごく一部分だけを副次的価値として有用軸へと取り込もうとしたりする。つまり、異質性とは、排除したという意識をも排除する二重の排除によって同質性を規定する理性から巧妙に排除されたものを指すのだ。

異質性における両義的性格

バタイユが異質性と呼んだものは、当時盛んだった人類学的知見によりもたらされた考えだった。社会学者デュルケム（Émile Durkheim, 1858–1917）および彼の甥で社会学者・文化人類学者モース（Marcel Maus, 1872–1950）による、未開社会の研究から見出された「聖なるもの」につながる概念である。聖なるものは、聖化されることで均質的な同質的共同体から拒絶、排除される。異質性としてバタイユが挙げたものには、排泄物、エロティシスム、無意識、同質性が同化しえない無数の社会分子および形態――群衆、戦士、貴族、貧窮者階層、暴力をふるったり規則を拒否したりする個人（狂人・指導者・詩人）などがある[12]。このような異質性は聖別されたもののみならず、汚穢としてタブー視あるいは排除されるものまでを含む概念である。異質性という概念において、バタイユは、有用性の内部に意識の盲点のようにして存在する穢れたものと神聖なものという反対物を同時に結合させる。この反対物の一致によって異質性は根元的に両義性を帯びる。両義性を帯びるがゆえに言語すなわち理性によって明確に定義不可能で、ときには理性および理性によって統一された主体という認識すらも破壊するような歓喜であり暴力ともなりうる。

このようなバタイユの思想は、誰もが日常において体験している瞬間を描き出しているのだが、理解が困難だろう。それというのも、理性を超え出る領域についての思考だからだ。ここには理性が消滅する／させられる次元について理性によって捉えようとする奇異な矛盾が見られる。フーコーは、このようなバタイユの思想を、「限界の体験／哲学」の思想家であると評し、「自分の哲学者としての実体の侵犯を、自分の言語の外側に（外から来た偶発事とか、想像的な行いによって）ではなしに、みずからのうちにみずからの諸可能性の核において見出す哲学者」であり、弁証法的ではない「限界の言語」――その言語の語り手が行う限界への侵犯行為のうちにのみ展開されるような言語――を追求するのだと指摘している[13]。

しかし、バタイユの思想の表層的な奇異性・特異性は、人間の持つ最も基本的な二つの動き――禁止とその侵犯――の表出に関する思索として理解されるときに、わたしたちが人間を考察するにあたっての新たな足場を切り開くものとなる。

人間における二つの運動――禁止とその侵犯

バタイユは、異質性の次元を開く契機となる事物・事象を禁忌《タブー》の対象として設定することと、そのタブーをあえて侵犯しようとすることという、二つの動きが互いに相反するものでありながら表裏をなすという「人間の図式」を示した[14]。彼にしたがえば、普段のわたしたちは人間性に縛られる「人間」として境界づけられているのであるが、全体的存在としての人間は、禁忌を設けることで動物としてのヒトから「人間」となり、その禁忌をふたたび乗り超えることで、分節されない存在として全体的に生きることができる。それというのも、人間は同質性・有用性の次元に基盤を持つ社会で日常生活を営んでいるのだから、人間性もまたこの次元に置かれている。「(ケモノではなく)人間であれ」という戒律は最上級の禁止命令だろう。しかし、先に挙げた異質性――理性の把握を逃れ、ときに理性を内側から破壊し超え出るような出来事の契機となりうる事物・事象は、日常のなかにこそ潜んでいる。したがって、禁止と侵犯という二つの動きそれぞれの反撥作用と、それぞれからの牽引作用によって、その両極のどちらにもとどまれず絶えず往還運動を続けるというバタイユの人間観は、そのような限界づけられた人間性からの人間の解放を促すと考えられる。

バタイユ思想と教育

バタイユは、わたしたちの思考様式そのものをある境界づけられた枠として認識することを、わたしたち自身に要請する。自分たちが依拠する思考方法そのものの起源を問うのである。それゆえに、彼の思想は、教育のような、子どもを大人社会へと「より正しく」「より良く」導き入れようとするシステムとはかけ離れたものとして捉えられがちである。しかし、大人の思考様式に規定される以前の子どもを境界づける「人間」化の作用が、一般に教育として理解されることに鑑みれば、バタイユの思想は、まさに人間の生と不可分なものとしてある教育事象についての考察であると思われる。

　これらの概念は教育学の枠組みにおいては否定的に語られることはあっても、教育における本質的な事象としては問われることのなかった生の生々しい出来事の体験についての追求でもある。したがって、日本においても長い間、バタイユの思想は好事家が好む文学の一端として紹介されてきた経緯があるのだが、その他方、バタイユの思想の分析の鋭さとユニークさは、人類学や社会学、経済学、美学、文学といった分野ではよく評価されていた。ただ、教育学においては、教育的語りを大きく逸脱する彼の思想における鍵概念からも察せられるように、長い間正面から取り扱われることがなかった。このようなバタイユ思想の背景を丁寧に読み解き、バタイユのテクストに溺れ、自分自身がバタイユとして世界を見つめなおすとき、世界を捉える捉え方が一気に広く深いものになっていく[15]。

三　バタイユ人間学から子どもの「悪」を考える

　バタイユ思想に依拠した、さらに具体的な研究について、異質性の例としての「子ども」の「悪」について紹介しておこう。

〈大人－労働－経験〉群と〈子ども－遊び－体験〉群

通常、教育において子どもの悪は、矯正の対象となるか、排除の対象となるかであり、悪が悪のままに存在することは許されない。それというのも、教育は善を目指す営為であり、そのため、悪とは善の欠如として考えられるからだ。したがって、悪を禁じる教育的言説は、「～してはいけない」という禁止命令のかたちを取る。そして教育は、この禁止命令が子どもの正しいかたちをつくると信じているかのように（実際はそうでもないのにもかかわらず）振る舞ってきた。子どもの悪が成長に欠かせないものだと論じたり、悪の必要性を説いたりしたのは、心理学者や社会学者、あるいは文学者であって教育学者ではなかった[16]。しかし、バタイユは、異質性が人間の生の全体性には不可欠だと述べている。悪は異質性だ。子どもの悪の体験について、バタイユの文脈で整理しなおしてみよう。

まず、日常は同質性の尺度を基盤として成り立っていた。このことは社会にとって有用であろうとすること、すなわち、善を目指すという志向を持つ。社会は大人の理性によって営まれている。社会においては、現在の瞬間を未来のより良い結果のために費やす労働に価値が置かれ、有用な経験が蓄積される。子どもにとって、大人の労働にあたるのが教育である。このような労働原理の裡では、有用な経験の蓄積につながらない子どもの遊びは悪とされる。ここで、〈大人－労働－経験〉と〈子ども－遊び－体験〉という図式に整理してみよう。通常の悪は、善悪における善の欠如として捉えられるが、この図式においては通常の悪は〈大人－労働－経験〉内での劣等なものを指すに過ぎない。それに対して、バタイユの「悪」は、この〈大人－労働－経験〉対〈子ども－遊び－体験〉という対立図式そのものを破壊するがゆえの「悪」として描かれる。

繰り返そう。〈子ども－遊び－体験〉群は、〈大人－労働－経験〉群の劣等な対立項ではない。対立構造という考え方を成立させる理性そのものを侵犯するがゆえの「悪」なのである。そのような「悪」を子どもの遊びにみてみよう。

「子ども」の「悪」の「体験」

子どもは遊んでいるときに何を体験しているだろうか。幼稚園における「遊びの時間」のように、大人に強制されて遊んでいるポーズをしているなら、それは遊びではなく労働である。そうではなくて、子どもが真剣に遊んでいる瞬間には、子どもは遊びそのものとして世界に溶け込んでいる。その瞬間には、〈大人－労働－経験－理性－善－……〉という一連の在り方とはまったく異なる次元を生きている。それが「悪」だとバタイユは述べる。人間は、理性に隷属して有用な社会生活を送ることも大切だし、そこから解放されて世界と融合することもまた同じくらい重要だというのが彼の考える人間の図式だ。このようなバタイユの人間学からあらためて教育を考えるとどうなるか。子どもの悪を問答無用に矯正しようとするのではなく、理由を聞きだしつつそれでもやはり善へと誘導するのでもなく、ただそこに在るものとして子どもと「悪」の体験の分かちがたい結びつきを考えることに意義を見出すことはできないのだろうか[17]。

ここでは、「子ども」の「悪」の「体験」を善の欠如として矯正しようとする従来的な教育学の考え方とは異なる視点を示した。この一例のように、ある思想家の思想内容を読み込んで、何かに直面したときにその思想家ならどう考えるだろうかと反射的に考えるようになったら、それは複眼的思考を獲得したと思ってもよいだろう。そうすることで、自分一人だけの狭い世界では決して思いもよらなかったような物事の切り出し方に出会うことができる。そもそも教育とは、先天的には獲得していないものとの出会いの衝撃とともに絶え間なく自己を生成していくプロセスであるはずだ。

教育について再び考えてみる

かつて、わたしの尊敬するある教育哲学者は、教育とは「他なるものとの出会い」だと指摘していた。「他なるもの」とは、自己の主観的な経験によって成立した狭い世界には決して存在しない何かだ。そのような何かは、自己の外にあるので、外からこの「わたし」をノックし、揺さぶり、ときに破壊する。破壊されるたびに、わたしたちは内側から再生し、自分の世界を広げていく。このときの世界の拡大は、自分が自分のまま広がっていくことではない。他なるものを衝撃とともに受け入れ、その受け入れの葛藤を経て変容し、新たに生成された自分として世界を広げていく。このように考えると、教育を受けるということは、ただ単に知識を増やしたり、技術を身につけたり、ましてや資格を得たりすることとは大きく異なる次元までを含めた事態だということに思い至るのではないだろうか。

高等教育機関である大学で、教育について考えてみよう、哲学してみよう、と少しでも思ったならば、これまでの当たり前を一旦括弧に入れてみて、それは本当にそうなのか、なぜそうなのか、ということを知的に探究してみてはどうだろうか。受動的な姿勢で教育を受けるのではなく、自ら積極的に研究を、教育哲学することを楽しんでみてはどうだろうか。その手始めとして、当たり前だと思っている「教育」をめぐる謎や不思議について、あらためて再考することから始めてみよう。

注

（1）カント『教育学』坂部恵編・湯浅正彦訳『カント全集17　論理学・教育学』（岩波書店、二〇〇一年、二二一頁）。訳は一部修正している。

（2）「教育」教育思想史学会編『教育思想事典　増補改訂版』勁草書房、二〇一七年、一三八頁。

（3）石井雅巳『西周と「哲学」の誕生』堀之内出版、二〇一九年参照。

（4）「カント」教育思想史学会編『教育思想事典　増補改訂版』勁草書房、二〇一七年、一一七頁参照。

（5）新教育とは、一九世紀末から二〇世紀初頭にかけて欧米諸国を中心に世界中で興隆した教育批判・教育改革の運動およびそれを支える理論・思想の総称。従来の教育を「旧教育」として批判し、教育の新しいあり方を模索した（「新教育」教育思想史学会編『教育思想事典　増補改訂版』勁草書房二〇一七年、四五一頁参照）。

（6）ここでは、哲学者や思想家の思想内容から教育を捉えなおすことに焦点化して述べているが、それぞれの思想における概念の比較研究もまた教育哲学的考察の対象となる。そのような観点から書いたものに、宮崎康子「バタイユからデューイを読む――生命論としての experience 概念と communication 概念」矢野智司・井谷信彦編『教育の世界が開かれるとき』世織書房、二〇二二年所収。

（7）マシュー・リップマン『探求の共同体――考えるための教室』河野哲也・土屋陽介・村瀬智之監訳、紀伊國屋書店、二〇一四年。

（8）教育学における領域として、教育哲学は、教育（思想）史ともとても近い関係にある。それというのも、どのような思想も歴史の審判なしに存在することはできないからだ。思想家を選んだら、その思想家が活躍した時代はいつか、それはどのような時代か、その時代においてその思想家の思想はどのように評価されたか、その評価は歴史の流れのなかではどのように布置されるか、などの大きな見取り図を描く必要がある。

（9）ヘーゲルについてはコジェーブ（Alexandre Kojève, 1902–68）経由での読解であったため、正確にはコジェーブによるヘーゲル理解から反ヘーゲル的思想を展開した。

（10）西谷修『戦争論』講談社、一九九八年、二七頁。

（11）G. Bataille, *Œuvres complètes* I, Paris : Gallimard, 1970, p. 345.（バタイユ「ファシズムの心理構造」吉田裕訳『物質の政治学』書肆山田、二〇〇一年、二三頁）

（12）Bataille, *Op. cit.*, pp. 345-348.（前掲書二〇―二七頁）

（13）M. Foucault : Préface à la transgression., *Critique*, août-septembre 1963.（フーコー「侵犯行為への序言」豊崎光一訳『パイディア』第八号　竹内書店、一九七〇年）

（14）このような視角からバタイユ思想を人間学として教育学の文脈で解釈しようとすると、従来の教育学における教育言説に対して変容を迫ることになる。

(15)　バタイユについてより詳しく知りたい場合は、優れた入門書として湯浅博雄『バタイユ――消尽』（講談社、二〇〇六年）がある。また、教育哲学の学問としての態度をもっと知りたい場合は、たとえば、西村拓生『教育哲学の現場――物語の此岸から』（東京大学出版会、二〇一三年）や矢野智司『贈与と交換の教育学――漱石、賢治と純粋贈与のレッスン』（東京大学出版会、二〇〇八年）、岡部美香・小野文生『教育学のパトス論的展開』（東京大学出版会、二〇二一年）などがある。しかし、教育哲学という名称にこだわらずに隣接する教育学や教育人間学として分類されているものでも、まずは一冊手に取ってみることを勧める。

(16)　たとえば、子どもの悪が創造性と深く関係することを論じた心理学者の河合隼雄による『子どもと悪』（岩波書店、一九九七年）はとくに有名だ。そのほかにも、いわゆる少年犯罪がメディアに取り沙汰されるとき、真っ先にコメントを求められてきたのは心理学者や社会学者であって教育学者ではなかった。

(17)　このような問題意識で書いた論文として、宮崎康子「子どもだけの世界における子どもの自律性・生命性・道徳」（山田奨治編『マンガ・アニメで論文・レポートを書く』ミネルヴァ書房、二〇一七年所収）。

第2章　教育社会学

マイノリティの視点から学校を問う

木村和美

【自己紹介】

氏名　木村和美（Kazumi KIMURA）

専門領域　教育社会学

研究テーマ　教育社会学の対象となる領域は非常に幅広く、「教育問題」、「家庭と教育」、「地域社会と教育」、「進路と教育」など多岐にわたる。筆者は「マイノリティと教育」を主な研究領域とし、「部落問題」を中心テーマに研究を行っている。現在は、「特別の教科　道徳」にも関心をもっている。

主な担当講義　「差別問題論」「人権教育論」「教育社会学」「中等道徳教育論」。「差別問題論」では、差別の構造について学び、差別問題を自分自身に関わる問題としてとらえていく。「人権教育論」では、さまざまな人権問題をとりあげ、私たちの生活や社会、教育のあり方を問い直していく。この二つは本学教育学科では必修科目となっており、多くの学生が一年生で履修をする。「教育社会学」では、教育を社会学的な視点からとらえることの重要性を理解し、今日の学校の現状と課題について学ぶ。「中等道徳教育論」は、教育学科以外の教員免許状取得希望の学生が受講する科目である。道徳教育の歴史や「特別の教科　道徳」の授業の作り方などを学ぶ。

教育社会学という学問分野を知っているだろうか。その歴史は、さほど古いものではない。社会学者のエミール・デュルケムは教育社会学の体系化を進めるうえで大きな役割を果たした人物だが、デュルケムの『教育と社会学』[1]がフランスで刊行されたのは一九二二年である。そして、日本において教育社会学が学問として本格的に発展していくのは戦後になってからだ。一九四八年に日本教育社会学会が設立され、一九五一年に学会誌『教育社会学研究』の第一集が刊行された。日本社会学会が一九二四年に設立されていることから考えると、比較的新しい学問分野であるといえるだろう。

一　「あたりまえ」を疑う

教育社会学を一言でいえば、教育を社会学的な視点からとらえようとする学問である。では、社会学的な視点とは何か。それは、「あたりまえ」を疑うということである。「あたりまえ」を疑うことについて「データにもとづき考える」、「マイノリティの視点から考える」、「社会構造の中で考える」という三点から見てみよう。

データにもとづき考える

教育社会学に限ったことではないが、適切なデータをもとに現象をとらえ、それにもとづき考えることは社会科学の基本だといえる。特に教育は誰もが「経験者」のため、つい「自分の経験」だけで語ったり、考えたりしてしまう。例えば、大学生である「あなた」にとって、高校を卒業したら大学に進学することは「あたりまえ」だったかもしれない。しかし、「令和二年度学校基本調査」[2]によると、大学（学部）進学率は五四・四％であり、一八歳人口の約半数は大学（学部）には進学しないのである。もちろん、「あなた」の経験は唯一のものであり、成長の糧となっているだろう。しかし、学問として教育を学ぶにあたっては、自分の経験を過度に一般化してしまうと現象を見誤り、見当違いな方向に進んでしまう可能性がある。だからこそ、「データにもとづき考える」ことが大切なのだ。

マイノリティの視点から考える

　マイノリティとは「少数者」、「少数派」を意味する言葉であるが、社会学の文脈で用いられる場合は、さらに「力関係において被抑圧的な地位にある」という意味を帯びる。マジョリティ側にいると、マイノリティを取り巻く問題は意識して見ようとしなければ見えないものである。「女子」の立場から一つ考えてみよう。「令和二年度学校基本調査」によると大学（学部）の女子学生数は一一九万三四六五人で、その割合は四五・五％となり、人数・割合ともに過去最高となった。しかし、学部別に見ると大きな偏りがある。いわゆる文系学部（人文科学・社会科学・教育）に占める女子学生の割合は五四・三％であるが、理系学部（理学・工学・農学・保健）では二七・六％となる。こうした状況は、女子による自由な進路選択の結果なのだろうか。要因の一つに教員構成の不均衡があるといわれている。日本の女性教員の割合は小学校では六二・三％と高いが、中学校では四三・七％、高校では三二・五％、大学では二五・九％にまで下がる。さらに「令和元年度学校教員統計調査」[3]によると、教科別の女性教員の割合は高校の数学では五・九％、理科では六・五％ときわめて低い。女子には身近な理系のロールモデルがいないため、理系への進路を選択しづらい環境があると考えられるのだ。このように「マイノリティの視点から考える」ことによって、さまざまな問題が見えてくる。

社会構造の中で考える

今日の日本社会は、苦境に陥った人に対して「本人の努力が足りないからだ」という「自己責任論」を突き付けようとする風潮にある。しかし、本当に「がんばればなんとかなる」のだろうか。「学力」でいえば、子どもの学力と家庭の社会経済的背景に関連があることは広く知られるようになった。「進学」についても、生活保護世帯、児童養護施設、ひとり親家庭の子どもの大学等進学率は全世帯に比べて低い傾向にあり、大きな差がある。これらの問題は、子ども自身の努力だけで解決しようとしても限界がある。教育的支援や福祉的支援が必要であると同時に、社会のあり方そのものを問う視点が必要となる。「自己責任論」のもと子どもや保護者に責任を押し付けてしまうのではなく、「社会構造の中で考える」ことが求められるのである。

二　「マイノリティと教育」研究の重要性

医学部入試の女性差別問題や、国会議員によるセクシュアル・マイノリティに対する差別発言などの報道を見聞きした読者も多いだろう。また、Black Lives Matter や#MeToo 運動は世界的な運動となり、日本でも広がっていった。マイノリティと差別の問題は、今後も考え、行動し続けていかなければならない。そのための重要な視点の一つが「マイノリティと教育」なのである。

不平等を再生産する学校

教育社会学には「再生産」という理論がある。私たちは学校によって人々の社会移動が促進され、平等な社会の実現が可能になると信じてきた。しかし、再生産論によって、むしろ学校は人種、階級、性などによる不平等を再生産する装置であるということが示された。つまり、学校はマイノリティの子どもを排除する場であるということだ。再生産論にはさまざまなタイプがあるが、ここではバジル・バーンスティンの言語コード論[4]を紹介する。

バーンスティンは、言語は精密コードと限定コードからなるという言語コード論によって労働者階級の子どもの教育達成の低さについて説明しようとした。精密コードは文脈（状況）への依存度が弱く普遍主義的な文体である。一方、限定コードは文脈（状況）への依存度が強く個別主義的な文体である。例えば、一枚の絵について説明をするとき、精密コードでは絵を見ていなくてもどのような絵か理解できるのに対し、限定コードでは絵を見ながら聞いていないと理解できないのである。バーンスティンは、中産階級は精密コードを多く用いるのに対し、労働者階級は限定コードを多く用いることを指摘している。しかし、学校では精密コードを用いることを要求されるため、労働者階級の子どもには馴染みがなく学校での成功を獲得しにくいことを主張したのである。

バーンスティンをはじめとする多くの研究が、マイノリティの子どもが学校から排除されることを明らかにしている。このような「マイノリティと教育」研究は、欧米の教育社会学において重要な位置を占めてきたのである。

日本社会の努力主義神話

日本の教育社会学では、「マイノリティと教育」研究はどのように位置付けられてきたのだろうか。志水宏吉らは次のように述べている。

> 「マイノリティと教育」という研究領域は、日本の教育社会学ではきわめて「マイナー」な位置しか与えら

れてこなかった。「社会諸集団と学校教育との関係を問う」という視点は、〔……〕欧米の教育社会学の中核であり続けてきたが、日本では「マイノリティの視点から学校を問う」というスタンスは概して希薄であった。[5]

実際にはさまざまなマイノリティ集団が存在し、社会や学校から排除されていたにもかかわらず、同質的であるという「幻想」が支配してきた日本社会においてマイノリティ集団に対する関心は低かったといえるだろう。また、苅谷剛彦は日本の戦後教育の中には「能力の平等」という平等主義があり、「だれでもがんばれば、「一〇〇点」をとれる。このような見方は、学力差を生まれながらの素質の違いとは見なさず、生得的能力においては決定的ともいえる差異がないという能力観、平等観を基礎としている[6]」と指摘している。しかし、皮肉なことに、このような日本的な平等主義が「結果として努力主義を広め、「生まれ」によらずだれにも教育において成功できるチャンスが与えられていることを強調[7]」することになり、「生まれ」から生じる不平等を覆い隠す役割を果たすことになったのである。中西啓喜は、学力や学歴の獲得には個人の「努力」が重要であるとする日本社会の考え方を「努力主義神話」と名付けている。ここでいう「神話」とは、「データや根拠もなく広く信じられている現象や事象[8]」を指している。

その後、教育社会学者による学力調査や文部科学省の「全国学力・学習状況調査」などによって、子どもの学力と家庭の社会経済的背景には関連があることは広く知られるようになってきた。また、「東大生の保護者の年収は高い[9]」という話を聞いたことがある読者もいるだろう。東京大学の「二〇一八年（第六八回）学生生活実態調査報告書[10]」によると、世帯年収が「九五〇万円以上」という回答は六〇・八％にもなる。「令和元年国民生活基礎調査[11]」では、全世帯の平均所得金額は五五二・三万円であり、母子世帯でいうと三〇六・〇万円となっている。

経済的な豊かさを背景とした恵まれた教育環境の中で、教育熱心な保護者に育てられ、高い教育達成をおさめる子どもがいる一方、社会経済的背景が厳しい家庭で育つ子どもは、生活、進学、経験など、さまざまなことに制約が生じてしまうという状況に陥りやすいのである。

教育における卓越性と公正

「できる子どもを伸ばすか、しんどい子どもを支えるか」は、学校におけるジレンマの一つかもしれない。しかし、単純な二項対立でとらえてしまってはいけない。ある国の教育システムを評価する際に、教育社会学では「卓越性」（excellence）と「公正」（equity）という二つの軸が用いられる。「卓越性」とは「全体あるいは個々の教育成果の優秀さや、それを目指した教育機会の質の高さ」のことであり、「公正」とは「出身背景や個人属性など自ら制御できない要因による教育機会の不平等が是正されるとともに、自律的な社会参加に最低必要な教育機会がすべての人に提供されること」[11]を意味する。簡単にいうと、「卓越性」は子ども全体の平均点をあげる、上位層を伸ばすという点を、「公正」は集団間の格差を縮める、しんどい層を支えるという点を大事にする考え方である。これらは「どちらを優先するかは教育段階によっても異なると考えられるが、一方を完全に棄却するのではなく、どちらも追及する意義がある」[12]とされている。そして、教育の「公正」については「マイノリティの視点から学校を問う」ことによって実現していくと考えられる。今日のグローバル化にともなう多文化化や格差社会の進行、人権問題に対する意識の高まりなどを受け、日本においても「マイノリティと教育」研究の重要性が増してきているといえるだろう。

三　部落問題の「いま」

「マイノリティと教育」を主な研究領域とする筆者の大きな柱となっているのが部落問題（同和問題）である。部落問題とは日本固有の差別問題であり、歴史的、社会的に形成された被差別部落とその住民、出身者、関係者に対する差別に関わる社会問題のことである。

戦後、被差別部落に対する偏見や差別をなくすために部落解放運動が展開され、一九六五年には同和対策審議会答申において「同和問題は人類普遍の原理である人間の自由と平等に関する問題であり、日本国憲法によって保障された基本的人権にかかわる課題である。〔……〕その早急な解決こそ国の責務であり、同時に国民的課題である」とし、一九六九年に制定された同和対策事業特別措置法のもと、被差別部落に対して生活環境の改善、職業の安定、社会福祉の増進、教育の充実など、さまざまな事業が行われた。しかし、二〇〇二年には同和対策事業に係る一連の特別措置法は失効している。

根強い差別意識と部落差別解消推進法

「部落問題とは何ですか？」という読者も多いだろう。また、特別措置法が失効し、あからさまな差別が減少したかのように見えることから「部落問題は解決した」と考える読者もいるかもしれない。はたして、本当にそういえるのだろうか。

「部落差別の実態に係る調査結果報告書」[13]では、「部落差別が不当な差別であるのを知っているか」という質問について「知っている」八五・八％、「知らない」一〇・八％、「部落差別は不当な差別ではない」一・二％、という回答になっており、部落差別が不当な差別であることを八割以上の人が知っているという結果になっている。これは、学校をはじめとする教育・啓発の成果といえるだろう。しかし、その一方で「旧同和地区出身を気にするかどうか（交際相手・結婚相手）」という質問では「気にならない」五七・七％、「わからない」二五・四％、「気になる」一五・八％、となっており「近隣住民」や「求人の応募者・職場の同僚」に比べ「気になる」、「わからない」と答えた人の割合が高くなっている。さらに、部落差別が不当な差別であると知っていると答えた人でも、一五・七％が交際相手・結婚相手の場合「気になる」と答えている。頭では分かっていても、いざ被差別部落の人と「家族」、「身内」になるというときに、根強く残る偏見や差別意識が表面化してしまうといえる。

また、法務省の人権擁護機関において取り扱った部落差別等に関する人権相談の件数は、二〇一七年では四〇二件となっている。そのうち九割以上が実社会における差別に関する人権相談であるが、インターネット上の差別に関する人権相談の件数も増加してきている。被害者の年齢層は六〇歳代以上がやや高い傾向があるものの、二〇歳代から八〇歳代まで幅広く見られる。

以上のように、今なお部落差別は「ある」のだ。二〇一六年には部落差別の解消の推進に関する法律（部落差別解消推進法）が可決・成立しており、第一条の目的に「部落差別の解消を推進し、もって部落差別のない社会を実現することを目的とする」と記されている。私たちは、部落差別のない社会の実現にむけて闘っている最中なのである。

部落問題研究と教育

日本において「マイノリティと教育」に関する先駆的な研究として位置付いているのが、被差別部落を対象とした研究だといえる。池田寛は、被差別部落の子どもの学力問題を検討するなかで「かれらの文化——その行動様式や価値志向――を劣ったものとして評価し、集団として社会から排除しようとしたり、矯正を加える行為そのものが同和地区の人々に劣等意識を植えつけ」ているとし、一方的に「欠如理論」で評価すべきではないとしている。そして、「現代社会において、このような文化的支配－従属の関係を生み出しているのは学校教育である[14]」と述べている。ほかにも、被差別部落の下位文化（サブカルチャー）と学校文化の不連続性[15]や、教育や職業的地位へのアクセスにおけるさまざまな障害[16]などが指摘されている。欧米の「マイノリティと教育」研究が明らかにしてきた状況が、日本の学校でも確認されたのである。

志水宏吉らは、これまでの部落問題研究を次のように振り返っている。

> 一期目は一九八〇年代から二〇〇〇年までの「学力実態把握の時代」である。この時期は、部落の児童・生徒の教育機会、特に学力に関する実証的研究が盛んだった。二期目は「学校づくり論・コミュニティづくり論の時代」で、一九九五年から二〇〇五年までである。この時期には、「人権教育のための国連一〇年」（一九九五年〜）と同和対策事業の終結（二〇〇二年）を機に、人権教育の理論と実践的課題を探求する研究が現れた。学力保障をめざす学校づくりや地域教育の充実・活性化をめざすコミュニティづくりは、そうした実践的課題の典型例である。三期目は二〇〇〇年代以降の「部落問題の再定義の時代」である。この時期には部落問題のありようが大きく変わる中、新たな研究課題が生まれたり、社会的包摂の観点から同和教育のあり方を見なおす研究が現れたりしている[17]。

時代の変化、部落問題のありようの変化に伴い、学力問題や地域コミュニティづくりなど、さまざまな角度から研究が続けられてきたことが分かる。そして今日、同和教育は「社会的包摂の探究という文脈のもとで、新たな意義を見出されるかもしれない[18]」と考えられているのである。

四　同和教育がもつ普遍的意義

部落解放運動は、「教育に始まり教育に終わる」といわれるほど教育を重視してきた。そして、部落問題の解決をはかるために行われる教育活動を同和教育といい、今後も継承し、発展させていくべき教育実践が数多く蓄積されている。

差別の現実から深く学ぶ

戦後の同和教育は、長期欠席・不就学への取り組みから始まったといえる。被差別部落では貧困によって子どもも働き手に数えられており、多くの子どもが学校に通うことができずにいた。また、学校に通えなかったとしても「親の無理解」、「ずる休み」などという理由で片付けられてしまっていた。長期欠席・不就学への取り組みとして有名なのが、一九五〇年に高知県でスタートした福祉教員制度である。福祉教員の取り組みは『きょうも机にあの子がいない[19]』という実践記録集にまとめられている。神村早織は、福祉教員の取り組みについて次のように述べている。

> 制度開始当初、福祉教員の使命は、同和地区の不就学児童生徒を学校に連れてくることとされていた。しかし、命じられた職務「出席督励」を「休んだ子を呼んでくる」ことに限定していたならば、福祉教員の実践は、戦後の同和教育の礎とはならなかっただろう。〔……〕自転車を走らせ、地域のなかに入り込み、子ど

もの姿を追いかけて多くのことを学んだ福祉教員たちは、その生活の現実を目の当たりにして、あるときは、学校の教師としての役割を超えて、子どもの生活保障のために奔走し、教育と福祉をつなぐ存在としてその活動を広げていくのだった[20]。

日本におけるスクールソーシャルワーカーの源流ともいわれる福祉教員の取り組みであるが、長期欠席・不就学の問題に限らず、非行や荒れ、学力問題なども、同和教育では子どもの能力や意欲のせいにするのではなく、社会経済的背景と結びつけながら考え、取り組んできた。そして、学校文化が有する「権力」や「不公正」を明らかにし、学校のあり方を問い直してきたのである。これこそが、同和教育が大切にしてきた「差別の現実から深く学ぶ」という考え方である。

一九七〇年代から本格化していく同和教育は、大きく二つの側面に分けることができる。「教育達成の平等化」と「部落問題学習」である[21]。一つ目の「教育達成の平等化」は、前述した長期欠席・不就学への取り組みに始まり、教科書無償運動や高校・大学進学のための奨学金制度の確立、就職差別の解消を目指した統一応募用紙の制定などの学力保障・進路保障の取り組みであり、大きな成果をあげていった。二つ目の「部落問題学習」は、部落問題についての正しい理解を促すための取り組みであり、部落問題を学ぶための副読本の作成・使用、社会科の中での部落問題学習などが挙げられる。

同和教育から人権教育へ

二〇〇二年の特別措置法失効を見据え、同和教育が今後のあり方を模索し始めた一九九〇年代以降、時を同じくして日本における人権教育は大きく発展していく。一九九四年に国連において「人権教育のための国連一〇年」（一九九五―二〇〇四年）が決議されたことが、日本に大きな影響を与えたといえる。一九九七年には「人権教育のための国連一〇年」に関する国内行動計画が策定され、その後、二〇〇〇年に「人権教育及び人権啓発の推進に関する法律」、二〇〇二年に「人権教育・啓発に関する基本計画」が出されるなど、人権教育に関する枠組みが整備されていった。二〇〇八年には「人権教育の指導方法等の在り方について［第三次とりまとめ］」が出され、日本における人権教育の体系的な基本方針がまとめられたのである。

特別措置法失効による同和教育衰退の危機という国内の事情と、国際社会からの人権教育推進の後押しという国際的な事情が偶然にも同時期に生じたことによって、日本では「同和教育から人権教育へ」という流れが生まれ、同和教育は人権教育へと発展的に再構築されていった。その結果、これまでの同和教育の理念や実践を人権教育に引き継ぐことで人権教育をより充実させることができ、また、同和教育を人権教育という国際的な枠組みの中で再構築することによって普遍的な意義をもつものとして位置付けることを可能にしたのである。

人権教育の四つの側面

日本では、同和教育は人権教育の出発点といわれている。「同和教育から人権教育へ」という流れがあったからというだけではなく、「人権教育の四つの側面[22]」という考え方から説明することができる。「人権教育の四つの側面」とは「人権としての教育」、「人権についての教育」、「人権を通じた教育」、「人権のための教育」である。「人権としての教育」とは、教育を受ける権利の確立、教育の機会均等を目指すことである。「人権についての教育」とは、人権に関する条約や法律、人権問題についての歴史や現状を学ぶことである。「人権を通じた教育」とは、人権が尊重された雰囲気や関係性の中で教育が行われることである。「人権のための教育」とは、「豊かな人権文化の構築・創造」に資することができる社会の担い手を育成することである。人権教育というと「人権についての教育」に焦点が当てられがちであるが、これら四つの側面がそれぞれ満たされながら進められるべきものなのである。

　国際的な人権教育についての考え方に「人権としての教育」が「人権についての教育」に先行するというものがある。そのため、長期欠席・不就学への取り組みという「人権としての教育」から始まった同和教育は、人権教育の出発点といえるのである[23]。また、同和教育はまさにこの四つの側面を体現してきたといえる。長期欠席・不就学や学力保障・進路保障に取り組み（人権としての教育）、部落問題をはじめとする人権問題について学び（人権についての教育）、しんどい子どもを中心にした集団づくりを行い（人権を通じた教育）、「差別をしない・させない・許さない」子どもを育てようとしたのである（人権のための教育）。

　同和教育は、学校による排除に抗い、教育の「公正」を実現しようとしてきた。人権教育へと発展的に再構築され、今でもその理念や実践は継承されている。さらなる人権教育の充実や、格差や貧困をはじめとするさまざまな差別の問題を乗り越えなければならない日本社会において、同和教育が積み重ねてきた実践は大きな財産だといえる。

五　学校と「出会い直す」

　学校はマイノリティの子どもを排除し、不平等を再生産する場として機能してきた。しかし一方、教育の「公正」を目指し、さまざまな教育実践が行われてもきた。「マイノリティの視点から学校を問う」ことによって、これまでとは違う学校の姿が見えてくる。それは、「あなた」の中にある学校の「あたりまえ」を崩すことにつながるかもしれない。自分の中の「あたりまえ」を疑い、崩すことは勇気のいることだ。しかし、その先にはこれまで知らなかった、知ろうとしていなかった学校がある。教育社会学を学ぶことによって、多様な視点から教育について考えることができるようになる。「あたりまえ」に囚われずに、学校と「出会い直す」ことを楽しんでほしい。

注

（1）Émile Durkheim, *Éducation et sociologie*, Paris: Félix Alcan. 1922.（『教育と社会学』佐々木交賀訳、誠信書房、一九七六年）

（2）文部科学省「令和二年度学校基本調査」二〇二〇年 https://www.e-stat.go.jp/stat-search/files?page=1&toukei=00400001&tstat=000001011528（二〇二一年六月二六日閲覧）。

（3）文部科学省「令和元年度学校教員統計調査」二〇二一年 https://www.e-stat.go.jp/stat-search/files?page=1&toukei=00400003&tstat=000001016172（二〇二一年六月二六日閲覧）。

（4）Basil Bernstein, *Class, Codes and Control Volume 1, Theoretical Studies towards a Sociology of Language*, London, Henley and Boston: Routledge & Kegan Paul. 1971.（『言語社会化論』萩原元昭編訳、明治図書出版、一九八一年）。

（5）志水宏吉ほか「マイノリティと教育」日本教育社会学会編『教育社会学研究』第九五集、二〇一四年、一三三頁。

（6）苅谷剛彦『大衆教育社会のゆくえ――学歴主義と平等神話の戦後史』中央公論新社、一九九五年、一八二頁。

（7）同、一九〇頁。

（8）中西啓喜「学力の獲得は平等なのか?」片山悠樹ほか編『半径五メートルからの教育社会学（シリーズ　大学生の学びをつくる）』大月書店、二〇一七年、一九頁。

（9）東京大学「二〇一八年（第六八回）学生生活実態調査報告書」二〇一九年 https://www.u-tokyo.ac.jp/content/400131321.pdf（二〇二一年六月二六日閲覧）

（10）厚生労働省「令和元年国民生活基礎調査」二〇二〇年 https://www.e-stat.go.jp/stat-search/files?page=1&toukei=00450061&tstat=000001141126（二〇二一年六月二六日閲覧）。

(11) 日本教育社会学会編『教育社会学事典』丸善出版、二〇一八年、六七八頁。
(12) 同、六七八頁。
(13) 法務省人権擁護局「部落差別の実態に係る調査結果報告書」二〇二〇年　http://www.moj.go.jp/content/001327359.pdf（二〇二一年六月二六日閲覧）
(14) 池田寛「日本社会のマイノリティと教育の不平等」日本教育社会学会編『教育社会学研究』第四二集、一九八七年、六七頁。
(15) 今津孝次郎・浜野隆「「部落」のサブカルチャーと学校文化」名古屋大学教育学部編『名古屋大学教育学部紀要　教育学科』第三八巻、一九九一年、四一九―四三一頁。
(16) 鍋島祥郎「部落の子どもの教育達成水準の動向が物語るもの」部落解放研究所編『これからの解放教育――学力保障とカリキュラム創造』解放出版社、一九九三年、三一―五六頁。
(17) 志水ほか、前掲論文、一三六頁。
(18) 同、一四〇頁。
(19) 高知市福祉部会『きょうも机にあの子がいない』ガリ版冊子、一九五四年（高知市福祉部会『きょうも机にあの子がいない（同和教育実践選書　第二巻）』同和教育実践選書刊行会、一九八七年）。
(20) 神村早織「同和教育実践の再発見」神村早織・森実編『人権教育への招待――ダイバーシティの未来をひらく』解放出版社、二〇一九年、七二頁。
(21) 鐘ヶ江晴彦「同和教育と人権」日本教育学会編『教育学研究』第六二巻第三号、一九九五年、二一九―二二六頁。
(22) 平沢安政「同和教育、解放教育、人権教育」友永健三、渡辺俊雄編『部落史研究からの発信　第三巻　現代編』解放出版社、二〇〇九年、七一―八六頁。
(23) 平沢安政「日本の人権教育と道徳教育をめぐるコンフリクト　人権的価値と道徳的価値に関する一考察」牟田和恵ほか編、小泉潤二・栗本英世監修『競合するジャスティス――ローカリティ・伝統・ジェンダー（叢書　コンフリクトの人文学三）』大阪大学出版会、二〇一二年、一六一―一八三頁。

第3章　教育方法学

教育の「不易流行[1]」に対応し続ける

西森章子

【自己紹介】

氏名　西森章子（Akiko NISHIMORI）

専門領域　教育方法学・教育工学・教育心理学

研究テーマ　「思考を育てる教材・授業の開発と評価」および「教師の成長プロセスの解明」である。研究のアプローチとしては、実験法や質問紙法などを用いる実証研究が中心となっている。

主な担当講義　講義科目として「教育方法論」、演習科目として、一年次「教育学基礎演習」から四年次「教育学演習Ⅳ」までを担当している。教育実習関連では、幼稚園、小学校、中・高等学校それぞれの「教育実習事前事後指導」のうち、事前指導の一部を担当している。教育学科内では学校教育コースの担当であるが、実際のところ卒業研究を指導するゼミには、学校教育コース（小中）だけでなく、初等教育（幼保）コースから教育科学（中高）コースまで、あらゆるコース生が所属している。

「生徒に面白いと思ってもらえるような社会科授業の方法を知りたい」「子どもにわかりやすく教えるのにどうすればよいかを知りたい」……。これらは「教育方法」を学ぼうとする学生から筆者がよく聞く言葉である。そして筆者は、これらのコメントを読みながら、「この学生さんは、そもそもどんな社会科授業を面白いと感じているんだろうか」「わかりやすく教える相手の子どもは、一人だろうか、それとも複数なんだろうか」と、あれこれ想像してしまう。同時に、不思議に思う。どうして学生は、特定のよい方法があるかのように（決まっているかのように）考えるのだろう。自分自身の学生生活を通して、教える人（教師）の信念（考え方）が異なれば授業も違うし、少人数で進められる授業／大きな集団で進められる授業のそれぞれの目指すところは違っていて、そこで取られる手立ても異なることを、経験を通して学生は知っているはずなのに。

「教えること」について考えるとき、学習者としての経験を通して「知っていること」は、なぜ結びつかないのだろう。学習者として「これまで知っていること」は、一体どこへ行ってしまうのだろう。

一　教育方法学を整理する

教育方法学の縦軸（歴史）

「教育方法」に近い表現として、「教授法」という言葉がある。また「学習指導法」という言葉もある。実際、あなたも大学の授業において、たとえば教科教育法の授業内で模擬授業をするとき、「学習指導案」の作成が求められるだろう。この「教授」や「学習指導」という言葉と、「教育方法」という言葉は、わが国の教育学の歴史の中でどのように扱われてきたのだろうか。まず、その時系列を、教育方法学の「縦軸」として整理してみよう。

「教授」という言葉を一般的な国語辞書で調べてみると、「①学問・技芸を一定の順序で教えること。②教育や研究に従事する人の中で、最上の職階。」（『新明解国語辞典』）とある。

ここでは、「教えること」に強く関連する①について考えてみよう。わが国において「教授」という言葉が初めて使用されたのは明治時代の初期であった。どこで使用されたのかというと、細谷俊夫によると、一八七三（明治六）年には、東京師範学校（日本最初の教員養成機関、現在の筑波大学の前身校の一つ）の教科課程のなかに、「教授法」が設けられていた。では、明治時代の教授法とは、具体的にはどのようなものであったのだろうか。細谷は、当時の教授法は江戸時代の寺子屋でおこなわれていた素読暗誦の教育を一歩も出ていなかった、と評している[2]。つまり、教師の立場から言えば、知識や技能の伝達の方法という意味合いであった。また教育活動の中心を占めるものとして教科書があり、教科書と学習者との橋渡しを行うのが教師であると考えられていた。当時の教育は、教師が学習者に伝達することが「教授」であり、教授法は、その伝達を効果的にする技術と見なされていたのである。

一方で、教育には、画一的な強制や知識の注入ではなく、むしろ教育を通して学習者の理解や技能の育成を目指すべきであるという考えも存在する。この考えが初めてわが国において登場したのは大正時代に展開された新教育（大正自由主義教育）においてであった。大正年間の中期に奈良女子高等師範附属小学校（奈良女子高等師範の附属小学校）で「学習法」が提唱されることとなった。「学習法」のもとでは、知識、理解、技能いずれも、学習者自身が参加し、実行することによってはじめて修得できるものであると考えられ、学習とは、生徒自身の経験を再構成することであるという見方が確立された。そうすると、学習者の興味を中心にした自発的、創造的な学習を発展させることが教師の任務となり、その場合、教授法ではなく、学習指導法と言うべきであるとされたのである。

ではその後の教員養成機関において、「教授法」でもなく、「学習指導」あるいは「学習指導法」という言葉でもなく、つまり現代の大学における教職課程科目にあるように、「教育方法」という言葉が使われるようになったのはなぜなのだろうか。

この点について細谷は、わが国の教育学の歴史のなかで「教育方法学」という言葉が初めて現れたのは一九二五（大正一四）年に刊行された佐々木秀一の「教育方法学に就いて」であると説明している。[3] しかし、「教育方法」という言葉が一般的に普及するのは、約二〇年後の一九四九（昭和二四）年であると説明している。具体的にはこの年に制定された教育職員免許法の教職科目として教育方法が採り上げられたこととされている。

明治期の教師による知識・技能の効果的な伝達を目指す「教授法」から、大正期の学習者の興味を中心とする「学習指導法」へと言葉が変化するなかで、なぜ昭和期において「教育方法」という、どちらかといえば教師主体の言葉が取り入れられるようになったのはなぜだろうか。

このことについて明確な結論は出ていないが、その原因の一つとして「学習指導」が「進路指導」や「生活指導」といったガイダンスと同じような位置づけになることを避けるために「教育方法」という言葉が用いられるようになったということが挙げられている。[4] また同時に、「学習指導」を強調することによって、学習者の興味を中心とする活動が中心となってしまい、教育が果たす役割の一つでもある社会的遺産としての文化財を軽視することにつながることを恐れて、「教育方法」という新しい言葉が取り上げられるようになったとも説明されている。

教育方法学の横軸（範囲）

教師中心の教育という教育観から、学習者中心の教育という教育観へ、そして両者を発展的に統一する表現として、「教育方法」という言葉が生み出された。そのような歴史的背景のもと、学問や思想の発展に伴い、教育の目的や目標が変化することによって、教育の方法もその対象を拡大してきている。ここでは、教育方法の対象となるものを「横軸」として整理してみよう。『現代教育方法事典』（図書文化社）の目次によると、「子どもの発達」「教育課程の編成」「教材・教具の研究」「教科の教育方法と総合学習の研究」「学力の形成と授業の研究」「情報通信技術（ＩＣＴ）の教育」「生活指導・生徒指導・道徳教育と特別活動・学校文化」「学校と家庭・地域との連携」「大学教育と教師の力量形成」等の全一〇項目が、「章」として設定されている。つまり、これらはすべて教育方法の対象であると言えるだろう。このほかにも、「教育方法の歴史と思想」として、ソクラテス法をはじめとする世界の教育思想と方法との関係、江戸時代の教育施設（藩校や寺子屋など）に見られる教育方法なども含まれる。柴田義松は、現代教育方法学が対象とする分野は極めて多方面にわたっていること、そのようななかで授業とか生活指導という教師が営み創り出す具体的実践の事実をもととして、授業とは何か、生活指導とか教育の方法・技術とは何かを明らかにするものが教育方法学である、としている。[5]

二　教材開発と教材が理解に及ぼす影響に関する研究

教材の研究

これまで筆者自身は、「教材の開発」「学習者における理解に教材が及ぼす影響」に関心を持ち、研究を進めてきた。ではなぜ、筆者はこれらのキーワードに関心を持ち続けているのだろう。

今回、この原稿を書くにあたり、いろいろと思い返してみたところ、筆者自身の「学習者としての経験」がきっかけの一つであることを再確認した。たとえば、筆者自身が中高生であったときに、「教科書にとらわれない学習活動」をさまざまな教科学習において経験した。具体的には、寺（東大寺の三月堂）に一日中入り浸ってぎゅうぎゅうに並んでいる仏像（冠が宝石だらけの不空羂索観音菩薩など）をスケッチし、寺の成り立ちや仏像の特徴を調べる学習（中学校社会科）、三角比を計測する道具（クルクルという名前だった）を生徒自身がボール紙とセル用紙とピンで作り、公式を確認する学習（高校数学科）などである。大学へ進学してから自身の中学生・高校生としての経験を振り返ったときに、実物を観察する学びや、自分自身で操作する学びが、その後の学びへの考え（学びには面白さがある）や、学ぶ姿勢などに強く影響していることを不思議に思った。

そのほか、「教材の開発」に興味を持ったきっかけとして、筆者自身の教師（非常勤講師）としての経験がある。筆者は、先ほど説明した出身校で、大学四年次に教育実習をし（高校一年生の現代社会を担当した）、その後大学院生の二年間、中学一年生に日本地理を教えていた。その二年間のなかで「生徒にウケるだろうな」と思って準備した教材（特に果物などの実物）は、生徒の興味関心を一瞬で一気に惹きつけることが可能なことを知った。ただし生徒を惹き付ける時間は長く続かないこと、結果的にその一コマの授業において、生徒に何かが蓄積された感じや、生徒が深く思考したような感じが得られないことも知った。学習内容について関心を持たせようと実物教材を使っても、結果的に「間が持たない授業」「深まりのない授業」になってしまうのはなぜなのだろうと考えるようになった。

六つの構成要素からなる授業デザイン

大学院では、「教育学」のうち、自分の興味を持った領域のみをつまみぐいするように学んでいったが、そのなかでさまざまな「理論」や「考え方」に出会い、そこでも「教材」と「授業（教えること）」の関連について興味を持つようになった。それらのなかに藤岡完治の「六つの構成要素からなる授業デザイン」がある。[6]

藤岡は、「教えること（授業）」を構想するにあたり、従来の「目標分析→教材の選択・作成→学習者の実態把握→評価法の決定」という手順に対し、批判的な立場をとっていた。藤岡は、目標分析から始まる手順をとると き、授業設計者の意識はどうしても「目標の実現」に焦点化してしまいがちであり、授業設計者（教師）の都合で学習者の関心・興味を調べるようになってしまう危険性があることを指摘した。特に、藤岡は、「教えること」を考えるにあたり、「いま・ここ」で現実に起こっているプロセスや、そこに潜む豊かな意味に教師自身が気づく必要のあることを強調している。そのような考えをもとに、教師の気づきを引き出す仕掛けとして、「ねがい」「目標」「学習者の実態」「教材の研究」「教授方略」「学習環境・条件」の六つの構成要素から成る「授業のデザインの概念図」（図1）が提案されている。この図は、「どの構成要素から始めてもよいし、次にどの構成要素にいってもよい」とする授業のデザインの概念を表したものとされる。

教える人（教師）は、図1を見て、構成要素を行きつ戻りつしながら、自分はどのような授業を作りたいと考えているのか（ねがい）、そこにはどのような教材が必要であるか（教材の研究）、実際学習者はどのような状態であるのか（学習者の実態）、どのような学習環境が望ましいか（学習環境・条件）、等を考えることで、一貫性のある授業構想を表現することができる。この概念図においては、授業で何を目指すのかといった「目標」も意識される。しかし最も重要なのは、授業を構想する人（教師）が「目標達成を意識しすぎてしまい、結果的に目標達成に縛られてしまう」といった状態から解放されるところにある。

筆者は大学院生であったとき、当時横浜国立大学教授であった藤岡完治（一九四五―二〇〇三）の集中講義を受け、この概念図に出会った。率直に言って、そのときはこの図1が何を意味しているのか、十分理解できていたとは言えなかった。しかし、その後自分が「教えること」「学ぶこと」について考えるようになったとき、「教えること」が行きつ戻りつすることで自分がどのような授業空間を作り出したいのかイメージすることができ、

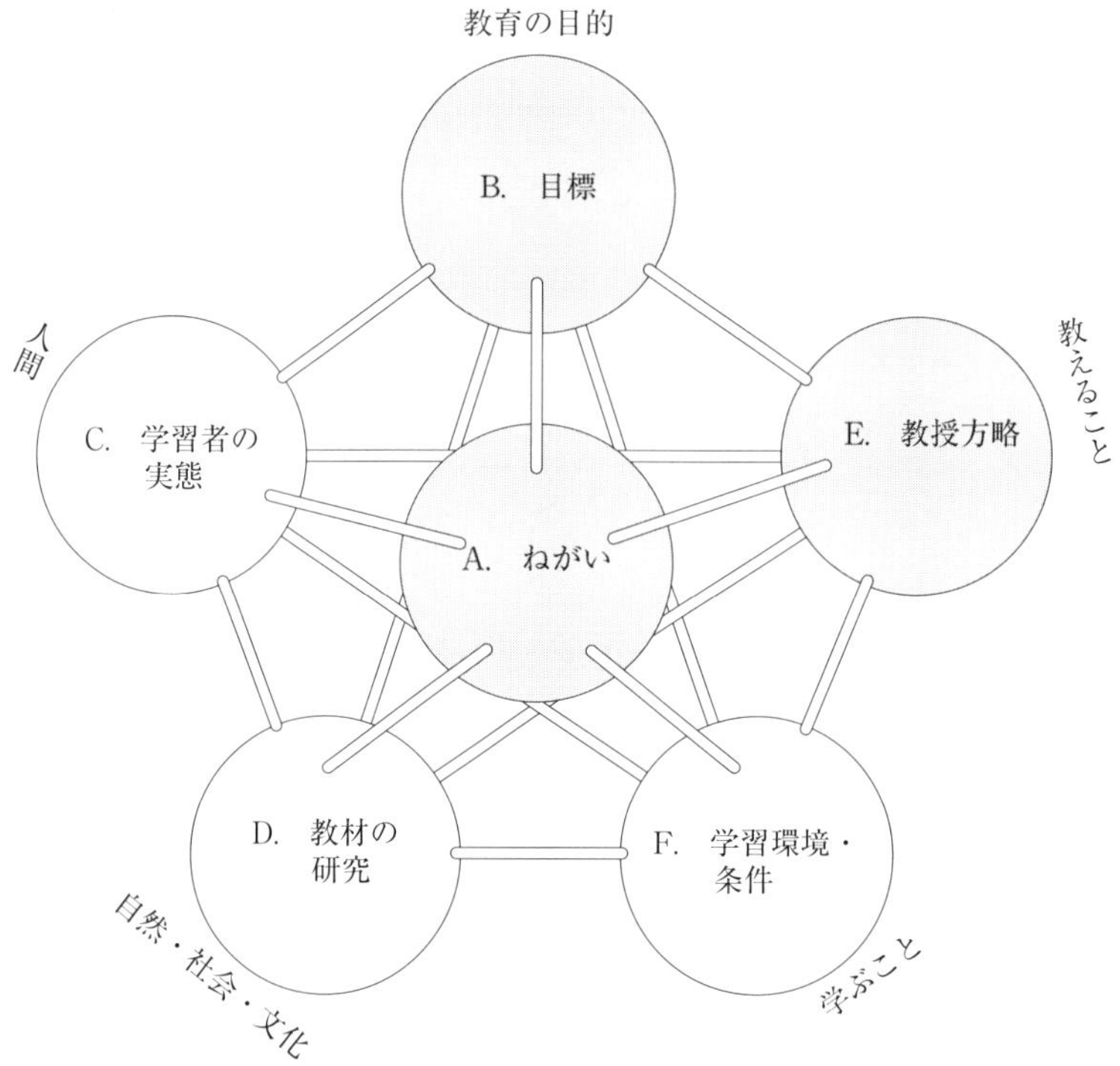

図1　6つの構成要素からなる授業デザイン・概念図

出所）藤岡完治『関わることへの意志――教育の根源』国土社、2000年より筆者作成。

繰り返すことで自分なりに意味づけをしていくことが可能であることを感じるようになった。それ以来、「教育方法論」の授業では、この概念図のうち教育方法を構成する要素として、「教材の研究」「教授方略」「学習環境・条件」を取り上げ、根幹にある「ねがい（授業を通して、児童生徒にこんなことを知って欲しいといった育ち（発達）や、この授業をどのような場にしたいといった教師の期待や希望）」がどのようなものかを問い直すことを心掛けている。

　また、図1をよく見ると、たとえば「教材の研究」と「学習者の実態」の間、あるいは「学習者の実態」と「目標」の間に橋（線）が渡されている。このことは、学習者の実態に即して「教材の研究」がおこなわれる必要があるし、実際に「学習者の実態」が「目標」に近づいているのかどうか検討される必要があることを示している。そこで、筆者は「学習者の実態」が「目標」に近づいたのかどうかを意識しながら「教材」が研究されるべきであると考えるようになった。逆に言えば、「教材」によって「学習者の実態」がどのような目標に近づくと言えるのか、「教材」によって学習者の理解が促されるのかどうかを検討してみたいと考えるようになった。

そのような経験や理論との出会いを経て、「教材の開発」と「学習者の理解、特に認知的側面」との関連性の検討、ということが筆者の研究領域となっていった。

三　研究テーマ１――教材の提示方法と理解との関係

では、教材をどのように用いれば、学習者に理解を促すことが可能になるのだろうか。たとえば、文字による説明（教科書）と静止画（写真）の双方を利用しながら、内容理解を進めてゆく授業場面を想像してみよう。その場合、文字による説明と静止画をどのように児童・生徒に示していくか、提示の仕方として複数のパターンが考えられる。たとえば、学習内容を一括して提示する方法（一覧提示）があれば、学習内容をいくつかに区切り、順序にそって提示する方法などがあるだろう。これら提示方法が理解に及ぼす影響について、実験を通して検討したのが「動的システム理解における情報提示様式の効果に関する研究」である[7]。

学習における「理解」とは

あなたは、学習者としての経験を積み重ねてきている。その学習経験から、これまでおこなってきた学習の目指す先（目標）はさまざまであることは十分理解しているだろう。たとえば教科書や参考書を通して歴史を学ぶとき、「第一次世界大戦は、一九一四年にヨーロッパで開始された」といった知識の習得を目指すこともあっただろう。漢字の練習帳や計算ドリルに取り組むことで、書字技能や計算技能の習得・習熟を目指したこともあるだろう。もちろん「知識の習得」や「技能の習得・習熟」ばかりではない。教科書に示された情報をもとに、主要なポイントをまとめること（要約）や、なぜこのような状況に至ったのか、あるいは将来、どのような状況になるのか予想する（推論）こともあっただろう。そのほかにも、複数の現象から共通する関係を見つける（比較）ことや、与えられた情報から必要／不必要な情報を見わける（区別）ことなど、学習者はさまざまな知的な作業をおこなっている。「学習を通して理解する」といっても、そこで目指される「理解」は多様である。

教材の提示方法と理解との関連性・中学生を対象とした実験

西森と山本はるかは、「ある事柄によって（原因）、別の事柄が起きる（結果）」という因果関係を説明する文章と静止画（文章の展開に沿った四枚のカラーイラスト）を準備し、中学生向けの学習環境を設定した。このとき、因果関係を含む学習内容として「水洗トイレタンクの仕組み」が選択され、文章と四枚の静止画が、次の二つの方法で示された。

A一覧提示型……学習内容が一括して示される。四枚のスライドが一枚の紙に集約された形である。学習者は、「一場面ずつ理解しながら読み進めてください」との指示のもと、スライド番号に沿って内容を読む。

B連続提示型……学習内容が分割して順序に沿って示される。一枚の用紙に一枚のスライドが掲載される形で、「一場面ずつ理解しながら読み進めてください」との指示のもと、学習者はスライド番号に沿って内容を読む。

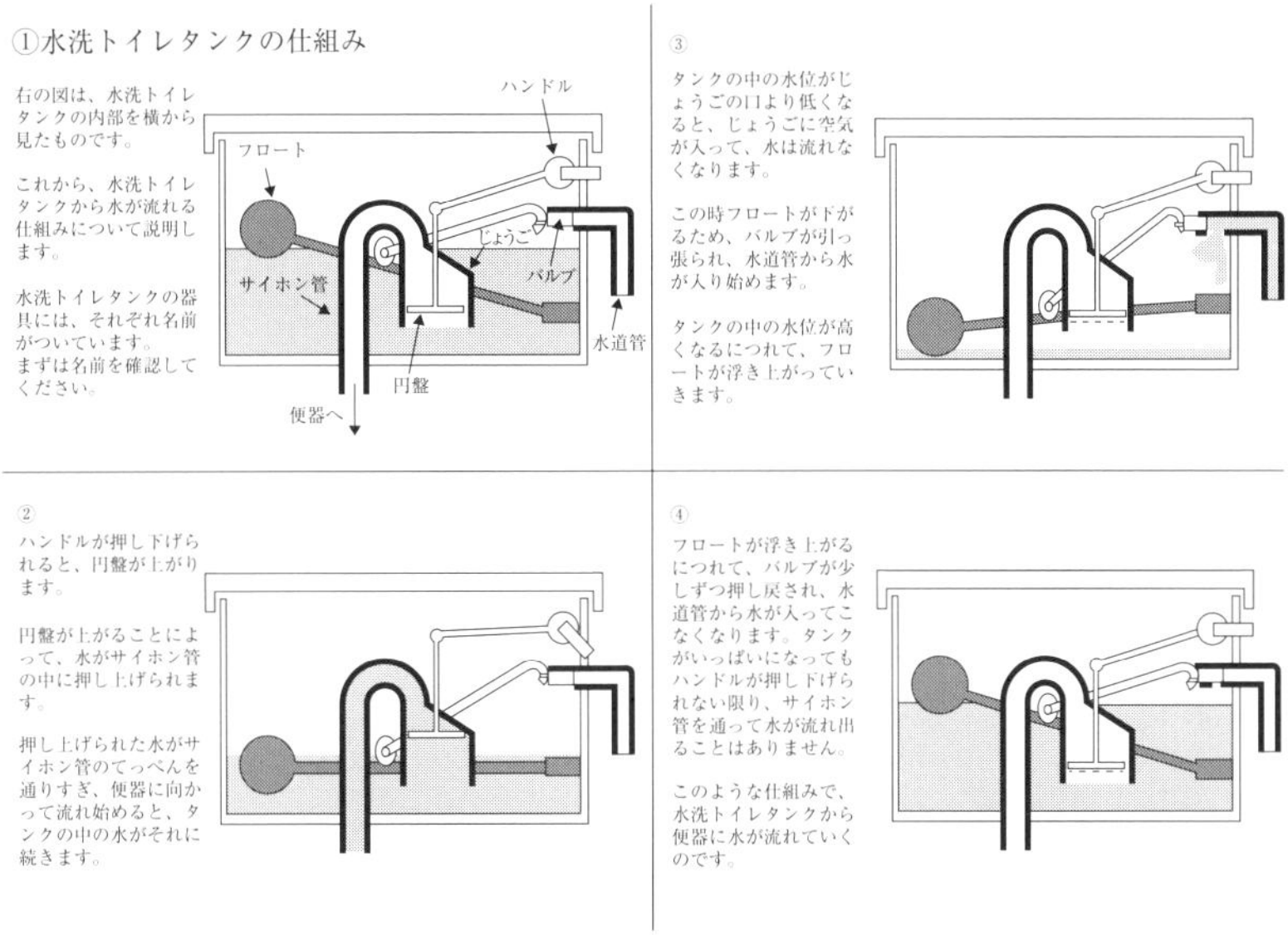

図2　一覧提示型の学習内容（水洗トイレタンクの仕組み）

出所）西森章子・山本はるか「動的システム理解における情報提示様式の効果に関する研究」『教育メディア研究』第14巻第2号、2008年、47頁。

図2に、一覧提示型を示す（A3判の大きな紙にカラー印刷された）。なお、図2のスライド①～④をプレゼンテーションソフトに載せることで、連続提示型、いわゆる一般的な「プレゼン」に近い形となる。

学習内容をすべて読んだあとに、学習者にはテストに答えることが求められた。このとき、問題として、知識テスト（提示された内容のうち、部品の名前などを思い出すように求める問題）と思考テスト（提示された内容に含まれる因果関係を利用して、推論することを求める問題）が用意された。

中学生七三名の協力を得て実験をおこなったところ、結果として得られたのは次の二点である。

①中学生の知識テストの得点は、提示方法（一覧提示型か、連続提示型か）には影響されない

②中学生の思考テストの得点は、連続提示型

で学習したときのほうが、一覧提示型で学習したときよりも高い

以上より、中学生においては、知識の習得には、一覧提示であれ連続提示であれ影響はしない（どちらでもよい）が、「推論する」といった思考活動は、連続提示（静止画と文章が連続的に提示されること）によってより促されやすいことが示された。

この結果を、学校教育の授業場面につなげて考えてみよう。最近、教師が大型画面提示装置（いわゆる電子黒板や大型モニター）を利用して、教科書の内容を示す授業がおこなわれるようになっている。いわゆる「ＩＣＴ機器[8]の教育的利用」である。このときの授業（学習）の目指すところは、ＩＣＴ機器を通して、教師と学習者、学習者と学習者、学習者と教材とのコミュニケーションを活性化すること、学習者の理解を促進することであろう。もし、授業の目指すところが「ある現象をもとに、なぜこのような状況に至ったのかを考える」あるいは「ある現象をもとに、将来、どのような状況になるのか予想する」など、学習者が推論する活動なのであれば、教師は、提示する必要のある情報を分割しながら説明する、といった提示方法をとることが望ましいと言えるだろう。

事例として挙げた実験では「因果関係」が明白で、与えられた情報をもとに正しく推論することが求められる学習内容が用いられた。このような学習内容は、自然システム（雷はどうやって起きるのか、海の波はどのようにして生成されるのか、など）や機械システム（滑車が回る仕組み、エンジンブレーキはどのように作動するのか、など）を取り扱う学習と関連性がある。

このように、実験結果からすべての授業（学習）内容をカバーできるわけではないが、「ＩＣＴ機器をどこでどのように使えばよいのか」「ＩＣＴ機器を利用した授業で学習者はどのような活動ができるか」という疑問に

対するヒントの一つになるのはないだろうか。

四　研究テーマ２――思考力を育てる教材の開発は可能か

なぜ青年期の学習者は「自分の考え」を言葉にするのが苦手なのか

あなたが中学生や高校生であったとき、クラスでの話し合いで、自分の考えが出てこなかったり、まとまらなかったりして、結局何も言えなかったという経験はないだろうか。

たとえば幼稚園で遊んでいる子どもたちを観察していると、子どもたちは「このオモチャ貸して！　だって△△だから！」「赤い色紙を使いたい。なぜかというと、○○にしたいから！」などと、彼らの考えをシンプルに口にしている。しかしながら、年齢が上がるにつれ、「自分が言いたいこと」を言葉にするのが苦手な人が増えてくるのはなぜだろうか。

実際、高校生に対して、「書くこと」に対して、困っていること、問題だと感じていることについて、調査をおこなったところ、その答えの多くが「書くことが思いつかない」「自分の意見をまとめられない」といった自分の考えを明確にすること、「自分の言いたいことをどうあって文章にすればよいかわからない」など、自分の考えを書き表すことに対応していた[9]。この傾向は、調査された高校生に限定されるものではない。たとえば、ＯＥＣＤ／ＰＩＳＡ調査では、わが国の一五歳生徒における「論述問題」や「自由記述問題」への無答率の高さから、「自分で考えて伝える力」の伸び悩みが指摘されている[10]。

この状況の原因は、さまざまな要素が組み合わさっていると考えられる。たとえば、「こんなことを言うと（クラスメートや教師に）笑われるかも」といった、思春期特有の照れや羞恥心が考えられる。これは学習者個人の特性（知覚の仕方）によるものと言えるだろう。また、学習者個人の問題ではなく学習者を取りまく環境が原因となることもある。具体的には、その人が通う学校で目指されている教育や授業で目指されていることが「正しい答えを表現すること」を重視しているのであれば、生徒は自然に「正解を示さなければいけない」と思い込んでしまう可能性が高い。そのほか、課題内容も原因かもしれない。考えるべき課題が、専門的な知識が必要であったり、ある程度時間をかけないと解決できないものであったりする可能性もあるだろう。

　では、このような状況に対して何もできないと考えて、学習者に任せておいたほうがよい、もしくは優れた教師に任せておいたほうがよい、と考えるか、それとも、学習者や教師といった人任せにするのではなく、たとえば手立てを考えることで何かできるのではないか、と考えるか、大きく二つの方向性があるだろう。後者の方向性に立ち、開発されたのが「根拠産出トレーニング」である。

根拠産出トレーニングとは

　根拠産出トレーニングとは、この根拠をさまざまに考える力を引き出す教材、もっと言えば思考力を促進する教材として開発されたものである。

　まず、ここで言うところの「根拠」を定義しておこう。根拠とは、主張を支える役割を持ち、「なぜなら～だから」の形で示すことのできる意味内容を指す。また根拠は、「理由」や「理由づけ」という言葉で言い換えることもできる。先ほどの幼稚園の子どもたちを例にとるならば、「このオモチャ貸して！　だって△△だから！」の発言は、前半が主張、後半が根拠である。つまり「このオモチャ貸して！」という要求は、その子どもから友達に向けての「（あなたは）そのオモチャを（私に）貸すべきだ」という主張である。また、「だって△△だから！」は、「なぜなら、私はそのオモチャの色が好きだから」「なぜなら、そのオモチャがあれば、私がいま作っている部屋が完成するのだから」などと表現できる。このとき、「△△」に何が入るのかは、人によってさまざまである。つまり、一つの主張であっても、その主張を支える根拠は多様でありうるし、一つの主張に対して、ありうる根拠をさまざまに考え出す、という点に「思考」がある。このさまざまに考え出す思考は、発散的思考（発想）あるいは拡散的思考と呼ばれる。

次に、根拠産出トレーニングの構成について説明しよう。根拠産出トレーニングは、ワークブック形式になっている。トレーニング問題の構成は、次のとおりである。

①ある主張（例、バレンタインデーはなくすべきだ）が紹介され、
②その主張を支える根拠について三分間でなるべくたくさん考えることが求められる。
　根拠をなるべく考え出した後に、
③他者が考えた根拠の例（例、廃棄されてしまうチョコレートも多いからだ／日本にはイベントが多すぎるからだなど一〇件）を一分間参照する。

この①の主張については、表1に示す。ワークブックは二時間分（二冊分）ある。図3にトレーニング問題の具体例を示す。

発散的思考が促される原理

一つの問題に対して、数多く、またさまざまに考えるといった「思考の流暢性」や「思考の柔軟性」はどのような原理で促されるのだろうか。ここではアイデア生成能力の促進を目的として開発されたCreativity Train-

表１　根拠産出トレーニングに含まれる問題

ワークブック１（１日目）

問題	提示される「第三者の主張」
事前問題１	自治体が主催する成人式はなくすべきだ【成人式問題】
事前問題２	高校生はもっとアルバイトをするべきだ【アルバイト問題】
問題１	子どもはテレビゲームをもっとするべきだ
問題２	バレンタインデーはなくすべきだ
問題３	国内の工場は海外にさらに移転すべきだ
問題４	春・夏・秋・冬の区別をなくすべきだ
問題５	小学校低学年から英語を学ぶべきだ

ワークブック２（２日目）

問題	提示される「第三者の主張」
問題１	スイカは野菜ではなく、果物と見なすべきだ
問題２	子どもにはお小遣いをたっぷりあげるべきだ
問題３	高校を卒業したらすぐ働くべきだ
問題４	消費税は20％に上げるべきだ
問題５	高校でも給食を導入すべきだ
事後問題１	自治体が主催する成人式はなくすべきだ【成人式問題】
事後問題２	高校生はもっとアルバイトをするべきだ【アルバイト問題】

出所）西森章子『意見文生成前段階における発想支援法の開発と評価』大阪大学大学院人間科学研究科博士学位論文、2018年、28頁。

問題 1-2：「バレンタインデーはなくすべきだ」という主張があります。

★あなたは、この主張にどれくらい**賛成ですか**？あてはまる**数字**に○をつけてください。

1 ―― 2 ―― 3 ―― 4 ―― 5

全く賛成しない　ほとんど賛成しない　どちらとも言えない　かなり賛成する　非常に賛成する

★あなたは、この問題についてどれくらい**関心がありますか**？あてはまる**数字**に○をつけてください。

1 ―― 2 ―― 3 ―― 4 ―― 5

全く関心がない　ほとんど関心がない　どちらとも言えない　かなり関心がある　非常に関心がある

この主張について、できるだけいろいろな根拠を考え、箇条書きにしてください。

●
●
●
●
●
●
●
●
●
●
●
●
●
●
●

主張を支える根拠を、あなたはどれくらい早く考えられましたか？
考えついた根拠の数をかぞえて、右下の空欄に記入してください。

＿＿＿＿個

それでは、この個数を、グラフに記入しましょう。

6

問題 1-2：他の人が考えた根拠の例

● 廃棄されてしまうチョコレートも多いからだ
● 本来の「バレンタインデー」の意味とかけ離れているからだ
● 他の国にそのような風習はないからだ
● 期末テストや受験などを控えている学生の勉強の邪魔になるからだ
● 日本にはイベントがありすぎるからだ
● 学校で禁止令が出たり、先生がいちいちチェックしたり大変だからだ
● 時間や労力などを節約できるからだ
● 告白したい人はバレンタインデーがなくても告白するからだ
● 男性と女性の不平等が解消されるからだ
● もらえなかった人は傷つくからだ
●
●
●
●
●

7

図３　根拠産出トレーニング問題（バレンタインデー問題・問題文と根拠例）

出所）西森、前掲論文、28頁。

ingの訓練枠組みが参考にされている。その訓練枠組みは次のとおりである。

a．学習者は、提示されたある主張について、考え得る根拠を、制限時間内にできるだけ多く産出する（タイムプレッシャーによる効果[11]）

b．学習者は、自ら根拠を産出したあとに、「他者の考えた根拠」を参照する（事例による認知的刺激[12]）

c．学習者は、自らの産出した根拠数を、問題ごとに記録する（進歩の過程の評価[13]）

つまり、時間制限があることで、集中的に考えるように促されるだけでなく、考えたあとに他者の例を見ることは、さまざまな考えに触れることにつながり、結果的に視野の拡大が起きる。そして、自分自身がいくつ根拠を考えたか、問題が進むとともに記録することで、自身の思考過程が確認され、より多く考えることを促す仕組みになっている。

教材と発散的思考（力）との関連性・高校生を対象とした実験

では、実際にこのトレーニング教材を使用した場合、学習者の思考は促されるのだろうか。高校生（一年生一五八名（男子七〇名、女子八八名））を対象とした実験がおこなわれている。トレーニング教材を使用した場合（学習群一二〇名）とトレーニング教材を使用しなかった場合（非学習群三八名）とで、事前問題（トレーニング前に実施した問題で産出された根拠数）および事後問題（トレーニング後に実施した問題での産出された根拠数）を比較した結果を図4に示す。トレーニングを受ける前では両群において違いはなかったが、トレーニング教材を使用した学習群においては、事後問題での根拠数が有意に多くなることが示された。このことより、ト

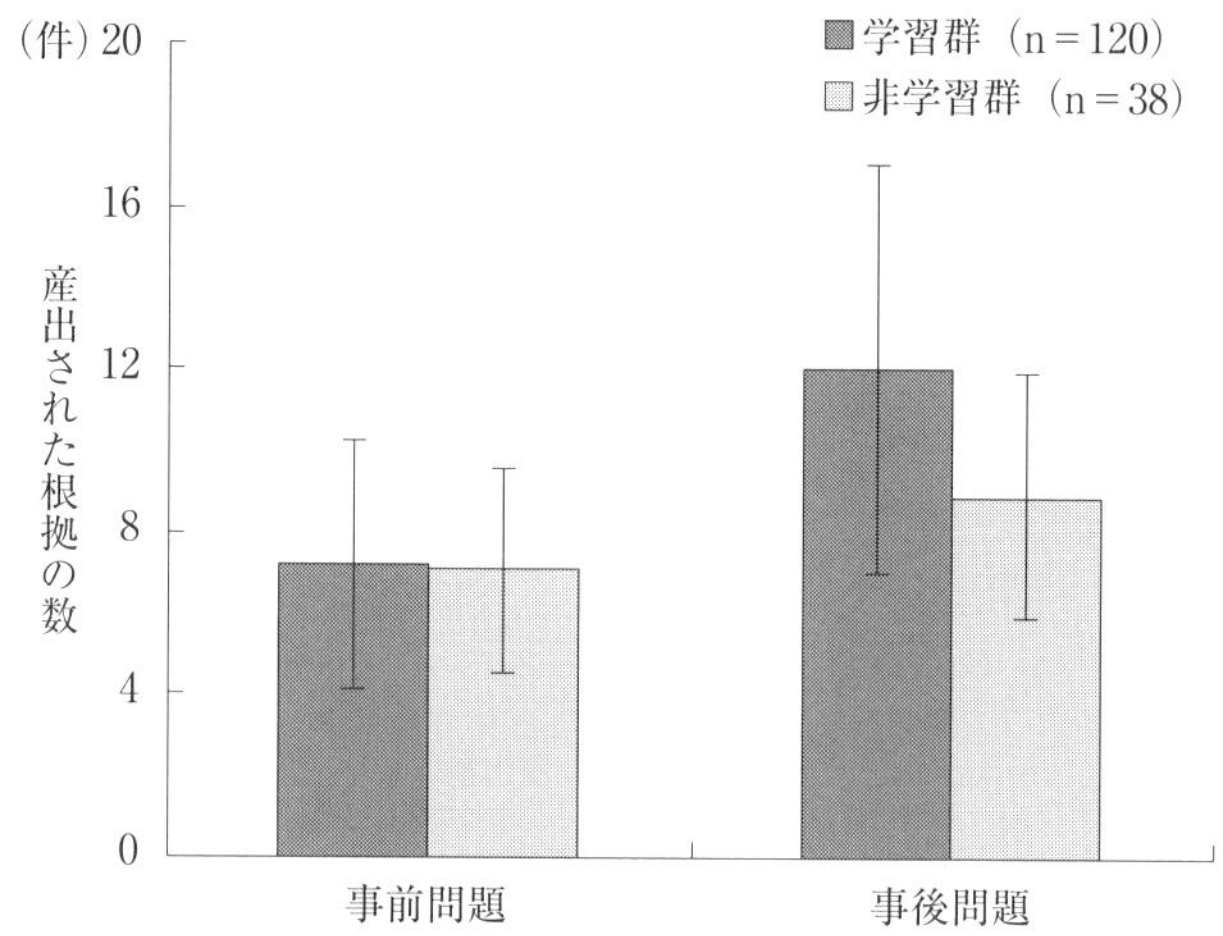

図4　事前－事後問題で産出された根拠数（平均）

注）エラーバーは標準偏差を示す
出所）西森、前掲論文、34頁。

レーニング教材を経験することで、学習者はさまざまな根拠を考え出すようになっており、つまり発散的思考が促されるようになったと言えるだろう。

この結果を、学校教育につなげて考えてみよう。平成二九年度三月三一日に告示された学習指導要領（中学校）では、根拠や論拠をもとに自分の考えを表現する、自分の考えに基づいて他者と討論する、事実を多角的に考察し説明する、といった学習活動の意義が示されている。いわゆる「主体的で対話的な学び」である。具体的には、「事実をもとに多面的・多角的に考察したことを説明したり、論拠をもとに自分の意見を説明、論述すること（社会科・公民的分野）」や「自分の考えを基に討論したり書いたりする言語活動（道徳）」などが想定される。このような活動が展開される授業において、教師が「自分の考え」を言葉にしなさい、と指示しても、自分の考えを言葉にするのが苦手だと感じている学習者の場合、「そもそも自分の考えを思いつかない」、思いついたとしても「どのようにまとめたらよいかわからない」と余計に混乱してしまうのではないだろうか。そのような状態を避けるため、学習者の思考を活性化する方法として、「根拠産出トレーニング」を教材として用いることが考えられる。

「教えること」を考えるにあたり、「学習者の実態に即した授業づくりを進めるべきだ」とは一般的に言われることである。本章の冒頭で示したように「生徒に面白いと思ってもらえるような社会科授業とはどうあるべきか」「子どもにわかりやすく教えるのにどうすればよいか」という学生からの問いは、「学習者の実態に即した授業づくり」を考えようとすると、自然に出てくるものなのであろう。

しかし、研究テーマの1および2に示したように、学習者の理解のうち、どの理解に対応していくのか（知識なのか思考なのか）、思考でもどういった思考をより促進していくのか、「教材の提示」や「教材の開発」を通して教育方法は具体化できるが、学習者における理解のすべてを向上させる方法は見つからない。ましてや個性や特徴がそれぞれ異なっている学習者すべてに対応する教育方法はない。

だからといって、「どうすることもできない」と結論づけることもない。学習者としての経験は、方法について考え始めるときの手がかりになる。あなたがどういう学びをしているときに「わかった！（わからない）」と感じたのか、そのときどういった活動をしていて「面白い！（面白くない）」と感じたのか。あなた自身の経験＝事実から「方法」を捉え直すこと、考え出していくこと、検証していくことはできる。「教えること」について考えるのであれば、あなた自身の経験、つまり「これまで知っていること」を大事にしてほしい、そう思っている。

注

（1）新しさを求めて変化を重ねていくことは「流行」であり、その新しさを求めていくことや新しさを取り入れていくことが、時代が変わっても変わらない本質なのである（不易）という考え。元々は松尾芭蕉の俳諧（俳句に代表される詩）の理念を表す言葉である。学習者（幼児・児童・生徒）が学びながら発達成長をする、その学びや発達成長を支えるのが教育であるというのは常に変わらない（不易）が、その教育はその時々で常に新しさが求められ、変化が重ねられている（流行）ことから、教育には「不易流行」という本質（人間で言えば体質のようなもの）があると言えるだろう。

（2）細谷俊夫『教育方法　第4版』岩波書店、一九九一年。

（3）同。

（4）同。

（5）柴田義松「現代教育方法学と対象と課題」日本教育方法学会『現代教育方法事典』、図書文化社、二〇〇四年、一九―二二頁。

（6）藤岡完治『関わることへの意志――教育の根源』国土社、二〇〇〇年。

（7）西森章子・山本はるか「動的システム理解における情報提示様式の効果に関する研究」『教育メディア研究』第一四巻第二号、二〇〇八年、四五―五四頁。

（8）ＩＣＴとは、Information and Communication Technology（情報通信技術）の略語である。主なＩＣＴ機器として、液晶画面に触れて操作するコンピュータ「タブレット端末」、パソコン画面や教材を子どもに見せる「電子黒板」、校内ＬＡＮがある。

（9）西森章子『意見文生成前段階における発想支援法の開発と評価』大阪大学大学院人間科学研究科博士学位論文、二〇一八年。

（10）文部科学省・国立教育政策研究所「ＯＥＣＤ生徒の学習到達度調査――２０１５年調査国際結果の要約」https://www.nier.go.jp/kokusai/pisa/pdf/2015/03_result.pdf（二〇二一年七月一六日閲覧）

（11）白石舞衣子「タイムプレッシャーがサイモン課題における系列効果に及ぼす影響」『広島大学大学院教育学研究科紀要第三部』第五六号、二〇〇七年、二一七―二二五頁など。

（12）M. Sannomiya & Y. Yamaguchi, "Creativity training in causal inference using the post-exposure paradigm: Effects on Idea Generation in Junior High School Students." *Thinking Skills and Creativity*, 22, 2016, pp. 152–158；V. R. Brown & P. B. Paulus,（2002）"Making Group Brainstorming More Effective: Recommendations from an Associative Memory Perspective." *Current Directions in Psychological Science*, 11（6）. 2002, pp. 208–212 など。

（13）尾之上高哉・井口豊・丸野俊一「目標設定と成績のグラフ化が計算スキルの流暢性の形成に及ぼす効果――小学３・４年生を対象とした学級規模での指導を通して」『教育心理学研究』第六五巻第一号、二〇一七年、一三二―一四四頁など。

第4章　生涯学習論

人と社会の幸せを紡ぐ学びの創造

山川肖美

【自己紹介】

氏名　山川肖美（Ayumi YAMAKAWA）

専門領域　生涯学習論・社会教育学

研究テーマ　これまでに取り組んできた研究テーマは主に三つあります。一つ目は経験学習論です。具体的な経験から学んだ成果が個人の中でどのように知識として定着していくかを研究しています。二つ目は生涯学習型ポートフォリオと学習成果の評価・活用です。経験学習から学んだ成果をどのように個人や社会で活用していくかを検討した結果、ポートフォリオを媒介とすることを思いつきました。そこから少し広がり、生涯学習社会における学習成果の評価と活用についても研究を進めています。三つ目が現在そしてこれからしばらく力を入れて取り組もうと思っている研究テーマです。一つ目も二つ目も究極的には、学びによって一人ひとりの暮らしや人生が楽しくなること、その総和として生涯学習社会が構築されることを目指して取り組んできました。個人の中で学びが深まったり続いたりするプロセスは把握できたのですが、それを仕組みとして社会に還元していくところまで行き着きませんでした。そこで、学びを通じて地域やまちと人がどのように関わっていけば、個々人も幸せで、人と人や人とまちのつながりが生まれ、暮らしが豊かになり、社会が持続するのかというメカニズムの解明とそれをうまく動かす仕組みづくりを研究しています。

主な担当講義　生涯学習論Ⅰ・Ⅱ、社会教育経営論Ⅰ・Ⅱ、生涯学習支援論Ⅰ・Ⅱ、社会教育演習、社会教育実習などです。社会教育主事養成課程（「社会教育士」の称号取得）と深く関わっています。

一　生涯学習の実態と定義

生涯学習の認知度と実態

生涯学習という言葉を聴いたことがありますか。

現勤務校に私が着任した二十数年前、授業の冒頭でこのように尋ねると、聴いたことがあると答える学生は少数で、聴いたことがあると答えた学生の多くは、「比較的時間に余裕がある人が行う学習」と「通信教育の○○キャン！」という趣旨やこれに類する回答に偏っていた。

文部科学省において、生涯学習という名を冠する局が登場したのは、遡ること三十数年前の一九八八年である。内閣総理大臣からの諮問を受けた臨時教育審議会の議論の結果として筆頭局として登場した。それ以降、日本の教育政策の中で「生涯学習」はその存在意義を強め、現在も、第三期教育振興基本計画をはじめ、日本の文教政策・教育改革推進のキーコンセプトの一つになっている。

こうした動向の中で、生涯学習に対して関心を持つ人は一定数増えてきている。例えば、「生涯学習に関する世論調査」では生涯学習の認知度は年々高くなり、二〇〇五年度調査の段階で八〇％を越えた（図1）。

実際に生涯学習を行っている人も約六割に達し、学習している場もさまざまである。図2をみると、総じて、意外にも年代が低い方がその実施率は高い。年代別では、インターネットや職場などでは比較的若い層の実施率が高く、公民館等公的な機関における講座や教室などでは比較的年配層の実施率が高いことが見て取れる。

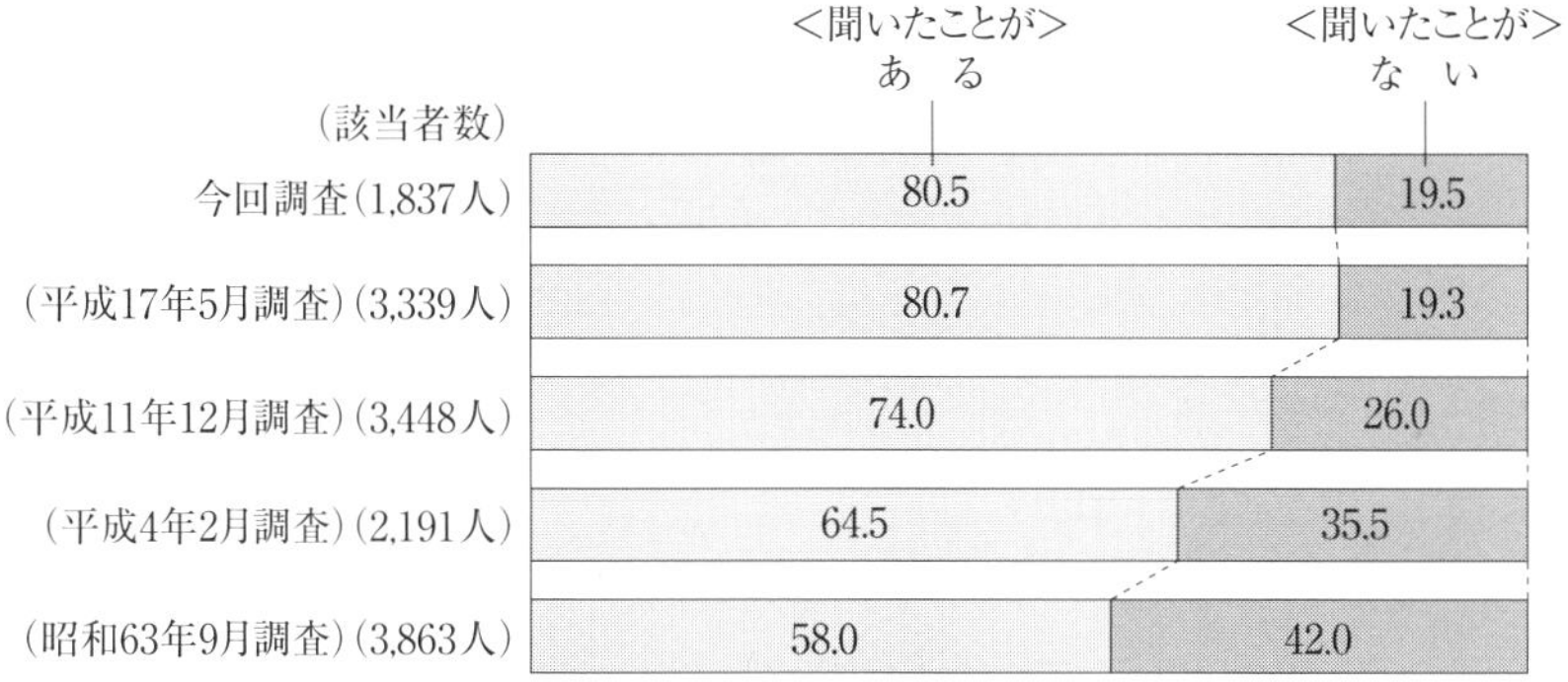

図 1　生涯学習の認知度

出所）内閣府「平成20年度版生涯学習に関する世論調査」https://survey.gov-online.go.jp/h20/h20-gakushu/index.html より抜粋。これ以降の同調査にはこの質問項目がないため、これを提示する（2021年 6 月30日閲覧）。

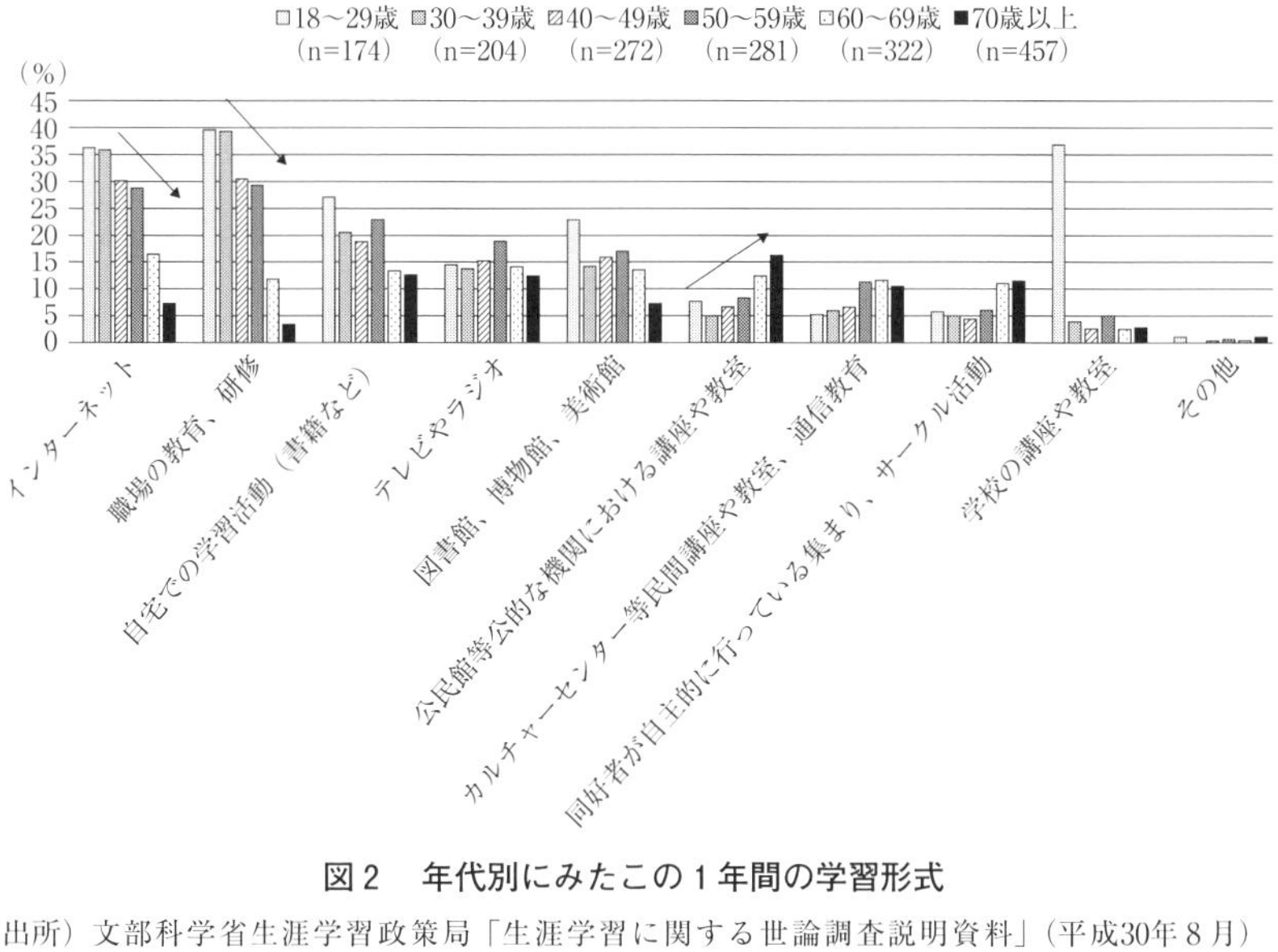

図 2　年代別にみたこの 1 年間の学習形式

出所）文部科学省生涯学習政策局「生涯学習に関する世論調査説明資料」（平成30年 8 月）https://www.mext.go.jp/b_menu/shingi/chukyo/chukyo2/siryou/__icsFiles/afieldfile/2018/09/12/1408975_1.pdf より抜粋（2021年 6 月30日閲覧）。

生涯学習の定義

それでは、「生涯学習とは何か」と問われると、依然としてそれに対する答えは曖昧であったり個人の経験や立場によってさまざまであったりする。そこで本章では、改めて、生涯学習とは何かを定義するところから始めたい。

政策における「生涯学習」という用語の初出は一九八一年に遡る。同年の中央教育審議会答申「生涯教育について」において、「今日、変化の激しい社会にあって、人々は、自己の充実・啓発や生活の向上のため、適切かつ豊かな学習の機会を求めている。これらの学習は、各人が自発的意思に基づいて行うことを基本とするものであり、必要に応じ、自己に適した手段・方法は、これを自ら選んで、生涯を通じて行うものである。その意味では、これを生涯学習と呼ぶのがふさわしい」と記述されている。ここを出発点として、後述する幾度かの変遷を辿り、現在、「「生涯学習」とは、一般には人々が生涯に行うあらゆる学習、すなわち、学校教育、家庭教育、社会教育、文化活動、スポーツ活動、レクリエーション活動、ボランティア活動、企業内教育、趣味など様々な場や機会において行う学習の意味で用いられます。また、人々が、生涯のいつでも、自由に学習機会を選択し学ぶことができ、その成果が適切に評価される社会を指すものとして「生涯学習社会」という言葉も用いられます[1]」（『文部科学白書（平成三〇年度）』）という理解が一般的になっている。

また、二〇〇六年に改正された教育基本法第三条「生涯学習の理念」において「国民一人一人が、自己の人格を磨き、豊かな人生を送ることができるよう、その生涯にわたって、あらゆる機会に、あらゆる場所において学習することができ、その成果を適切に生かすことのできる社会の実現が図られなければならない」と規定されていることから、「その成果が適切に評価される社会」に加えて、「その成果を適切に生かすことのできる社会」まで射程に入れられていることがわかる。

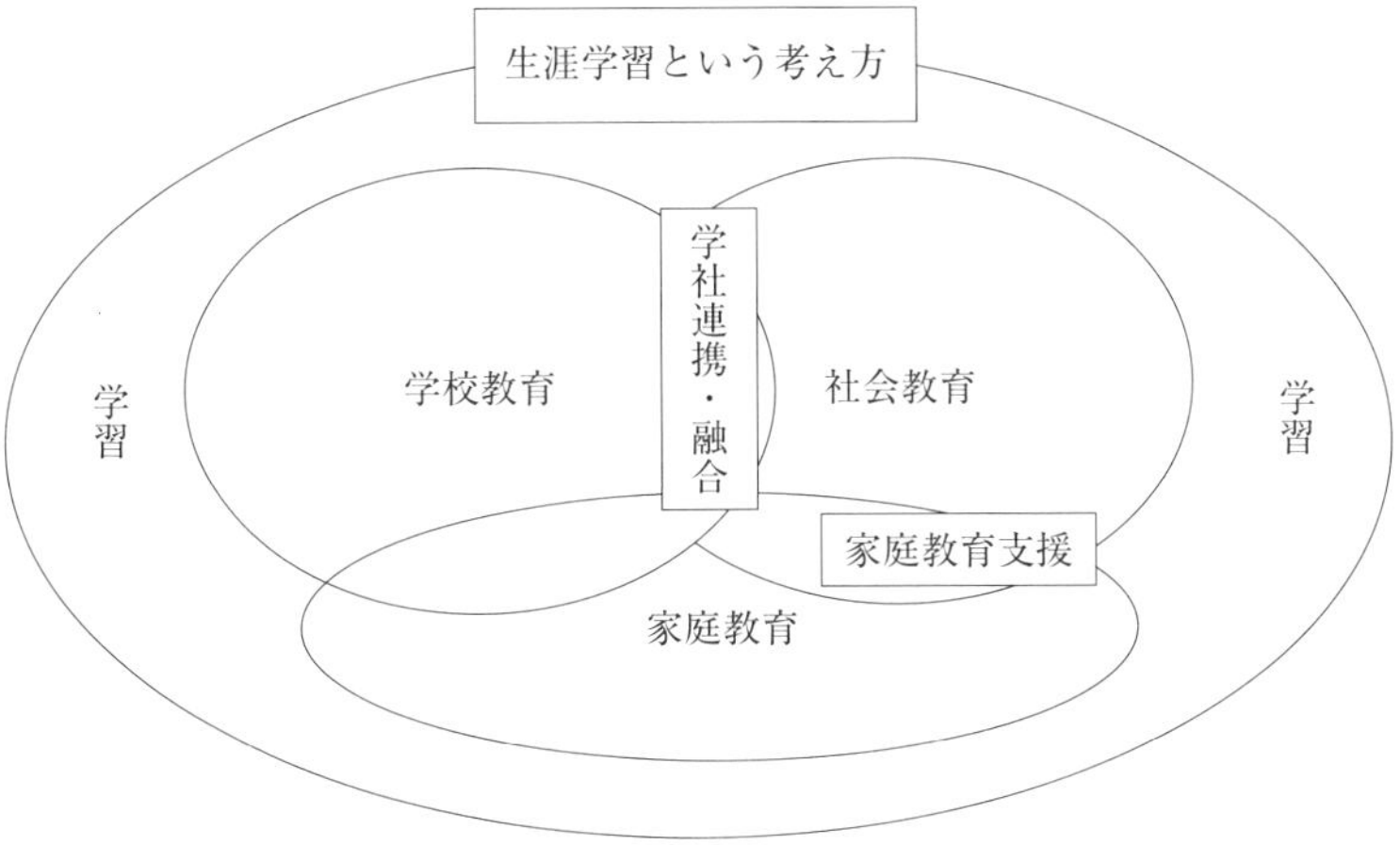

図3　生涯学習の考え方と教育三領域

二　生涯学習の原理

生涯学習の考え方と教育三領域

ここまでに確認したように、日本で生涯学習とは、一生涯を通じて、「学校教育、家庭教育、社会教育、文化活動、スポーツ活動、レクリエーション活動、ボランティア活動、企業内教育、趣味など様々な場や機会において行う学習」を指し、今日では、それらにおいて学んだ成果が、学習者本人にとって有用であることと併せて、社会に還元されていくことが重視されてきている。

日本では、一般に、学校教育・社会教育・家庭教育を教育三領域として捉えられるが、図3のように、生涯学習はこの教育三領域に加えて教育領域以外の場で生起する学びもカバーする考え方として位置づけられる。

教育三領域の中で、とりわけ社会教育は、社会教育法第三条第二項で「国及び地方公共団体は、前項の任務を行うに当たつては、国民の学習に対する多様な需要を踏まえ、これに適切に対応するために必要な学習の機会の提供及びその奨励を行うことにより、生涯学習の振興に寄与することとなるよう努めるものとする」とあるように、生涯学習理念の実現をミッションの一つとしており、生涯学習の考え方との親和性がより高い。このことから、生涯学習と社会教育の概念は混同されることも多く、過去を遡ると、地方公共団体においては、一九八〇年代終盤以降、自治体の社会教育課や公立社会教育センターが生涯学習課や公立生涯学習センターへと看板替えする事案も頻発した。今なお、相互置換的あるいは明確な区別をされずに生涯学習イコール社会教育と捉える向きもみられる。

しかし、上述の生涯学習の定義と併せて、学校教育については学校教育法で、社会教育については社会教育法で、その範囲や役割などが明示されていることから、本来、生涯学習と学校教育と社会教育は相互に関連しつつも、独立した概念として捉えるべきである。

生涯学習の三つの原理

ここでは、生涯学習という考え方の成立に必要な原理を示す。

先に掲げた生涯学習の定義や教育基本法にある生涯学習の理念においてもこの原理を読み取ることができる。教育基本法第三条には、生涯学習の理念として「国民一人一人が、自己の人格を磨き、豊かな人生を送ることができるよう、その生涯にわたって、あらゆる機会に、あらゆる場所において学習することができ、その成果を適切に生かすことのできる社会の実現が図られなければならない」とある。ここからは、「その生涯にわたって」というタテ軸（垂直軸）、「あらゆる機会に、あらゆる場所において」というヨコ軸（水平軸）、「国民一人一人が」という学習者軸の三つの視点を見て取ることができる。すなわち、いつでも・どこでも・だれでも学ぶことができるというのが生涯学習の基本原理である。これらを、ライフロング（lifelong）、ライフワイド（lifewide）、学習者中心（learner-centered）と呼ぶ。

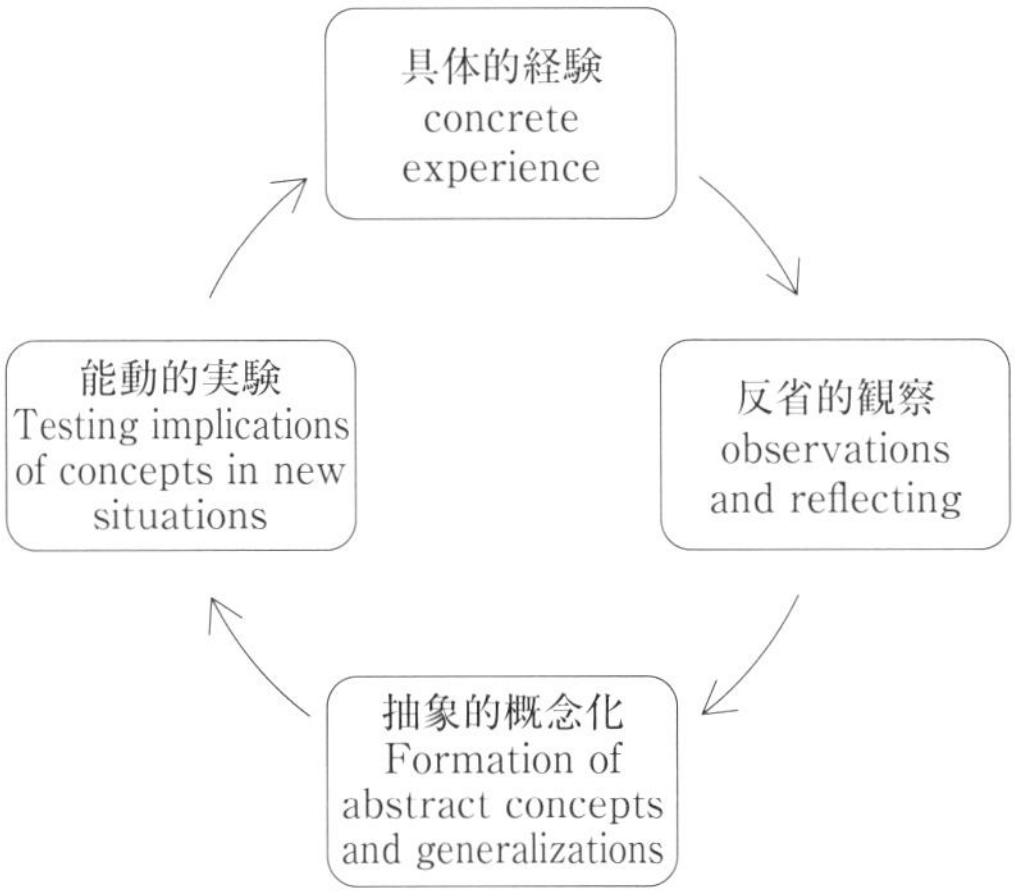

図４　コルブの経験学習サイクル

出所）D. A. Kolb, *Experiential Learning : Experiences as the Source of Learning and Development*, Prentice Hall, 1984. p. 21.

ライフロングの視点には、人の一生涯の学習可能性と生涯各期に固有の学習特性があると捉える生涯発達論（life-span development）の知見が欠かせない。代表的なものとして、ハヴィガースト（R. J. Havighurst）のライフサイクル論[2]やレヴィンソン（D. Levinson）の成人発達論[3]があげられる。

ライフワイドの視点を支える理論の一つとして、コルブ（D. A. Kolb）の経験学習論（experiential learning theory）がある（図４）。これによって、多様な場で獲得する多様な学習モード（具体的経験・反省的観察・抽象的概念化・能動的実験）が有機的に結びついていくことで学習過程が進み、結果として知識が創出されることが示される。とりわけ、個々人に固有の具体的な経験が学びの出発点として意義あるものとして強調される。

コルブは、主に個人に焦点をあてて、さまざまな生活場面でさまざまな学習モードで学んだことが経験学習サイクルを通じて個人の中で有機的に結びついていくことで、学習が発展すること・学習者として成長することを論じる。これを、学習者ではなく、学習の場という観点からみてみると、例えば、先の図3において、それぞれの教育領域がその独自性を生かしてつながることで、新たな学習の取り組みや成果が現れてくる可能性を示すことができる。図3における学校教育と社会教育の重なり部分にある「学社連携・融合」や社会教育と家庭教育の重なり部分にある「家庭教育支援」などがその具体的なカテゴリーである。学校教育と社会教育の連携については、一九七〇年代より「学社連携」という言葉で、足らずを補い合い教育効果を高め合う存在としての両者の連携可能性が説かれてきた。その後、一九九六年には「学社融合」という言葉も登場する。清水英男によると、「学社連携とは、学校と広義の社会教育が共に施設・設備や指導者など両者の教育資源を有効に活用して行う教育・学習活動で、学社融合とは、学校教育と広義の社会教育がその一部を共有したり共有できる活動をつくりだし、一体となって取り組む教育・学習活動のことである」と定義される[4]。二〇一七年には「地域学校協働活動」が社会教育法に位置づけられるなど領域を越えた連携の重要性はますます強まっている。

学習者中心には、学習者のニーズや置かれた状況に配慮するという点では、ニーズに合わせる・ニーズに配慮する学習支援という考え方が必要である一方で、学習者自らが学習目標を立て、目標達成に向けて学習計画を構想し、学習機会に参加し、その成果を振り返り、個人的・社会的に活用していくという力、すなわち、自己主導的学習（self-directed learning）能力の育成という面も含まれている[5]。

三　生涯学習政策の動向と到達点

ここでは、日本において生涯学習という考え方が政策に反映されるに至った経緯・背景を押さえたうえで今日に至るまでの生涯学習政策の動向を概観する。

日本における政策への生涯教育観導入の背景(6)

一九五〇年代半ばに始まった高度経済成長期を経て、日本社会は急速に変化を遂げた。その過程で、人生前半の限られた場所で限られた年齢にある人が教育を受けるという、人生前半の学校教育に教育機能を集約する、いわゆるフロントエンドモデルでは、技術革新の急速な進展や社会の複雑化、価値観の変容、平均寿命の伸長、余暇時間の増大、高学歴化などに伴う教育諸課題に対応しきれなくなった。つまり、噴出する社会課題に対応するための知識の更新速度が、寿命の更新速度より早まり、それは現代社会においてますます加速化しており、生きているうちに、知識更新を何度も行うことが必要になってきた。

さらに、人口の都市集中や核家族化等が進行し、生きがいの喪失、世代間の断絶、地域連帯感の減退などの問題も指摘されるようになった。このため、教育の分野においても、学校教育だけでなく社会のさまざまな教育・学習の機会を通じて、これらの変化に適切に対応していくことが求められるようになった。

こうした社会の変化に伴う教育改革は、学校教育中心の教育のあり方から、ライフロング・ライフワイド・学習者中心の教育のあり方への模索として始まる。この機運を高め、基本的な方向性を提示したのが、国際情勢における二つの動きである。一つは、一九六五年の第三回ユネスコの成人教育推進国際委員会で当時成人教育推進部長に就いていたラングラン（P. Lengrand）がワーキングペーパー「生涯教育について」を提唱したことによる。「全生涯にとって十分事足りる知識及び技術のひと荷物といった考え方は、消滅しつつある。内的必要の圧力の下でしかも外からの切望にこたえるために、教育は真にその意義を再びまとおうとしている。それは、博識を獲得することではなく、自分の生活の種々の異なった経験を通じてつねによりいっそう自分自身になるという意味での存在の発展である(7)」と述べ、人の一生という時系列に沿った垂直的な統合並びに個人および社会の生活全体にわたる水平的な統合を目指す生涯教育観の意義を説いた。ユネスコにおいては、これ以来、生涯教育構想の具体化に向けての検討が重ねられ、一九七二年には教育開発国際委員会よりいわゆるフォールレポートが提出された。同レポートは、原題を*Learning to be-The World of Education Today and Tomorrow*とし、日本では『未来の学習』というタイトルで出版された。そのなかで、「生涯教育は一つの教育制度ではなく、教育制度全体の基本原理であると述べた上で、生涯教育を将来の教育政策の基本理念とすべき」と記述されており、生涯教育の観点から学校教育の役割を見直すべき必要性や学習社会の構築に向かうべき必要性が述べられている。また報告書において、“learning to have”という言葉との対比において述べられるのは、物質的な何かを得るのではなく、自分の内面的成熟を求め、人間として生きるための学習の持つ意義への思いであり、それが“learning to be”という言葉であった。

一方、ユネスコでは、ラングランの後任に就いたジェルピ（E. Gelpi）によって、ラングランに代表されるすべての個人のための自己実現としての学びとは異なるベクトルでの生涯学習論も提起される。ジェルピは、「すべての人、すべての年代の人に教育を。しかし、それはどのような目的のもとに、どのような手段で実現されるのか。生涯教育は、生産性の向上や従属の強化のために取り入れられ、結果的に既成秩序の強化の具と終わる危険を内包している。だが反面、それとは異なった道を選択することによって、労働や余暇のなかや社会生活や愛情に支えられた家庭生活のなかで、人々を抑圧しているものに対する闘争にかかわっていく力ともなりうるのである」と断じる。[8] つまり、社会的に弱い立場にある人や社会構造上抑圧される状況にある人が、その構造や構図のおかしさに自ら気づき・力を得て、あるべき社会構造へ変えていく原動力となるのが生涯教育であり、それをすべての人に同じように担保していくことは実は格差を維持あるいは拡大することにつながるという主張である。公平（equality）ではなく、公正（equity）の観点から生涯教育の推進を図るべきという主張に通じる。

これらユネスコの流れとは別にもう一つの潮流として位置づけられるのが、先進諸国を中心に構成される経済協力開発機構（ＯＥＣＤ）によって一九七〇年代初めに提唱されたリカレント教育の構想である。これは、教育と労働・余暇などの社会活動とを交互に行う施策で、青年の社会参加を早め、あるいは労働経験が学習動機となって教育の成果があがることをねらいとし、変化の激しい高度社会に対応する教育システムを構築しようとするものである[9]。とりわけ、欧米諸国において、リカレントモデルに沿った生涯学習推進が盛んであるが、五五年以上の生涯学習政策の歴史の中で、日本の政策においてもリカレントモデルは教育や社会のあり方に大きな影響を及ぼしている。とりわけ、日本では、臨時教育審議会を受けて、一九九〇年代からフロントエンドモデルからリカレントモデルへの移行が緩やかに進行している。

生涯学習政策の展開と到達点

このような世界的動向やそれを受け入れる必然のあった日本においては、政策が主導する形で生涯教育・生涯学習の構想が広く取り入れられていく。

表1は、合田隆史によって世界・日本社会の動きや日本における社会教育（行政）の発展段階とともに、日本の生涯学習社会としての発展段階を時系列に俯瞰・整理されたものである。生涯学習政策の展開と到達点を知り、これからの行方を考えるにあたり有用であるため、これを手がかりに、本書では生涯学習政策の展開と到達点、今後を捉えていく。

同表によると、生涯学習社会第一期は、日本に生涯学習の考え方が導入された一九七一年に始まる。その後第一期が四区分されて、二〇一六年の中央教育審議会まで続いている。この時期を、合田は「知識社会型」生涯学習社会と総称する。その後、二〇一八年の中央教育審議会に端を発し、今に至るまでを第二期と捉え、「高度」生涯学習社会・「包摂社会型」生涯学習社会と呼ぶ。そして、今後近いうちに、いやもう過渡期にあるのかもし

表1　生涯学習社会・生涯学習振興行政、社会教育・社会教育行政等の時系列布置構造化の試み

<table>
<tr><th>日本の社会教育（行政）の発展段階</th><th>日本の社会の動き</th><th>世界の動き</th><th>日本の生涯学習社会（行政）の発展段階</th></tr>
<tr><td>（通俗教育）
（1886文部省官制）</td><td>明治維新．学制．文明開化．富国強兵．殖産興業</td><td>〈第二次産業革命〉
【工業社会への移行】</td><td></td></tr>
<tr><td>〈社会教育1.1〉
（1921文部省官制）</td><td>大正デモクラシー
1925普通選挙</td><td>1914–18第一次世界大戦</td><td></td></tr>
<tr><td>〈社会教育1.2〉
（国民教化型）</td><td>1931満州事変
1941真珠湾攻撃</td><td>1939–45第二次世界大戦</td><td></td></tr>
<tr><td>1942社会教育局廃止（中断）</td><td>国家総動員</td><td></td><td></td></tr>
<tr><td>〈社会教育2.0〉
（戦後復興型）
1945社会教育局復活．「社会教育振興ニ関スル件」（文部省訓令
民主社会の建設
文化的素養
1949社会教育法
1950博物館法
1951図書館法</td><td>1946日本国憲法
1947教育基本法．学校教育法</td><td>国際連合
ユネスコ</td><td></td></tr>
<tr><td>〈社会教育3.0〉
（工業社会型）
1971社会教育審議会答申</td><td>都市化．過疎化．核家族化．余暇．公害
高度成長1955–73
1973オイルショック</td><td>1965ユネスコ成人教育推進国際委員会
1972ユネスコ「フォール・レポート」</td><td rowspan="2">〈生涯学習社会1.1導入期〉
（知識社会型）
1971社会教育審議会答申

1980日本生涯教育学会設立
1981中央教育審議会答申
1984–87臨時教育審議会</td></tr>
<tr><td rowspan="3">〈社会教育4.0〉
（生涯学習推進の中核としての社会教育）</td><td colspan="2">〈第3次産業革命〉
【Society4.0】．知識経済．情報化．グローバル化
1968ドラッカー「断絶の時代」
1973OECD「リカレント教育』．D．ベル「脱工業社会の到来」</td></tr>
<tr><td colspan="2">1990ユネスコ・EFA（万人のための教育世界会義）</td><td>〈生涯学習社会1.2開始期〉
1988文部省生涯学習局
1990「生涯学習の振興のための施策の推進体制等の整備に関する法律」
1991生涯学習審議会</td></tr>
<tr><td colspan="2">1995阪神淡路大震災
1996ユネスコ「ドロール・レポート』
2000国連 MDGs
2002国連 ESD

2006教育基本法改正</td><td>〈生涯学習社会1.3実施期〉
生涯学習審議会による6つの答申
1996社会教育予算ピーク
1999地方分権一括法
2001文部科学省生涯学習政策局
2001中央教育審議会生涯学習分科会へ再編</td></tr>
<tr><td rowspan="3">2018文部科学省総合教育政策局社会教育振興総括官
2018中央教育審議会答申</td><td colspan="2">2011東日本大震災</td><td>〈生涯学習社会1.4実現期〉
2008中央教育審議会答申
2009社会教育予算安定
2016中央教育審議会答申</td></tr>
<tr><td colspan="2">〈第4次産業革命〉
【Society5.0】超高齢社会
2015国連 SDGs
2019ユネスコ「教育の未来」
2020—　新型コロナ感染症</td><td>〈生涯学習社会2.0高度生涯学習社会〉
（包摂社会型）
2018文部科学省総合教育政策局生涯学習推進課
2020生涯学習分科会議論の整理</td></tr>
<tr><td colspan="2">〈未来予測〉としての量子革命〈？〉
【Society6.0】の到来〈？〉</td><td>〈生涯学習社会3.0〉〈？〉</td></tr>
</table>

出所）鼎談「学会四〇年間の生涯学習研究・生涯学習推進の総括と新しい時代に向けて」日本生涯教育学会『日本生涯教育学会年報』第41号、2021年、32—33頁。

れない次のステージを「生涯学習社会〈3・0〉」という名称で予想している。

一九七一年の二つの答申、社会教育審議会答申「急激な社会構造の変化に対処する社会教育のあり方について」と一九七一年中央教育審議会答申「今後における学校教育の総合的な拡充整備のための基本的施策について」から、日本の生涯学習政策は幕を開ける。両答申では、前者で社会教育のあり方について「家庭教育、学校教育、社会教育の三者の有機的役割分担を確立し、また、人々の生涯にわたる学習を支える多様な機会と場を提供する社会教育の役割を確認するなど、生涯教育の観点から体系化を図ること」、後者で学校教育のあり方について「生涯（がい）教育の立場から、教育体系を総合的に再検討する」ことが必要であり、「これまで教育は、家庭教育・学校教育・社会教育に区分されてきたが、ともすればそれが年齢層による教育対象の区分であると誤解され」てきたことに対して、人間形成に対して相互補完的な役割をもつことを明らかにしていく必要性が指摘された。

その後、一九八一年の中央教育審議会答申「生涯教育について」で、先述の通り、初めて「生涯学習」という表現が登場した、ここでは加えて、「生涯教育とはこの生涯学習のために、自ら学習する意欲と能力を養い、社会の様々な教育機能を相互の関連性を考慮しつつ総合的に整備・充実しようとするのが生涯教育の考え方である」と記載され、生涯教育と生涯学習の役割整理が明示された。

ラングランに端を発した日本の生涯学習政策の導入期が二〇年間ほど続いたのち、一九八四年から一九八七年に設置された臨時教育審議会によって、最終答申において、今後の目指すべき三つの方向性のうちの一つに「生涯学習体系への移行」が掲げられたことで、今日に続く、生涯学習社会の構想と実現が続いている。同答申では、これについて、次のように述べられている。「学校中心の考え方を改め、生涯学習体系への移行を主軸とする教育体系の総合的再編成を図っていかなければならないとしている。すなわち、学校教育の自己完結的な考え方から脱却し、人間の評価が形式的な学歴に偏っている状況を改め、これからの学習は、学校教育の基盤の上に各人の責任において自由に選択し、生涯を通じて行われるべきものである」。

臨時教育審議会の提言を受けて、一九八八年には社会教育局が改組され、文部省（現文部科学省）内に生涯学習という名を初めて冠した「生涯学習局」が筆頭局として設置された。一九九〇年には「生涯学習の振興のための施策の推進体制等の整備に関する法律」（通称、生涯学習振興法）が公布され、生涯学習社会の構築に向けたインフラともいえる組織や法律が整っていく。

一九九〇年代になると、さらに生涯学習社会構築の具体的な動きは加速化し、「人々が、生涯いつでも、自由に学習機会を選択して学ぶことができ、その成果が適切に評価されるような社会[10]」と定義された生涯学習社会の構築に向けて、社会人を対象としたリカレント教育・開かれた大学の推進、ボランティア活動の支援・推進、生涯学習による地域社会の活性化の推進、子どもたちの生活体験・自然体験の推進による「生きる力」の育成など次々と具体的な施策が提起され、推進される。推進の原動力を高めていくために、民間事業者との連携や高等教育機関による生涯学習の推進、総合型ネットワーク行政の推進なども併せて展開されていく。学社連携から一歩進んだ形として「学社融合」の必要性が論じられるようになるのもこの頃である。生涯学習社会の定義は上述のままではあったが、学習成果については評価にとどまらず、活用に踏み込んだ施策も展開されるようになってきたのも特徴的であった。

こうして生涯学習が広がっていくことで、本章の冒頭に掲げたように、生涯学習の認知度は高まり、生涯学習行動も増加していくとともに、学校教育・社会教育・家庭教育という教育領域間の連携・協働も進展していく。コミュニティスクールや地域学校協働活動の推進は現段階での教育三領域とさらにその三領域を取り囲む社会との連携・協働の形として到達目標の一つとなっている。そして、二一世紀は、少子高齢化を伴う人口減少社会や高度情報化社会の到来、気候変動に伴う温暖化や災害の頻発などにより、以前から続いていた社会問題に加えて、予期せぬ社会問題が生起するようになり、学びによる社会課題・地域課題の解決、ひいては、持続可能な社会の構築のための生涯学習が重要視されるようになってくる。こうした状況変化への対応として二〇〇六年には生涯学習社会1・4実現期に突入し、二〇一八年には生涯学習社会2・0を迎えたと捉えられる。そして、二〇二一年現在生涯学習社会2・0の最中にあるが、本社会を迎えた当初は予測していなかった新型コロナウイルス感染症の世界的流行に伴うさらなる社会問題や価値観、行動様式の変容が生じてきており、生涯学習社会は新たな局面を迎えざるをえない状況にある。

四　学びとまちづくりの好循環により生まれる幸せな人・幸せな社会へ

最後に、ウィズコロナ・ポストコロナを見据えたところでの生涯学習社会のあり方について、私自身が現在取り組んでいる研究テーマも絡めながら提案しておきたい。

学んだ成果の社会への還元

本書の最初のところに、二〇〇六年に改正された教育基本法で、生涯学習の理念として、「国民一人一人が、自己の人格を磨き、豊かな人生を送ることができるよう、その生涯にわたって、あらゆる機会に、あらゆる場所において学習することができ、その成果を適切に生かすことのできる社会の実現が図られなければならない」という条文が新設されたことに言及した。だれでも、いつでも、どこでも学ぶことに加えて、学んだ成果が生きてくる社会を日本の生涯学習では目指しているのである。

そこで、二〇〇八年の中教審答申「新しい時代を切り拓く生涯学習の振興方策について――知の循環型社会の構築を目指して」では、次の四つの点で生涯学習の重要性が増していることを示す。

①国民が生涯にわたって行う学習活動の支援の要請
②総合的な「知」が求められる時代――社会の変化による要請
③自立した個人の育成や自立したコミュニティ（地域社会）の形成の要請
④持続可能な社会の構築の要請

①については一九八一年を淵源とする生涯学習の定義に通ずるであろう。②についてはラングランによる、各人が社会変化へ適応するために生涯教育が重要であるという主張に通ずる感がある。これらが、個人に資する意義として生涯学習の重要性が述べているのに対して、③、④は、地域社会や社会に対する生涯学習の重要性が軸になっている。先の教育基本法に規定された生涯学習の理念と照らすと、生涯学習が、人づくりに加えて、自立した地域の形成や持続可能な社会の構築のためにその意義を発揮することが求められていることがわかる。

とりわけ、学習成果の社会還元への期待が高まっており、二〇一六年の中央教育審議会答申では、「生涯学習は各個人の自発的意思に基づいて行われることを基本としつつも、学習者が希望する場合に、様々な学習機会を通じて学習した成果が蓄積され、評価され、企業・学校・地域等での社会的な活用に適切につながるようにすることの重要性がますます高まっている[11]」と、①が基本でありつつも、②〜④のように学習成果が社会をよくすることに結びついていくことの重要性が指摘されている。

生涯学習社会2・0——高度生涯学習社会におけるひとづくり・つながりづくり・地域づくり

こうした動向を受けて、文部科学省は、社会が大きく、かつ急速に変化するなかで、生涯学習社会実現の重要性は一層高まってきており、生涯学習政策の一層強力な推進が不可欠であるという認識の下で、「これまでの取組を大きく前進させ、学校教育と社会教育を通じた包括的で一貫した教育政策をより強力かつ効果的に推進し、文部科学省の先頭に立って、誰もが必要なときに必要な教育を受け、また学習を行い、充実した生涯を送ることができる環境の実現を目指[12]」として、二〇一八年一〇月に「生涯学習政策局」に代わって「総合教育政策局」を筆頭局に配置した。

包摂社会型を目指す生涯学習社会2・0の構築に向けてという観点でいえば、とりわけ、図5の右半分が軸になるであろう。ここでは、「社会教育を中心とした学びを総合的に推進する体制整備」が求められており、これをなす中核的役割として、社会教育主事等社会教育人材の育成が重視されていることも見て取れる。二〇二〇年に発効した「社会教育士」の称号もこの流れにあると言ってよい。

二〇一八年一二月には中央教育審議会より答申「人口減少時代の新しい地域づくりに向けた社会教育の振興方策について」が出される。同答申で社会教育は、「個人の成長と地域社会の発展の双方に重要な役割」があること、その役割を果たすために、人づくりとつながりづくりと地域づくりを相互浸透的に進め、学びと活動の好循環を生む支援や仕組みづくりが求められている。

そして、二〇二〇年一〇月には、この方向をさらに強化しつつ、ウィズコロナ・ポストコロナを見据えた方針が政策として提案された。「第一〇期中央教育審議会生涯学習分科会における議論の整理　多様な主体の協働とＩＣＴの活用で、つながる生涯学習・社会教育——命を守り、誰一人として取り残さない社会の実現へ」がそれである。表題にある通り、「多様な主体の協働」と人と暮らしに融合した「ＩＣＴの活用」が鍵に位置づけられる。

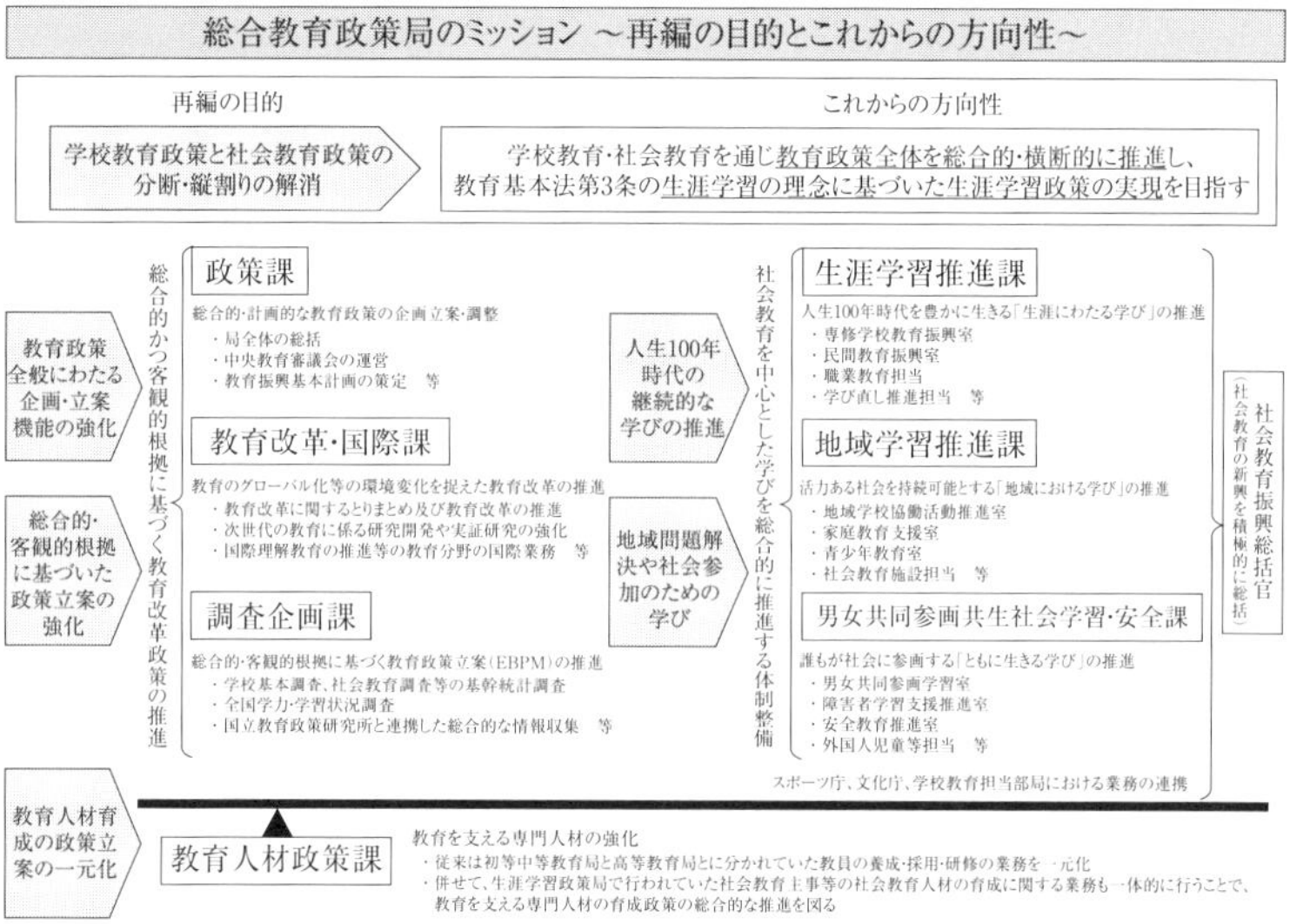

図５　総合教育政策局のミッション

出所）文部科学省 HP より https://www.mext.go.jp/a_menu/other/__icsFiles/afieldfile/2018/10/18/1410115_001.pdf（2021年６月30日閲覧）

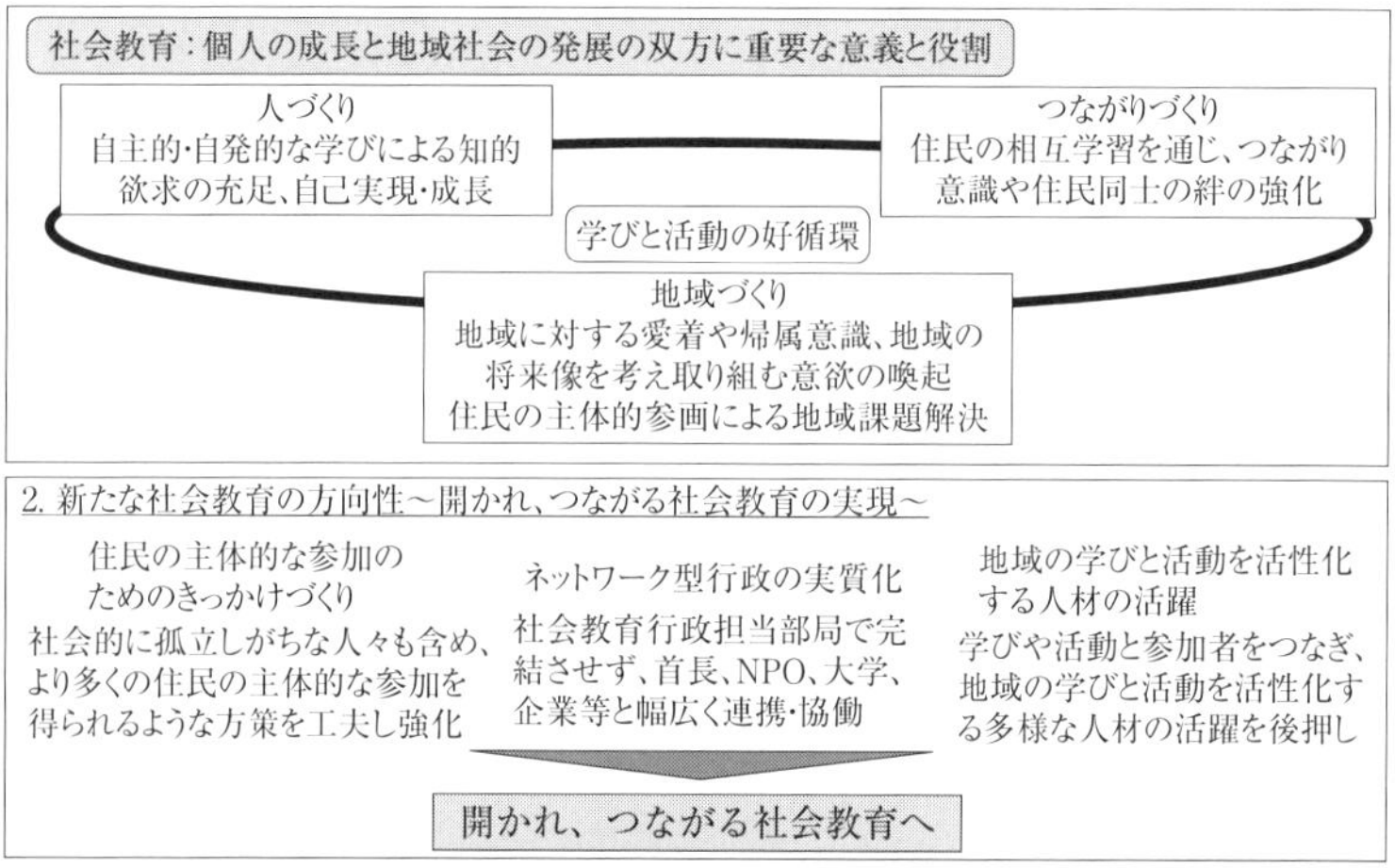

図６　学びと活動の好循環のイメージ図

出所）中央教育審議会答申「人口減少時代の新しい地域づくりに向けた社会教育の振興方策について（答申）概要」2018（平成30）年より一部を切り取り抜粋。

表2　学習の社会的成果

	（A）個人の成果	（B）公共の成果
①　金銭的成果	収益。所得、富 生産性	税収 社会移転コスト ヘルスケアコスト
②　非金銭的成果	健康状態 生活への満足 主観的幸福感 （Subjective Well-Being）	社会的凝集性 信頼 よく機能する民主主義 社会的安定 社会関係資本 （social capital）

出所）OECD 教育研究革新センター編著『学習の社会的成果――健康、市民、社会的関与と社会関係資本』明石書店、2008年、67頁より抜粋したものに一部筆者が加筆し作成しなおした。

学びとまちづくりの好循環により生まれる幸せな人・幸せな社会へ

自ら参加したくなるオープンな学びの場の創出を通じて、多様な人と人がつながる。学びと活動への参画のプロセスと成果の両面で、一人ひとりに幸せな気持ちが生まれ・育まれ、それによって暮らしの質が高まる。こうした学びと暮らしの好循環の中で、個と個、個と社会（地域やまち、日本、世界）とのつながりを実感し、社会をよくすることが自分自身や自分の大切な人たちの暮らしの質を高めることに気づき、そのために利他的に行動する人が増えれば、地域社会は、そこに関わる地域内外の人によって自ら持続可能性を生み続けることができるのではないだろうか。

これが、生涯学習社会2・0の一つの姿だとしたら、生涯学習の考え方や社会教育の領域において何ができるだろうか。生涯学習の考え方に立つと、学びは、すべての人に、いつでも、どこでも開かれている。学びを出入り口にして、人と人、人と社会がつながることができれば、学びの成果は個人にも社会にも広がり、それによって、暮らしの質も高まり、暮らし続けたい社会が生まれると考える。表2は、ＯＥＣＤ教育研究革新センターによる調査結果を整理したものである。ここでは、学びには、個人・公共双方の成果を生むこと、金銭的・非金銭的両面での成果があることを見て取れる。つまり、生涯学習社会の実現は、個人が幸せに生きていくため・社会が持続していくために、必要な社会インフラであり、誰一人取り残さない社会インフラとしての学びを社会に実装していくことが重要である。

　世界に目を向けると、社会インフラとしての生涯学習を推進し、一人ひとりの生き抜く力・生活を楽しむ力を高め、その結集として都市の力を高めようとする試みはすでに始まっている。その代表格が、ユネスコによる「持続的な学習都市」（Sustainable Learning Cities）戦略であり、当該都市間のネットワーク（Global Network of Learning Cities）であろう[13]。ユネスコ生涯学習研究所（ＵＩＬ）は、都市が抱えるさまざまな課題の解決に、すべての市民が生涯を通じて積極的に学び、その能力や知識を社会に生かしていく生涯学習が重要であること、それを戦略的に推進していく重要性を提唱している。日本においては、二〇二一年四月現在、岡山県岡山市と佐賀県多久市の二都市のみがこのネットワークに参画をしている。

　一人ひとりの学ぶ力が社会をどのように変えることができるのか、そして、その前提として一人ひとりが学びに参画できる・参画したいと思う仕組み・仕掛けとはどのようなものなのか、これを明らかにするためにさらに研究を進めていく必要がある[14]。

注

（1）「第三章生涯学習社会の実現」文部科学省『文部科学白書』（平成三〇年度）https://www.mext.go.jp/b_menu/hakusho/html/hpab201901/detail/1421865.htm より抜粋（二〇二一年六月三〇日閲覧）。

（2）R・J・ハヴィガースト『ハヴィガーストの発達課題と教育――生涯発達と人間形成』児玉憲典・飯塚裕子訳、川島書店、一九九七年を参照されたい。

（3）D・レビンソン『ライフサイクルの心理学――人生の四季（上・下）』南博訳、講談社学術文庫、一九九二年を参照されたい。

（4）清水英男「学社連携・学社融合の推進」日本生涯教育学会『生涯学習研究e事典』二〇〇六年掲載。http://ejiten.javea.or.jp/content93d6.html（二〇二一年六月三〇日閲覧）

（5）M・S・ノールズ『成人教育の現代的実践――ペダゴジーからアンドラゴジーへ』堀薫夫・三輪建二監訳、鳳書房、二〇〇二年、赤尾勝己編著『生涯学習論を学ぶ人のために』世界思想社、二〇〇四年等を参照されたい。

（6）この節は、下記を参考にして記述した。「生涯学習の系譜」文部科学省『学制百二十年史』https://www.mext.go.jp/b_menu/hakusho/html/others/detail/1318300.htm（二〇二一年六月三〇日閲覧）、岩崎久美子「ラーニング・ツゥ・ビー」日本生涯教育学会『生涯学習研究e事典』、二〇一五年掲載。http://ejiten.javea.or.jp/contentd2b0.html（二〇二一年六月三〇日閲覧）。

（7）ポール・ラングラン『生涯教育入門』波多野完治訳（第一部、一九七一年）（一九六五年ユネスコ第三回成人教育推進国際委員会でのワーキングペーパーより）。

（8）E・ジェルピ『生涯教育――抑圧と解放の弁証法』前平康志訳、東京創元社、一九八三年、一六頁。

（9）OECD教育研究革新センター（CERI）報告書『リカレント教育――生涯学習のための戦略』(*Recurrent Education: A Strategy for Lifelong Learning*)、一九七三年。

（10）生涯学習審議会答申「今後の社会の動向に対応した生涯学習の振興方策について」一九九二（平成四）年より抜粋。

（11）中央教育審議会答申「個人の能力と可能性を開花させ、全員参加による課題解決社会を実現するための教育の多様化と質保証の在り方について」二〇一六（平成二八）年より抜粋。

（12）文部科学省HPより　https://www.mext.go.jp/a_menu/other/1410115.htm（二〇二一年四月八日閲覧）

（13）文部科学者「ユネスコ学習都市に関するグローバルネットワークについて」https://www.mext.go.jp/b_menu/shingi/chukyo/chukyo2/siryou/__icsFiles/afieldfile/2016/01/20/1366175_5.pdf を参照。

（14）相互に関連する「広島版学びから始まる地域づくりプロジェクト」（広島県立生涯学習センター調査研究）の検証と「学びから生まれるシビックエンゲージメントによる持続可能なまちの構築」（研究課題／領域番号19K02489 研究種目基盤研究（C）研究代表者）において進行中であり、本稿もこれらの研究成果を反映している。

〈書き込みワーク２〉【大学２年時】

「一番関心のある教育学の領域を選んで、その理由を記録しておこう」

一番関心のある教育学の領域

関心を持ったきっかけは何ですか？

第Ⅱ部　教科を教えるってどんなこと？

第5章　国語科教育学

「言葉を学ぶ」ことってどんなこと？

谷口直隆

【自己紹介】

氏名　谷口直隆（Naotaka TANIGUCHI）

専門領域　国語教育学

研究テーマ　コミュニケーション教育における目標論と方法論

主な担当講義　初等教育（国語）、国語科教育法、保育内容（言葉）

その他　国語の教師は私が中学三年生のときの「夢」であった。にもかかわらず、高校三年間を理数科学コースで過ごし、医学部や工学部を希望進路として記入していた。高校三年生のときに「文転」を申し出て、理学部出身の数学教師であった担任の先生に「内容を学んでから教えられるようになりなさい」と言われ、文学部への進学を決めた。その後、私の「夢」は紆余曲折を経て、再び教師に向かうことになるが、「教え方が分からない」という思いと「なぜ文学を教室でみんなで読まなければならないのか」という疑問から教育学の大学院へ進学した。生活費捻出のために高校や短大、大学などで非常勤や臨時採用の教員として働きながら大学院で中等と初等の国語教育を学び、短大で働く間に保育や幼児教育について学び始めた。現在は、保育・幼児教育から高等教育まで、さらに言えば、生涯にわたる「言葉の学び」について考えられる今の仕事を楽しんでいる。

一　「国語」を学ぶということ

国語教育と国語科教育、そして母語教育

国語の授業について考える研究者は自身の専門を「国語教育」だと説明する。「国語科教育」のみの専門家として自身を紹介しないし、所属する学会の名称も「国語教育学会」が一般的であり、「国語科教育学会」は管見の限り見当たらない。では、「国語教育」と「国語科教育」の違いはどのような違いであろうか。文字面を見れば、それは「科」があるかないか、である。つまり、「国語科教育」は学校の教科としての「国語」の授業における教育を指しており、「国語教育」は国語の授業の中にとどまらない、広くは家庭や地域、社会での教育も含む概念である。

では、その「国語教育」で教育されるものは何であろうか。果たして、「国語」であろうか。

家庭で、あるいは地域で、社会で行われている言語教育について何を教えているかを尋ねると、多くの人が「国語」とは答えず、「言葉」や「日本語」と答えるだろう。すると、ここに、「では、「国語」とは何か」という疑問も生じることになる。そして、その疑問の答えにも「日本語」という言葉が返ってくるだろう。「国語」＝「日本語」だろうか。

「国語」は「その国・国家を代表する言語」と説明される。では、「「国・国家」とは何か」。ここまでくると、その問いはもう、「国語科」の範疇を超え、「国家論」にまで至る。私たちが「国語」を考えるとき、それは、自分自身が所属する共同体としての「国」や「国家」をどこだと考えているか、あるいは、もしかすると「国」や「国家」ではないかもしれない。「自分自身が使う「国語」を「何語」と意識しているのか」、それは、自分自身

の存在や所属する共同体の存在を問い直す「アイデンティティ」に関わる大きな問いなのである。

ここで、「アイデンティティ」の側面から「言葉の教育」「言葉の学び」の視点を地域コミュニティに向けてみたい。大学には、その大学の所在地域以外からの進学者も少なからず在籍している（留学生もいるが、ここでは日本の他の地域から来た学生に焦点を当てる）。そのとき、多くの人が、一度は「言葉が通じない」という思いをすることだろう。同じ「日本語」を話しているにもかかわらず、である。そしてほとんどの人が、自分が使っていた（あるいは、相手が使っている）のは方言（地域方言）だったのだ、と気づくことであろう。そしてその気づきは、方言が自分自身のアイデンティティに大きく関わるものであることの認識へ繋がる。例えば、「私は「広島弁」を使う「広島人」だ」という具合に。

では、その言葉（方言）はどのように獲得されたのであろうか。多くの人が気づく通り、母親や父親、祖父や祖母、自分を育ててくれた人物が使っていた言葉を獲得してきている。あるいは、「言語形成期」と呼ばれる幼児期〜青年期を過ごした共同体で使用されていた言語・言葉を獲得してきたことだろう。それは「母語（mother tongue）」と呼ばれ、日本国内での変種というミクロな視点で見れば、例えば日本語の「広島弁」や「岡山弁」が「母語」である。「いやぁ、広島でも呉とか福山の人とは使う言葉が違うよ」なんて声もあがる。やはり「言葉」は人のアイデンティティに大きく関わっている。

また、グローバルな、マクロな視点（と言いながら、こちらの方が一般的な見方であるが）で見れば、多くの日本人の「母語」は〝まだ〟「日本語」ということになろう。これからますますグローバル化が進み、外国にルーツを持つ日本人が増えれば「日本人の母語は日本語」とは言わない時代がやってくることだろう。そのときにはやはり自分自身が使ってきた言葉である「母語」が自身をアイデンティファイしてくれるはずである。

このように、私たちは産まれてすぐ、さらに言えば、産まれる前から「母語」に触れ、学んでいるし、教育されていると言える。つまり「母語教育」である。

ここで、視点を「国語科教育」に移そう。先に述べたように、「国語科教育」は日本の学校の教科である（学校教育法施行規則に定められている）「国語」の中での教育を指す言葉である。家庭や地域、社会で行われる「母語教育」は多くの場合、無意識的、無意図的である。よって、その学びは偶発的なものである、とも言えるかもしれない。「国語科教育」はそうした体系化されていない偶発的で無意識的、無意図的な言葉の学びを整理し、体系化、系統化したうえで言葉の教育を行おうとするものである。そして、ここで言う「言葉」は「日本」という国・国家を代表する「日本語」という言語を指している。つまり、現在の「国語科教育」は、「日本語を母語とする学習者に学校の国語という教科の中で日本語を教える」という理解でその実態の大半を説明できると言えよう。ただ、先にも述べたように、日本語（あるいは国語）の学びは、「国語」という教科の中だけにとどまるものではない。国語の授業以外の学校生活や、家庭や地域、社会での生活を含む、日本語／国語を用いた言語生活全般を教育の対象、あるいは教育の場として考えたとき「国語教育」という概念が立ち上がるのである。この、「言葉（日本語／国語）の学びは国語の授業の中だけではない」ことは、その教育を専門とする人に限らず、多くの人が実感をもって理解していることだろう。そのため、「国語」の授業や言葉（母語としての日本語）の学びに関わる研究者・専門家は自身を「国語教育」を専門とする者として紹介するのである。

言葉を学ぶということと「国語教育学」

言葉を学ぶということは一体どういうことなのか。子どもの語彙獲得の過程と先に挙げた大学生の方言への気づきを視点に考えてみたい。

子どもの語彙獲得の過程に「過大汎用（「過剰汎用」「般化的使用」「過拡張」とも言う）」と呼ばれる特徴が見

られる。これは、語彙獲得の初期段階（おおよそ一歳前後から二歳）にある子どもの言葉が指す意味の範囲（「意味範囲」と言う）が、大人のものと異なる場合の子どもの言葉の使い方を指す概念である。例えば、「ワンワン」を、イヌを指すときだけではなく、ネコやブタ、ウマ、ウシなどの四足歩行の動物全般に使ったり、「ブーブー」が自動車だけではなく、電車やバス、自転車などを指していたりするといった例が報告されている。つまり、子どもは、大人が自分自身との関係の中で使う言葉（例えば「ワンワン」）がその目の前のものそれだけを指しているのではなく、類似した特徴を持っているものすべてを指していると捉えていると考えられる。その後、発達の過程で、周囲の大人との言語的なやりとりを通して、「ニャーニャ（ネコ）」や「ブー（ブタ）」「モー（ウシ）」等、「ワンワン」との差異に注目して名付けられる名称（語）を獲得し、また、その一方で、「ドーブツ」というさらに大きなカテゴリーを指す語も獲得するなどして語彙を形成していく（上位語としての「ドーブツ（動物）」、下位語としての「ワンワン（犬）」や「ニャーニャ（猫）」）。つまり言葉（ここでは語や語彙）を獲得するということの一つの側面として、世界の認識の仕方を獲得したり、それまでの自身のものの見方・考え方とは異なる認識の方法や視点を知ったり、それを踏まえて新しい見方を獲得すること、を挙げることができるのである。

同じことは、転出した先の方言に気づいた大学生（大学生に限らないが）にも当てはまる。私は大学進学をきっかけに広島に住むようになったが、広島の方言である「タイギー」を日常的に使うようになった。「疲れた」や「めんどくさい」を含む多義的なこの方言を使いやすいと感じ使用するようになった。また、この「タイギー」は、言葉にはしにくい微妙なニュアンスを伝えるのに便利な言葉である。このように、言葉は他の言葉では言い換えることのできない、あるいは、言葉で説明することが難しいニュアンスや雰囲気も含んでいる。そして、それは、他の文化圏にいる人たちには感覚としても感じられないし、伝えることも難しいものである。

広島の伝統的な方言（安芸方言）に、ものがなくなることを指す「ミテル」という語がある。また、同じ意味を指す安芸方言に「ノーナル」というものがある。

さて、今ここで「同じ意味を指す」と説明したが、実は同じではない。二つの使い分けは次のようになされている。

ミテル　少しずつ減っていってなくなってしまう。例えば、醤油や砂糖、トイレットペーパーなどがなくなる際に使用する。

ノーナル　目の前から消え失せる。物体そのものがなくなってしまうことを指す。

つまり、コーヒーを飲むマグカップは「ノーナル」で、コーヒーの粉やお湯は「ミテル」のである。消しゴムは「ノーナル」ことも「ミテル」こともあるだろう。しかし、この伝統的な方言は、令和の今では、若年層の間ではほとんど使用されなくなっている。もはや使用される「使用語彙」どころか、その意味がわかる「理解語彙」ですらなくなっている。つまり、今の広島の若年層の多くは「サトーガ　ミテタ（砂糖が、みてた）」と聞いても、それが砂糖のどのような状態を指しているのか理解できない。これはどういうことを指しているか。それは、「ミテル」と「ノーナル」の間にあった差異（認識の異なり）が顧みられなくなった、必要ではなくなった、重要ではなくなった、ということである。砂糖だろうが醤油だろうが、ドレッシングだろうがスマホだろうが、「ノーナル」（若年層ではもはや共通語形の「ナクナル」だろう）なのである。

これは、どちらがいい（優れている）・悪い（劣っている）ということではなく、認識の仕方、世界の切り取り方、ものの見方・考え方が変化した、ということである。先に書いたように、そこにある差異が重要でなくなったと捉えられるのである。ただ、私が個人的に残念に思うのは、その語（彙）が消失してしまう過程が、実感をもとにした必要性の減少に伴うものではなく、メディアの影響等で共通語形に「塗り替えられ」消失してしまうその過程と、それと同時に、「ミテル」と「ノーナル」を分けて捉えていた世界の捉え方、認識の仕方、その鋭い洞察も消えていってしまう、という、その事実である。

　言葉と世界の捉え方、価値観について言えば、私は以前、「ヨメ（嫁）」なり、「オクサン（奥さん）」なり、「そういう言葉」を使うことを女性の先輩に見咎められたことがある。「ふーん、そう、あなたは「そういう言葉」を使う人なんだ、そういう考え（女性は外で働かず、家にいるべきだという考え）の人なんだ」と言われたことがある。無論、私は、そのような考えは持ち合わせていないため、その後はできるだけ「ツマ（妻）」という語を使うようにしている。

　このように、「母語」にしろ、「国語」にしろ、「言葉の学び」は生涯にわたるものであって、その学びの内実は、「人にものを伝えるための言葉を獲得する」ということにとどまらない。「言葉の学び」は、その言葉を使う主体（「言語主体」）の世界の見方や考え方、それに関わる自分自身の姿勢や態度をも問い直す営みである。アイデンティティの側面から言えば、「日本語を使う」「広島弁を使う（あるいは呉弁を使う）」「若者言葉を使う」というアイデンティティの感じ方にとどまらず、その言葉を使う言語主体としての、つまり、その言葉の背景にある文化や思想を持つ主体としての自覚をもたらす、あるいは、その自覚を求めるものなのである。

　それゆえ、「言葉の学び」は多くの場合、何らかの感情を伴う。そして、それは決してポジティブな感情のみではない。苦しく、寂しく、つらいものも多い。しかし、それを少し長い時間軸で眺めてみたとき、それは、おそらくポジティブな「学び」として存在するものであると私は考えている。それは、言語主体としての自分自身のそれまでの世界の捉え方や、認識や価値観を問い直す非常に大きなきっかけ、あるいは、問い直す行為そのものである。私自身も、苦い経験を何度も繰り返しながら、言葉を学び、自分自身の価値観や認識を問い直してきた。原稿を書いているたった今、この時もその只中にいる。そういう自立的な「言葉の学び」をデザインするのが「国語教育」なのであり、その教育について考えるのが「国語教育学」なのである。

二　国語科教育学研究とは

国語科教育学とは

前節では、学校の国語の授業の中にとどまらない「国語教育」としての言葉の教育、言葉の学びについて、それが一体どのような営みであるのかも含めて論じてきた。ここでは、教科教育としての、すなわち、学校教育における国語の授業での言葉の教育、「国語科教育」に焦点を当てて、概観を試みる。

教科教育について考えようとするとき、文部科学省の示す学習指導要領がその手掛かりの一つになるだろう。現行の（平成二九年告示の）小学校学習指導要領及び中学校学習指導要領、国語編解説を見てみると国語科における教育目標は「言葉による見方・考え方を働かせ、言語活動を通して、国語で正確に理解し適切に表現する資質・能力を次のとおり育成することを目指す」と示されている。まず、はじめに示される目標において、「言葉による見方・考え方を働かせ」ることが掲げられていることに注目したい。現行の学習指導要領では各教科において、その教科に関わる「見方・考え方」を働かせることを目標として示している。国語科においては、「言葉による」ものの見方・考え方であり、「国語による」ではない。「言葉による見方・考え方」とはどのような見方・考え方なのか、なぜ「国語による」ではないのかについては、前節を踏まえて考えていただければと思う。

さて、この「言葉による見方・考え方を働かせ、言語活動を通して、国語で正確に理解し適切に表現する資質能力を育成する」ために国語科では、何を教えればよいのか。これも他の教科と同様に「内容」として「目標」に続いて示されており、その構成は以下の通りである。

〔知識及び技能〕

（１）言葉の特徴や使い方に関する事項

○言葉の働き

○話し言葉と書き言葉

○漢字

○語彙

○文や文章

○言葉遣い

○表現の技法

○音読、朗読

（２）情報の扱い方に関する事項

○情報と情報との関係

○情報の整理

（３）我が国の言語文化に関する事項

○伝統的な言語文化

○言葉の由来や変化

○書写
○読書

〔思考力、判断力、表現力等〕

A　話すこと・聞くこと
○話題の設定、情報の収集、内容の検討
○構成の検討、考えの形成（話すこと）
○表現、共有（話すこと）
○構造と内容の把握、精査・解釈、考えの形成、共有（聞くこと）
○話し合いの進め方の検討、考えの形成、共有（話し合うこと）

B　書くこと
○題材の設定、情報の収集、内容の検討
○構成の検討
○考えの形成、記述
○推敲
○共有

C　読むこと
○構造と内容の把握
○精査・解釈

○考えの形成
○共有

以上の「内容」を見て「はあはあ、なるほど「国語」っぽい」と思う人もいれば、「具体的に何を教えるのかわからない」と感じる人もいることだろう。私は、担当する国語科教育学の授業の初回を、「「国語」と聞いて思い浮かぶもの」や「「国語」や「国語の授業」のイメージ」を書いてもらうことから始めるのだが、そこで多く挙がるのは、「ごんぎつね」や「羅生門」、「ビーバーの大工事」などの作品名や文章のタイトル、あるいは、「りっちゃんサラダ」や「エーミール」「ルロイ修道士」といった文学的文章の登場人物である。そして、その次に多いのが、「音読」や「漢字」、「読書感想文」などの学習事項や活動である。

私の授業の受講生、つまり、これから国語科教育学を学ぼうとする学習者は、教科としての「国語」や「国語の授業」について全く知識を持っていない、真っ白な状態であるか、というと全くそうではない。ここに挙げたように、これまで自身が受けてきた学校教育を通して「国語（の授業）ってこんなもんだよね」「こんなことをこんなふうに習うよね（例えば、百人一首を覚えさせられるよね、など）」という国語科教育に対するイメージや概念、すなわち、国語の授業に対する「素朴概念（学習者が学習前に持っている日常の経験に裏打ちされた知識や概念）」を持っていると言えるのである。なお、理科や算数、数学の教育や授業について考える際に用いられることの多い「素朴概念」は「大人や専門家から見ると間違った」、あるいは「科学的には誤りとされる」知識、概念とも説明される。先に挙げた国語科教育学初学者の持つ、国語科や国語の授業についてのイメージも国語科教育学という科学の視点で見ると、「整理されていない」「（一部）誤った認識、知識」であると言える。国語科教育学の授業では、その国語科や国語の授業に対する学習者の素朴概念を科学としての国語科教育学の視点で整理していく。先に挙げた例で言えば、「ごんぎつね」や「ビーバーの大工事」は「教材」であり、「内容」ではない。「音読」や「読書感想文」はどちらも「学習活動／教育方法」であるが、「音読」は同時に「内容」でもある。一方、「読書感想文」はあくまで「活動／方法」であり、「内容」ではない。

　前節で繰り返し論じたように、国語／言葉の学びは、日常にあふれているし、生きている限り続くものであると言える。では、日常にもある国語／言葉の学びをなぜ学校の教科の中で学ぶのか、学習者が何ができるようになることを、あるいは、学習者のどのような姿を目指すのか（目標論）、そのためには何を教えればよいのか（内容論）、何を使って／何を通して（教材論）、どのように教えるのか（方法論）、そしてその学習者の学びをどのようにみとり、次の学習へつなげるのか（評価論）を考えるのが国語科教育学である。

国語科教育学の守備範囲

　国語科教育を考えるうえでは、目標論や内容論といった教科教育の視点も欠かせないが、同時に国語科としての視点も欠かせない。先に学習指導要領の内容を挙げたが、現在の国語科は〔知識及び技能〕の中に、「言葉の特徴や使い方」といった言語事項や「言語文化」、「情報と情報の取り扱い」を含み、〔思考力、判断力、表現力等〕は、「話すこと・聞くこと」「書くこと」「読むこと」の三領域で構成されている。

　ここで、国語科教育学研究の成果についてまとめた『国語科教育学研究の成果と展望Ⅱ』（全国大学国語教育学会編、学芸図書、二〇一三年）を取り上げ、次にその内容の構成を示す。

Ⅰ　国語教育基礎論に関する研究の成果と展望
Ⅱ　話すこと・聞くことの学習指導に関する研究の成果と展望

Ⅲ　書くこと（作文）の学習指導に関する研究の成果と展望
Ⅳ　読むことの学習指導に関する研究の成果と展望
Ⅴ　日本語基礎事項の学習指導に関する研究の成果と展望
Ⅵ　メディアリテラシーに関する研究の成果と展望
Ⅶ　国語科教師教育に関する研究の成果と展望
Ⅷ　国語科教育学研究方法論に関する研究の成果と課題

ⅠからⅤまでは、学習指導要領の構成と同様、一つの言語としての日本語あるいは国語の学習指導について、そして三領域の学習指導について、その研究の成果が整理されている。また、その後に続く「メディア」についても国語科では戦後の「学習指導要領（試案）」にも位置づけられている事項、分野であり、その歴史は浅くはない。ただ、この「メディア」が大きく変化していることは、多くの人に実感されていることであろう。インターネットの普及や、スマートフォンやタブレットなどのデジタル機器の進化によって、あるいは、YouTubeに代表される動画サイトやTwitterやFacebook、InstagramやTikTokなどのＳＮＳやアプリの広がりによって、私たちの言語生活は大きく変化したと言える。このようななかで、「メディア」を一つの研究領域、あるいは指導事項として扱う国語科はその概念や捉え方を見直し続けねばならないし、教科教育としての目標や内容を検討し続けなければならない。現在は、「ヴィジュアル・リテラシー」や「マルチモーダル・リテラシー」などの概念を用いて、私たちが言語生活を営むにあたって働かせているリテラシーとその要素を考察し、国語科の指導事項として位置づけることも試みられている。また、各種ＳＮＳやYouTube、TikTokに見るように私たちは「世界に発信する」ということも容易に行えるように、あるいは人によっては、多く行うようになった。このように、私たちを取り巻くインターネット環境の変化や機器の発達は、単にそれのみの変容にとどまらない。そのメディアや環境を使って言語生活を営む私たちの生活そのものを変えるし、世界の切り取り方や世界との関わり方を変えていくのである。また、国語科の指導事項としての視点で見ると、その「リテラシー」について、軽視されがちであった「発信」の側面に目を向ける、向けざるをえない、つまり学習の深まりのきっかけとなる大きな変化が今現在、生じていると言える。

ここまで、「メディア」を取り上げて国語科の教育内容の変化について述べたが、時代や社会の変化に伴って変化する私たちの言葉や言語生活を教育／学習の対象とする国語科においては、その変化を敏感に捉える視点、すなわち、日常生活、言語生活に対する洞察が不可欠である。例えば、「ジェンダー」の視点も「Ⅷ　国語科教育学研究方法論」の中に一つの研究的視点として示されている。近年、日本の男女平等が達成できていないことが国際的にも指摘されている。経済や政治参加の側面でその後進性が指摘されているが、ジェンダーは性差についての一つの考え方であり、価値観である。そこには、言葉が大きく関わっている。先に挙げた「嫁」の例のように、その言葉には文化や社会の価値観が潜んでいる。言葉が文化や社会の価値観を反映している部分もあるだろうし、逆に言葉が文化や価値観、社会の制度や構造をつくったり、強化したりしている部分もある。私たちは、文化や価値観が変容する社会において、また、価値観の多様性が認識され、承認されるべき現代社会において、無意識に、無自覚に使っていた言葉の中に特定の価値観が隠れていないか、さらに、自身がその言葉を使用することによって、無自覚にその価値観を担う、強化する存在になっていないかを振り返るべきであろう。言葉を通して、社会の制度や文化、価値観の構造を明らかにする言語社会学も国語科の「守備範囲」なのである。

このように考えると、国語科が対象にする範囲は広い。そして、それは変容するし、広がり続ける。教材としてＪ－ＰＯＰの歌詞が取り上げられることもあるし、漫画やＣＭ、映画が取り上げられることもある。そして教材としての検討を通して、目標や内容が検討され、追加されたりする。今後（あるいは、すでに）ＳＮＳで使用される言葉や動画サイトに投稿される動画（「映像テクスト」）が教材になることもあるだろうし、その言語形式そのものやそこに働いているリテラシーが教科の目標や指導事項にもなりうる。国語科教育学は、国語科という教科において、何を取り上げ、何を教育すべきなのか、目標や内容、教材や方法、評価について考察し続けなければならないのである。

　そして、そのためには、学習者である子どもたちを取り巻く言語環境や言語生活がどのようなものであるか、その実態や構造に目を向ける「学習者研究」が不可欠である。言葉を扱う国語という授業、教育を考える際には、「今ここ」、目の前にいる学習者の言語生活への視点を失ってはならないことを強調しておきたい。

三　コミュニケーション教育

　社会で「コミュニケーション能力」の必要性が叫ばれるようになって久しい。では、学校教育においてそれはどこで育成されているのだろうか。「コミュニケーション」は「話すこと・聞くこと」と捉えられることも多く、その学習指導を行っている国語科がその中心と認識されることも多い。しかし、国語科の学習指導要領に「コミュニケーション」という言葉は使われていない。そもそも「コミュニケーション」は外来語だし、それゆえ、「国語」を扱う国語科では使用されていないと考えることもできる。また、「コミュニケーション」という言葉が多義的で多くのものを含んでいるため、指導事項を明確にし、系統的な学習を図ろうとする教科教育においては、その内実を明らかにし、細分化して指導事項として定めていると考えることもできよう。

　では、国語科の「話すこと・聞くこと」の内容について現行の学習指導要領を見てみよう。「話すこと・聞くこと」の指導事項は「話すこと」「聞くこと」「話し合うこと」から構成されている。学習活動としてはスピーチやインタビュー、各種話し合いがその例として挙げられる。つまり、公的場面での「話す・聞く」を学習対象とし、そこで必要な力を指導事項にしているということが指摘できる。そこでは、自身の考えや情報を伝える、言葉の持つ「伝達」機能に焦点化した学習が企図されていると言えるだろう。では、社会で求められている「コミュニケーション能力」は「伝達能力」なのであろうか。コミュニケーションに苦手さや困難さを抱えている人たちは伝達できないから困っているのであろうか。もちろん、そういう側面もあるだろうが、私は、日常生活におけるコミュニケーションと学校の教科教育で教えられるコミュニケーションとに齟齬や乖離があることが問題であると考えている。教科教育はその性質上、ある事象をその状況や文脈から切り離し、要素化して教えるという側面を持っている。そのため、授業づくりにおいては、単元の中で可能な限り、文脈や状況を再現したり、設定したりして学習者の学びを構想する必要があるが、ことコミュニケーションについては、状況や文脈から切り離すと意味をなさない場合がある。ただ、スピーチや話し合いといったパブリックコミュニケーションについては、「適切だと考えられる要素や方法」を状況や文脈から切り離して教える／学ぶこともある程度、可能だと考えられているということである。

　ただ、ここで示される方法も、「西洋近代的なコミュニケーションの方法」で日常生活のそれとは異なっていると言える。結論先行型で話すことや、ナンバリングをすることなどが「スキル」として学ばれるが、それを日常生活のコミュニケーションで使うことでコミュニケーションは円滑に行えるようになるだろうか。もちろん、（経済活動の場という意味での）社会という公的な場でのコミュニケーション、話し方、聞き方を教えるということは公教育として必要なことである。しかし、そういう社会的な場でさえ、先に挙げた「西洋近代的なコミュニケーション」の方法で行われないことを私たちは知っている。合意形成、つまり、「話し合い」の場面であってもそうである。学校で教える／学ぶような、「互いの立場や意図を明確にし」たり、「論点を共有し」たり、互いの論理の妥当性、適切性を検討しあうような合意形成がどこまで行われているだろうか。そうではない合意形成の方法もあるし、もっと言えば、ここに挙げたような、学校で学んだコミュニケーションの方法で合意形成を図ろうとしたら、人間関係が崩れてしまった、なんてこともある。それが私たちのコミュニケーションや言語生活の実態、特徴と言えるのではないか。

私たちは、日常生活において、難しさを感じたり、失敗したり、悩んだりしながらコミュニケーションを行っている。そこに「正しさ」や唯一の「正解」は与えられるだろうか。仮に、公的な側面の強いコミュニケーションについてはある程度可能だとして、私的なコミュニケーションについてそれができるだろうか。いや、そもそも「私的なるもの」は教育可能なのか、教育してよいのだろうか。教えられない／教えてはならない、と「尻をまくる」のは簡単だが、それでは学習者が抱える困難さや悩みには答えられない。また、いつまでたっても、曖昧な「コミュニケーション能力」の育成が教育界に求め続けられることだろう。公／私を包括するようなコミュニケーション教育の枠組みを考える必要があるのではないだろうか。

私は、以上のような問題意識から「コミュニケーション教育の目標論と方法論」をテーマに研究を行っている。学習者にコミュニケーションの主体としてどのような姿を期待するのか、という目標や、それはどのようにして学ばれる／教育できるのかという方法を考えている。また、研究を始めた当初からその軸の一つに方法論としての「演劇」を据えている。教育方法学の中でも学習／教育の方法として注目されている「演劇」や「演劇的手法」は、コミュニケーション教育の方法としても注目を集め、文部科学省が設置したコミュニケーション教育専門の会議体（「コミュニケーション教育推進会議」）の中でも取り上げられた経緯がある。

私が考えるコミュニケーション教育における演劇や演劇的手法の可能性は、他の多くの研究者が指摘するように、その「身体性」にもあるが、それとは別に「虚構性」や「即興性」にある。私たちが自分自身のコミュニケーションを学びの俎上に載せる、というのは、精神的な苦痛を伴う。自分自身のコミュニケーションの実態を授業で晒し、それが検討されると考えるだけで苦痛である。しかし、学びはその先にある。その学びをできるだけ「安全に」行うための「装置」として演劇の持つ虚構性が機能するのではないだろうか。どうしようもなくなれば「その場で〝演じた〟だけで、本来の自分とは違うから」と逃げることも可能なのである。また、台本を用意せず、あるいは、用意したとしても、いわゆる「アドリブ」などを入れる即興性がその学びを保証すると考えている。最終的に「逃げ（られ）た」としても、自身の「演技」は「いつもの私」とどこかでつながっている。そしてそれは、即興の中に現れる。日常の私とつながりながらも、私ではないコミュニケーション行為者（演劇の中の私）を通して、自分自身のコミュニケーションを振り返り、他者との関わりを通して、そこに新たな意味づけを行ったり、コミュニケーションの方法や考えを見直していったりすることこそ、切実なコミュニケーションの学びなのだと考えている。このように、私は「演劇」をある目的を達成する方法論として考える「目標・内容→方法」という方向と、方法として考えることを通して教育の目標や内容が見えるという「方法→目標・内容」という方向の両方で研究を進めてきた。今後も複数の領域や方法を往還しながら研究を進めていきたい。

先に、コミュニケーションには、公的な側面と私的な側面があることを述べたが、その間に明示的な境界はない。公的な場面でもその度合いを下げたり、私的な関係を滲ませたりする「セミパブリック」という言葉を使う人もいる。まさに「グラデーション」である。また、前節で述べたように国語科の範囲は広く、社会や人々の言語生活の変化によって、その範囲が広がることもある。その連続体としてのグラデーションを「学校教育の教科」としての視点で切り取ること、その切り取り方を検討することが「国語科教育学研究」であり、それは日常の私たちの言語生活やそこでの言葉の学びについて考える「国語教育学研究」につながっている。

第6章　社会科教育学

公民的資質の育成につながるＥＳＤとしての社会科授業

永田成文

【自己紹介】

氏名　永田成文（Shigefumi NAGATA）

専門領域　社会科教育学

研究テーマ　ＥＳＤとしての社会科授業

主な担当講義　教育学一般、社会科教育学（初等・中等社会科教育法など）、教育実習、ゼミナール

その他　小学校、中学校、高等学校の教員経験がある。佐賀県の公立小学校、中学校の教員として、児童・生徒の主体的な学習参加を促す社会科教育の授業を開発してきた。広島大学附属中・高等学校の教員として、小中高一貫教育の研究や総合的な学習の時間の国際理解分野の教材開発を行った。広島県の公立高等学校では、異文化理解を深める地理授業や開発教育の視点を取り入れた地理授業を開発した。

前任校の三重大学教育学部では、文化問題、環境問題、南北問題などの現代世界の諸課題を主題として、それらの現状を捉え、その要因を考察し、解決に向けて判断するような探究プロセスを重視し、児童・生徒の社会認識を深め、持続可能な社会づくりに向けて行動の変革を促すＥＳＤとしての社会科授業を提案してきた。

世界各地を巡るのが大好きで、世界の人々の衣食住や価値観に触れ、日本との違いや、多様な価値観を有する人々が共に仲良く暮らしていけるためにどのような方策が必要であるのかを自己に問いかけている。

社会科教育の目的は、社会認識を通して公民的資質を育成することである。小・中学校の社会科、高等学校の地理歴史科・公民科（以降「社会系教科」と表記）において、カリキュラムや単元や一時間のスパンで、どのような目的、内容、方法を設定した授業を構想して実践しているのかを考察したり、児童・生徒の社会認識の形成や公民的資質の育成ができているのかなどを分析していくのが社会科教育学である。

大学における小学校、中学校、高等学校の教科教育法である初等社会科教育法や中等社会科教育法や地理歴史科教育法や公民科教育法は、社会系教科教育の授業理論や授業実践の特色を考察する授業である。社会科教育学ゼミナールでは、社会系教科の授業づくりとかかわり、理論と実践の往還を意識した、理論的な研究や実践的な研究を進めていくことになる。

持続可能な開発のための教育（ＥＳＤ）は、主体的な探究活動から持続可能な社会づくりにつながる学習者の行動の変革を促すことを究極目標としている。これは社会参画を促すことになるので、社会科の究極目標である公民的資質の育成とかかわる。社会系教科において、異文化理解や地球的課題などの現代世界の諸課題を取り上げる場合、それらの現状を把握し、その要因を考察し、解決に向けて判断する。現代世界の諸課題の学習は、社会参加による探究過程を組み込んで学習者の行動の変革を促すＥＳＤとしての社会科授業となることが求められている。

一　社会科教育の本質と研究テーマ

公民的資質の育成

日本の社会科教育は、アメリカの Social Studies を手本として一九四七年に誕生した。民主主義国家の形成者に必要な理解・能力・態度を統一的に育成していくことが社会科教育の本質であり、これにかかわるのが社会科教育の究極目標である公民的資質[1]の育成である。

一九四八年の小学校社会科学習指導要領補説編で「公民的資質」の用語が登場した。「社会科の目標」の項目では、「社会科の主要目標を一言でいえば、できるだけりっぱな公民的資質を発展させることであります。これをもう少し、具体的にいうと、児童たちが、（一）自分たちの住んでいる世界に正しく適応できるように、（二）その世界の中で望ましい人間関係を実現していけるように、（三）自分たちの属する共同社会を進歩向上させ、文化の発展に寄与することができるように、児童たちにその住んでいる世界を理解させることであります」と示された[2]。このように、民主主義社会に適応し、進歩向上させることが強調されている。

一九六八年の小学校社会科学習指導要領では、総括目標に公民的資質が示された。これに対応した小学校指導書社会編（一九六九年）では、公民的資質を「社会生活のうえで個人に認められた権利は、これをたいせつに行使し、互いに尊重しあわなければならないこと、また具体的な地域社会や国家の一員としてみずからに課せられた各種の義務や社会的責任があることなどを知り、これらの理解に基づいて正しい判断や行動のできる能力や意識など」と定義した。権利や義務に基づいて判断や行動できることが強調されている。

小学校学習指導要領解説社会編（二〇〇八年）では、公民的資質を「平和で民主的な国家・社会の形成者としての自覚を持ち、自他の人格を互いに尊重し合うこと、社会的義務や責任を果たそうとすること、社会生活の様々な場面で多面的に考えたり、公正に判断することなどの態度や能力」と定義し、「持続可能な社会の実現を目指すなど、よりよい社会の形成に参画する資質や能力の基礎をも含むもの」としている。持続可能な社会づくりに向けた社会参画というＥＳＤの視点が強く意識されている。

二〇一七年の小・中学校社会科と二〇一八年の高等学校地理歴史科・公民科の学習指導要領における総括目標

の柱書では、「公民としての資質・能力」と示された。これまでの公民的資質と同じ意味であるが、持続可能な社会づくりに向けて世界の様々な地域にみられる課題を解決するために、思考し判断する力や解決に向けた態度の育成をより強調した表現である。

社会科教育学の研究

社会科教育学研究の主な領域として、①社会科教育の目的、②社会科教育のカリキュラム、③社会科学習の指導法、④社会科授業の構成、⑤社会科授業の構想、⑥社会科教育の歴史、⑦社会科関連教育、⑧外国の社会科教育があり、これらは社会科教育の究極目標である公民的資質と関連している。次に、これまでの卒業論文の研究題目と内容を事例として[3]、社会科教育学の研究をみていく。

①社会科教育の目的の主なキーワードは、「民主的な国家・社会の形成者」「社会認識」「公民的資質」「社会参画」「学力」である。「生活科に求められる学力の検討」の研究題目では、一九八九年に社会認識の芽を育てることを視野に入れて誕生した生活科を対象とし、生活科のカリキュラムや教科書や授業実践の経年変化を捉え、生活科の学力を検討し、その課題を提案する構成になっている。児童が身近な地域の人々や社会とかかわる活動の重要性を指摘し、それはまちたんけんの単元の中で体験することが可能であることを強調した。

②社会科教育のカリキュラムの主なキーワードは、「経験カリキュラム」「学問中心カリキュラム」「社会機能法」「学習指導要領」「リテラシー」である。「書く活動を充実させる小学校社会科の授業――表現力の育成を目指して」の研究題目では、社会科における表現力と言語活動を踏まえて、社会科における思考・判断を伴った言語活動による表現力の育成方法を示し、書く活動を充実させる小学校社会科授業の方策を提案する構成になっている。学習者の考えていることの言語化をはかり、構造図などにより視覚化する大切さを主張した。

③社会科学習の指導法の主なキーワードは、「問題解決学習」「探究」「体験学習」「話し合い・討論」「グループ学習」である。「話し合い活動を取り入れた小学校社会科の授業」の研究題目では、社会科における話し合い活動を分類し、子ども同士型話し合い活動の意義を導き、より自主的・自発的な話し合い活動が実現できる教師の役割とかかわりを考察して、話し合い活動を取り入れた小学校社会科の授業を提案する構成になっている。子ども達が社会を構成していく活動につながることが重要であることを強調した。

④社会科授業の構成の主なキーワードは、「教材」「学習過程」「発問」「授業分析」「評価」である。「消費者としての意思決定力を育成する小学校社会科産業学習」の研究題目では、社会科における意思決定過程を検討することで意思決定力を構成する要素を導き出し、消費者としての自己の意思決定を踏まえた小学校社会科産業学習における理解の三段階に着目して先行実践を分析し、単元を構想する構成になっている。消費者としての自己の意思決定として、児童の消費者としての願いに着目する大切さを強調した。

⑤社会科授業の構想の主なキーワードは、「教材研究」「子どもの認識・意識調査」「単元構想」「学習指導案」「実験授業」である。「地域活性化への当事者意識を育む小学校社会科水産業学習――南伊勢町の取り組みを事例として」の研究題目では、第五学年の産業学習は地域活性化の視点と当事者意識が必要であることを前提として、地域活性化への当事者意識に至る学習段階と到達段階を示し、南伊勢町を事例とした地域活性化への当事者意識を育む授業論から水産業学習を提案する構成になっている。南伊勢町の実際の取り組みを重視した。

⑥社会科教育の歴史の主なキーワードは、「修身」「郷土科」「新教育運動」「学習指導要領の変遷」「民間教育研究団体」である。民間教育研究団体における初期社会科の問題解決学習を対象とする研究がある。

⑦社会科関連教育の主なキーワードは、「国際理解教育」「グローバル教育」「環境教育」「起業家教育」「消費者教育」である。「多文化共生に向けた態度を育成する小学校社会科の異文化理解学習――異文化コミュニケー

ションの活用」の研究題目では、異文化理解教育の目的を踏まえて異文化コミュニケーションを活用した社会科授業を提案し、地域に住む人々との交流から人間理解に繋げる単元を構想する構成になっている。異文化コミュニケーションにおける感情的発展段階に着目して小学校の異文化理解学習を改善しようとした。

⑧外国の社会科教育では、アメリカ、イギリス、ドイツ、フランス、フィンランド、オーストラリア、中国、韓国、マレーシアなどの教育を取り上げ、日本の社会科教育との違いを明らかにすることが主目的となる。

二　社会参加を踏まえたＥＳＤとしての社会科授業

ＥＳＤと社会科教育

現代世界は、国際化の進展や便利で豊かな生活の追求による大量生産・大量消費・大量廃棄に象徴される開発や経済発展に伴う人口増加などにより、文化摩擦、環境破壊、社会格差問題が顕在化している。このため、人間の生活が未来も維持できるかという持続可能性（sustainability）の概念から、将来にわたって良好な生活環境が持続できるような社会づくりが目指されるようになり、国際理解教育や環境教育や開発教育を基盤とした持続可能な開発のための教育（Education for Sustainable Development：ＥＳＤ）が登場した。二〇〇五〜二〇一四年は国連ＥＳＤの一〇年に設定され、学校教育とともに社会教育においても普及が促された。

二〇〇六年の『わが国における「国連持続可能な開発のための教育の10年」実施計画』では、ＥＳＤの目標を「環境、経済、社会の面において持続可能な将来が実現できるような行動の変革をもたらすこと」と定義し、参加型アプローチを重視し、探究による問題解決能力を育成する学習プロセスが必要であることを示した。ＥＳＤでは、持続可能性が脅かされている現代世界の諸課題について、自分とのつながりから解決に向けて取り組む態度の育成が求められており、社会科教育における公民的資質の育成と趣旨が合致する。

二〇〇八年の小・中学校社会科と二〇〇九年の高等学校地理歴史科・公民科の学習指導要領では、公民的資質の育成とかかわり、持続可能な社会の実現を目指し、公共的な事柄に自ら参画していく資質や能力の育成が強調されるなど、ＥＳＤの視点が盛り込まれた。国連のミレニアム開発目標（ＭＤＧｓ）の後継として、持続可能な開発目標（ＳＤＧｓ）が二〇一五年に国連で採択され、発展途上国を中心とした貧困削減の取り組みばかりでなく、先進国も対象とした不平等の解決も視野に入れて、一七の目標が行動の形で示された。ＳＤＧｓは児童・生徒に解決に向けた行動を直感的に訴え、社会系教科の目標や内容とかかわっているため、ＥＳＤの視点を導入した社会科授業がイメージしやすくなった。

思考・判断・表現による社会参加

二〇一六年の中央教育審議会答申において、「知識・技能」、「思考力・判断力・表現力等」、「学びに向かう力・人間性等」という育成したい資質・能力の三本柱が示された。また、社会系教科における校種や分野・科目の特性を踏まえた「見方・考え方」が整理され、それらの総称である「社会的な見方・考え方」は、課題を追究したり解決したりする活動において、社会事象等の意味や意義、特色や相互の関連を考察したり、社会に見られる課題を把握して、その解決に向けて構想したりする際の視点や方法とされた。

小原友行は、社会科が求める思考力・判断力・表現力について、「知る・わかるだけでなく、その背景を熟考し、自分なりの意見や考えを持ち、それを表現しながら社会への参加・参画を考える力」と定義している[4]。思考力は社会がわかるための追究を行い、判断力は社会を構築するための対応を考え、表現力は社会のしくみや課題の解決に向けた提案を発信することで育成される。社会系教科において持続可能な社会づくりを視野に入れて学

表1　ESDとしての社会科授業の探究

	問い	活動	
社会認識	○持続可能性とかかわりどのような問題があるのか	問題発見	事象
	○なぜ持続可能性とかかわる問題があるのか ○持続可能性とかかわりどのような影響があるのか ○持続可能性とかかわりどのように変化してきたか	原因究明 現状分析	思考（考察）
社会参加	○持続可能性から解決に向けてこうなるのはよいか	価値判断	判断（構想）
	○持続可能性から解決に向けてどうしたらよいか	意思決定	
	○持続可能性から解決に向けてどう変えるべきか	社会形成	

習者の行動の変革を促すために、現代世界の諸課題の解決策を捉えることに留まらず、社会的な見方・考え方を踏まえて解決に向けて考察・構想したことを議論などで発信することで思考力・判断力・表現力を育成する。

唐木清志は、社会科の使命は社会的課題の解決に向けて社会参加できる市民を育成することとしている[5]。一般的に、社会参加は、社会的課題の解決のために社会で実際に行動する直接参加を指す。藤原孝章は、社会参加概念の拡大として、象徴的・模擬的社会参加という社会科学習における「思考による社会参加」の捉え方を示した[6]。社会的課題の解決に向けて判断し、それを表現として社会に発信する「思考による社会参加」により、学習者の実社会における直接的な社会参加が促される。社会的課題として、持続性が脅かされており、解決に向けて判断が分かれるような社会的論争問題を取り上げれば、ＥＳＤの価値や態度の育成につながる。

ＥＳＤとしての社会科授業では、社会的事象として持続可能性とかかわる社会的論争問題に着目し、どのような問題があるのかという問題発見をもとに、問題がなぜ存在するのかという原因究明や、どのような影響があるのか、どのように変化してきたのかという現状分析の思考による社会認識の過程と、持続可能性から解決に向けてこうなるのはよいか、どうしたらよいか、どう変えるべきかという価値判断→意思決定→社会形成の判断による社会参加の過程を踏むことになる（表1）。

三　ＥＳＤとしての社会科教育の方策

異文化理解をテーマとしたＥＳＤとしての社会科授業

国際化・グローバル化が進展した現代世界では、多様な文化を背景とする人々が接する機会が急増している。人々の行動様式や価値観の違いにより、地域・国・世界の様々な地域レベルにおいて文化摩擦が生じている。文化摩擦の積み重ねから紛争に発展する可能性がある。ユネスコはその理念である平和な世界の構築に向けて、戦後一貫して国際理解教育を推進してきた。ユネスコは、二〇〇四年の国際実施計画フレームワークにおいて、ＥＳＤの社会・文化、環境、経済という三領域と一五重点分野[7]を示した。しかし、二〇〇五年の国際実施計画では環境、経済、社会の三領域となり、ＥＳＤの重点分野に「文化の多様性と異文化理解」が位置づけられなくなった。また、ＳＤＧｓの一七の目標の中にも異文化理解に該当するものがない。

平和な世界を持続するためには、社会科教育を中心とした学校教育において学習者が地域や自国の文化を理解し、異文化を尊重し、異文化に対応してく態度を育成する必要がある。異文化理解をテーマとしたＥＳＤとしての社会科授業では、行動様式や価値観の違いにより生じた世界の諸地域の文化摩擦問題を発見し、その背景を探究し、多文化共生社会の実現を目指して判断し、表現する活動が求められる。

地理と歴史と公民教育の連携

二〇一七年の小・中学校社会科と二〇一八年の高等学校地理歴史科・公民科の学習指導要領における総括目標の柱書きには、「社会的な見方・考え方を働かせ、課題を追究したり解決したりする活動を通して、グローバル化する国際社会に主体的に生きる平和で民主的な国家及び社会の形成者に必要な公民としての資質・能力を育成すること」が共通して示された。社会科ばかりでなく、地理歴史科・公民科においても、探究的なプロセスを経て、社会認識に留まらず、持続可能な社会を形成できる資質を育成することが求められるようになったことの証左である。

小学校社会科の内容は、①地理的環境と人々の生活、②歴史と人々の生活、③現代社会の仕組みや働きと人々の生活という三つの枠組みに位置づけられた。これにより、中学校社会科の地理的分野・歴史的分野・公民的分野や、高等学校の地理歴史科・公民科との系統性が明確になった。地理教育や公民教育では、文化摩擦などの異文化理解にかかわる問題、生態系破壊などの環境にかかわる問題、経済格差などの開発にかかわる問題をそれぞれの見方・考え方を働かせて探究する。これらの社会的論争問題は、歴史の発展過程においても直面する場合があり、歴史教育との連携もできる。地理教育は空間的な視点から、歴史教育は時間的な視点から、公民教育は関係的な視点からＥＳＤのテーマにアプローチすることが可能であり、地理と歴史と公民が連携することで、よりＥＳＤとしての社会科授業に近づくことができる。また、他教科や総合的な学習との連携も考えられる。

四　異文化理解をテーマとしたＥＳＤとしての社会科授業の実践

ヴィネットを活用して思考・判断する授業

日本やノルウェーなどの捕鯨国とアメリカ合衆国やオーストラリアなどの反捕鯨国の勢力が拮抗し、捕鯨は世界規模の社会的論争問題となっている。捕鯨という行動様式は、鯨を水産資源とみなす水産資源持続的活用と、鯨を貴重な野生生物とみなす生物保護の価値観で対立している。国際捕鯨委員会（ＩＷＣ）は二〇一〇年に、捕

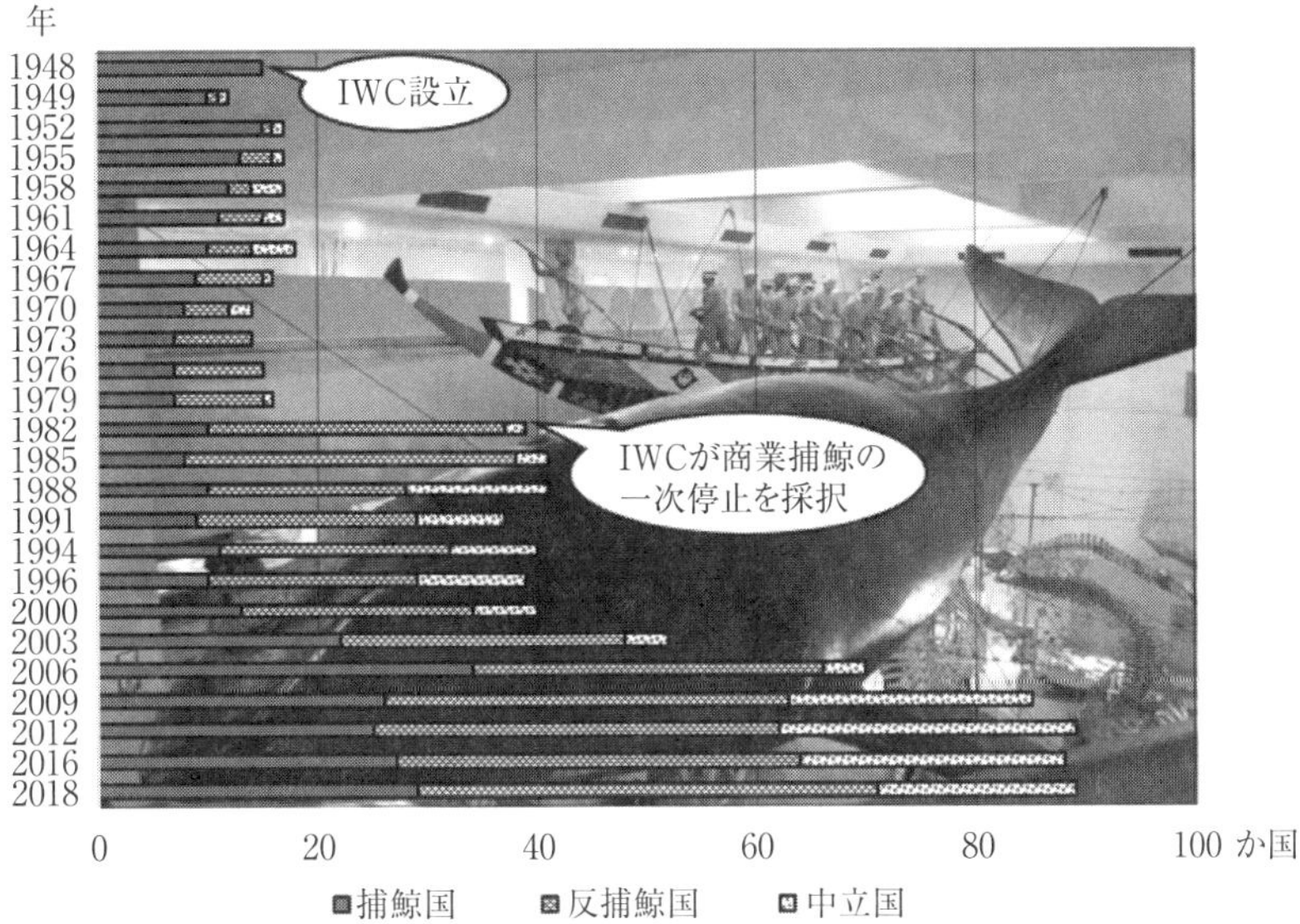

図１　IWC 加盟国の捕鯨に対する考え方にかかわるヴィネット

注：IWC での欠席・投票棄権国を中立国としている。

出所）永田成文「ヴィネットを活用した思考・判断による社会科 ESD 授業――地理教育と歴史教育と公民教育の連携を通して」志村喬編『社会科教育へのケイパビリティ・アプローチ――知識、カリキュラム、教員養成』風間書房、2021年より再掲。

鯨対立の解決に向けた本格的な妥協案として、「捕鯨国の捕鯨を一部認めるが捕獲頭数を大幅に減らすこと」を提案したが加盟国の合意に至らなかった。ＩＷＣが認めている調査捕鯨や沿岸小型捕鯨に対して反捕鯨国の武力行使が実行されるなど、平和と人間の安全保障が脅かされている。捕鯨問題は、人々の価値観と行動様式にかかわり、異文化理解をテーマとしたＥＳＤとしての社会科授業の内容となる。

ヴィネット（vignette）と呼ばれる写真と図表が一体化した短編事例（図１）を活用して、地理と歴史と公民が連携し、それぞれの「社会的な見方・考え方」を働かせて思考・判断する授業を構想することができる。

図１のグラフの背景となる写真は和歌山県太地町にあるくじらの博物館のくじらの模型で、捕鯨の歴史や捕鯨の対立の現状から世界平和に向けた思考・判断を促すことを意図し

ている。ヴィネットから、ＩＷＣが設立された一九四八年はすべて捕鯨国であったが、加盟国が増えるにつれて反捕鯨国が多くなり、世界規模で捕鯨の対立が続いていることが読み取れる。

社会認識にかかわる思考の問いとして、「なぜ世界で捕鯨対立が続いているのか」を設定することで、捕鯨国と反捕鯨国の立地と鯨食文化の有無という主に「地理的な見方・考え方」、鯨のひげなどの代替品の開発や世界的な生物保護の動きという主に「歴史的な見方・考え方」、食料政策や国際関係という主に「現代社会の見方・考え方」が必要となる。社会参加にかかわる判断の問いとして、「ＩＷＣ案をどのように代えていくべきか」を設定し、多文化共生の価値観を踏まえた改善策を構想することで社会参加がなされる。

遠隔会議システムを活用して思考・判断・表現するプログラム

ユネスコは、ＥＳＤとともに、人類共通の宝である世界遺産を次世代に伝えることを目的とした世界遺産教育（ＷＨＥ）を推進している。世界遺産は人間の意図的な保護する活動がなければ、その価値を減じるものが多い。約八割を占める文化遺産は、地域の人々が作り出した文化であり、その背景にある社会の伝統や人々の考え方に迫ることができる。世界遺産の存続問題は、ユネスコの二〇〇四年の国際実施計画フレームワークにおいて、ＥＳＤの重点分野として示された「文化の多様性と異文化理解」のテーマに位置づけることができる。

二〇一六年から二〇一八年の三年間、社会科と英語科と総合的な学習の時間を連携させて、世界遺産の価値や背景を学習者が主体的に探究して、世界遺産を自分とのつながりや他地域とのつながりから捉え、その成果を遠隔会議システムにより伝える異文化理解のプログラムを開発した。ユネスコスクールである三重大学教育学部附属中学校の生徒は遠隔会議でオーストラリアのシドニー郊外のベドポールディング学校の生徒と学習成果を伝え合った。二〇一六年度、第一学年の生徒は地域の世界遺産の特色と価値を考え、オーストラリアの生徒に伝えた。

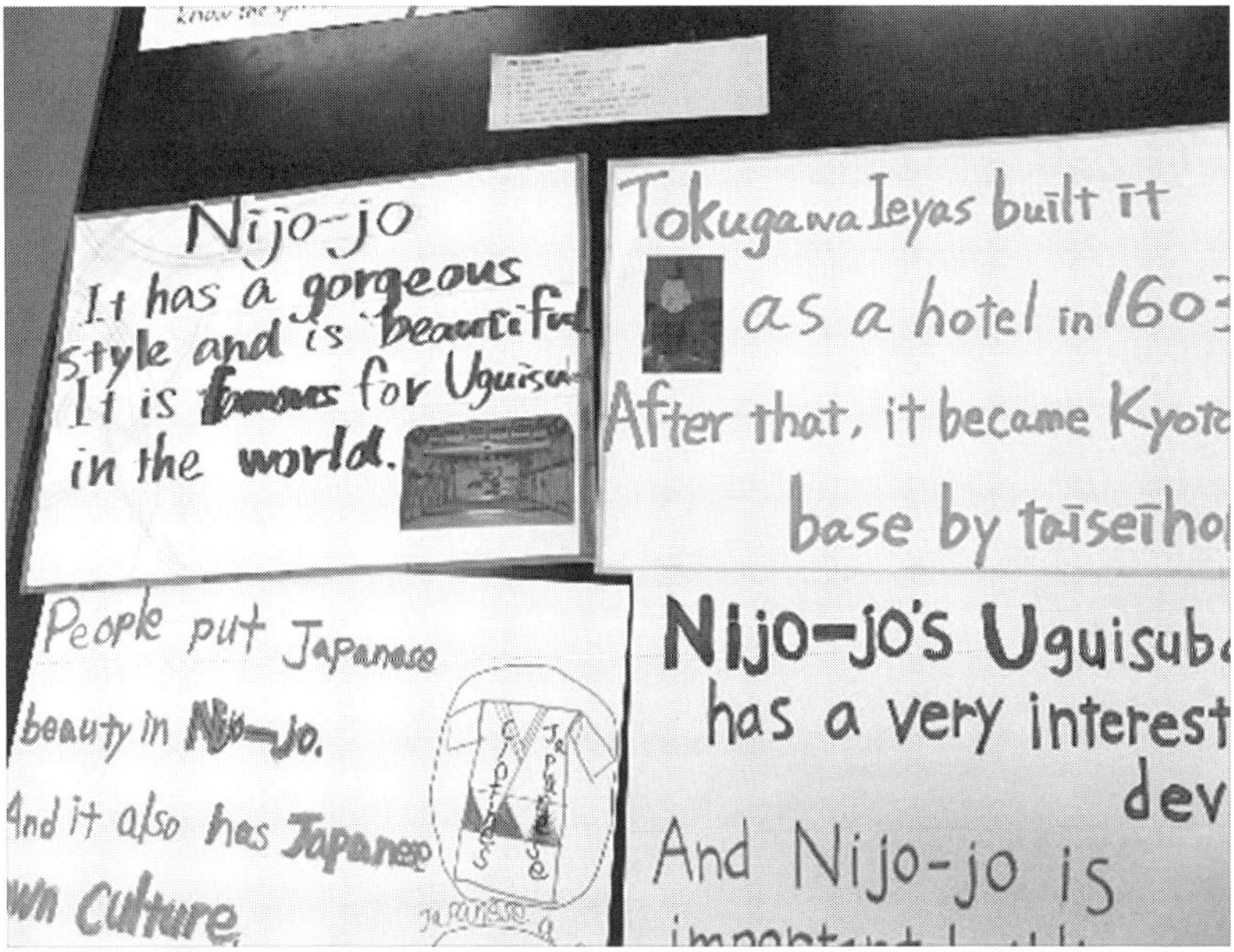

図２　二条城グループのボードの内容

各生徒が２フレーズを担当している。

図３　ボードを使ったプレゼンテーション（2017年）

オーストラリアの生徒の様子がスクリーンに映る。

二〇一七年度、第二学年の生徒は日本の世界遺産をもとに人々の考え方を考え、オーストラリアの生徒に伝えた。二〇一八年度、第三学年の生徒はオーストラリアの世界遺産への対応を考え、オーストラリアの生徒に伝えた。

二〇一七年度の学習過程を事例として示すと、まず、社会科特設授業で日本とオーストラリアの世界文化遺産を通して人々の考え方が読み取れるかを考えた（2h）。夏休みの課題で世界文化遺産（京都・奈良）調べを取り入れ、それをもとにクラス内でチーム分けを行った。次に、総合的な学習の時間で生徒が取り上げたい京都・奈良の世界文化遺産について、特色や価値や日本の人々の価値観を日本語で考えた（1h）。さらに、生徒は英訳とボードのイメージを考え（1h）、オーストラリアの生徒にわかりやすく伝えるために学習した成果を写真やイラストを使った図2のような紙のボードに表現した（2h）。最後に、実際に遠隔会議に参加する選抜クラスの生徒は、英語授業で伝える練習を行い（1h）、遠隔会議で図3のようにグループごとにオーストラリアの同学年の生徒に伝えた（2h）。オーストラリアの生徒は先住民の聖地であるウルルを中心に発表した。

単元の事前と事後に生徒にとった授業アンケートの分析から、世界遺産の特色や価値について関心や認識が深まり、世界遺産を保護する活動に参加する意欲が高まることがわかった。

注

（1）国家の成員と市民社会の一員という二つの側面があり、地域社会を形成する市民を強調する場合は市民的資質と表記される。

（2）上田薫編『社会科教育史資料1』東京法令出版、一九七四年、四六三頁を参照した。

（3）三重大学教育学部における社会科教育学にかかわる卒業論文を対象とした。

（4）小原友行「社会科でこそ育成する「思考力・判断力・表現力」」小原友行編『「思考力・判断力・表現力」をつける社会科授業デザイン　小学校編』明治図書、二〇〇九年、九頁。

（5）唐木清志「社会科授業への社会参加学習の導入」唐木清志・西村公孝・藤原孝章『社会参画と社会科教育の創造』学文社、二〇一〇年、八〇頁。

（6）藤原孝章「アクティブ・シティズンシップは社会科に必要ないか――社会科における社会参加学習の可能性を求めて」『社会科研究』第六五号、二〇〇六年、五三頁。

（7）社会・文化領域に①人権、②平和と人間の安全保障、③男女平等、④文化の多様性と異文化理解、⑤健康（保健衛生意識向上）、⑥エイズ予防、⑦統治能力、環境領域に⑧自然資源（水・エネルギー・農業・生物多様性）、⑨気候変動、⑩農村構造改革、⑪持続可能な都市化、⑫災害防止と被害軽減、経済領域に⑬貧困削減、⑭企業責任と説明義務、⑮市場経済再考が位置づけられている。

第7章　数学教育学

数理認識形成を目指して

木村恵子

【自己紹介】

氏名　木村恵子（Keiko KIMURA）

専門領域　数学教育学

研究テーマ　現代日本の算数科教育に関する初源的研究
　日本の算数科授業における認識形成に関する研究

主な担当講義　初等教育（算数）・算数科教育法

その他　小学校教員養成の算数科教育に関わる科目と小学校の教育実習を担当しています。とりわけ算数科の学び方、算数科を学ぶ目的、価値、指導方法など算数科教育に関する全般です。学校教育が普及し、科学技術が進歩し、社会が成熟してくるにつれて、小学校の教科が担う役割は複雑になり変化してきています。とはいえ、教科学習で変化に応じることは大切ですが、変化しない本質的なところや普遍的なところも大切です。本章では、私が専門とする算数科教育学についてお話をします。算数科教育学は算数を教育する価値、内容と方法を研究する領域です。算数を学ぶ学習者の理解を目指しますから、学習者がどのように算数科を学ぶのか学習者の思考過程や認識形成を考えることがとても大切です。私の最も興味をもっている課題は学習者が算数科の内容についてどのように納得した理解を獲得していくのかについてです。

一　数学教育学へのご案内

数学教育学は教科教育学の一つである。教科教育学は教科を通して人間形成に関わる教育的活動であり、各教科がそれぞれの他の教科では代替できない固有の役割を担っている。数学教育学について考察する前に数学教育が担う固有の教育的役割を明確にしておく必要がある。

数学教育学は、小学校・中学校・高等学校で学習する算数科・数学科の目的、内容、方法、評価を研究対象にしている。小学校での科目名と中学校・高等学校での科目名の違いから算数科・数学科と分けて呼ばれ科目名を併記して表記される。教科教育学での一般名称は数学教育学である。研究対象を小学校に絞ったときに算数科教育学と呼ぶこともある。本章では、広島修道大学で開講している小学校教員免許状取得に関わる科目である算数科教育について述べることにする。

学校教育の主要な目的が「読・書・算」に関わる技能習得であった時代には、算数科は計算技能の習得と習熟をさせることが主要な教育的役割であると考えられた。この目的に従うと算数科教育は、計算の方法を正確に教え、学習者が計算方法を覚えたら、確実に使えるように計算の練習を繰り返し、計算の技能の習熟を図ることが算数科の指導の重点である。この目的を達成するような教科書が必要になるし、教師は計算のやり方を教えて効率よく計算練習をさせることが指導の中心となる。学制が始まった明治時代初期は何より計算技能を育成することが求められた時期である。明治三八年に日本で初めてつくられた算術科の国定教科書『尋常小学算術書』（表紙の色が黒いので黒表紙教科書と呼ばれている）を見ると、主に計算問題で構成されており計算問題集のようである。黒表紙教科書が計算技能の習得と習熟を主な目的としていることがよくわかるつくりになっている。このように計算力の向上によって、最終的に子どもが数量に関わる知識を自由に使って生活の向上を図ることが黒表紙教科書の時代の算数科教育の目的である。

私たちの現在の生活を考えると、桁数の多い計算は電卓などの機器を日常的に利用するので、桁数の多い計算を機器を使わずにする場面は多くない。算数科の授業でもそろばんや電卓などの計算機器を使った学習が取り入れられているが、ここでも桁数の多い計算をする機会は多くない。黒表紙教科書で習熟が求められたような計算力、例えば必要以上に桁数の多い計算は現代の生活で必要とされなくなっており算数科授業で扱われることがない。このように現代では計算技能の育成は算数科が担う教育的役割の一部となり、計算の意味やしくみなどの算数科に固有な教育的役割が求められるようになっている。

現代は情報化社会であり社会がグローバル化したことにより、私たちは常に大量の情報に直面し、新しい情報や文化を受容し適切な対応ができることが求められている。自分の経験したことのない文化や価値観に主体的に関わろうとすることも含まれている。もともと私たちの生きる社会は数、量、図形及び関係の観点をもつ様々な事象や現象に満ち溢れている。対象に主体的に関わるには、私たちを取り巻く事象や現象を数、量、図形および関係の観点で把握し、分析し、表現し、発展させる一連の知識獲得過程を通して、自分自身が現象や事象をどのようにとらえ、どのように対応したらよいのかを学ぶ経験が必要である。算数科は社会に存在する現象や事象を数、量、図形及び関係の観点でとらえ、事象を取り扱う態度を育成する。学習によって経験的に学ぶ過程で自己判断し、自己決定できるようになることが重要である。そして、自分の決定に自分が納得でき、その決定に自信をもてることは最も必要なことである。このような事象や現象との関わり方を算数科では数理認識とも呼ぶ。人間形成を目指す学校教育の教育活動の中で、数理認識の形成は算数科の担う教科固有の教育的役割である。

数理認識の形成を意識した算数科教育は、昭和一〇年刊行の国定教科書『尋常小学算術』（表紙の色が緑色だったために緑表紙教科書と呼ばれる）に見ることができる。緑表紙教科書では、事実を数理的にとらえる考え方を重視している。この教科書ではそれまでの黒表紙教科書と異なり、日常生活場面を問題場面として示し、問題場面から数を取り出し、演算を決定し、立式する過程を学習過程として位置づけている。緑表紙教科書は現代の算数科教科書の原点となった教科書である。緑表紙教科書の中心概念である「数理思想の開発」は現在では数理認識の形成として算数科の教育理念となっている。この理念は「数学的な見方・考え方」として現代の算数科教育の基盤として位置づいている。

二　算数科教育とは何か

算数科を学ぶ目的の変化と数理認識の形成

「何のために算数を学ぶのか」「なぜ算数科を学ぶのか」の問いに答えることは、算数科の目的を明確にすることである。算数科教育の教育理念が数理認識の形成であることはすでに述べた。数理認識の形成を教育理念にもつ算数科教育は「数学的な見方・考え方」の育成を中心的課題としている。これは現在の学習指導要領で明確に算数科の資質・能力として挙げられているところである。算数科は目的として次の二つの知識の獲得を意識している。

一つは、系統的な数学的内容の知識である。一般的に算数科の知識として挙げられるのが内容に関わる知識である。問題解決の結果として得られた知識や技能が算数科の「内容知」にあたる。算数科はこれまで内容としての知識を獲得する教科ととらえられがちであった。問題を解決した結果としての知識が大切であることは誰もが認めるところである。算数科の系統的知識の配列については次節で述べる。

もう一つが、問題解決の過程で働く方法としての知識である。問題解決の過程で解決方略として使われる数学的な考え方に基づいた解決方法そのものが算数科の「方法知」である。従来、数学的な考え方は問題解決の方法であるから、問題解決できることが重要で解決過程での方法が知識として意識されることはなかった。しかし、二〇〇三年のＰＩＳＡ調査の折に、学習で経験したことのある問題であれば問題解決できたが、解決した経験のない問題に対してはどうしてよいかわからない生徒が多くいることが明らかになった。問題解決の過程で活用した解決方法を知識として意識することなしに、未来の予測不可能な社会的事象に学習経験を活用することは難しく、対応しようにもどうしていいかわからない状況が生まれることが明らかになったのである。そこで、算数科の学力として、それまでの結果としての知識のみでなく、知識を得る過程で働く方法を知り、選び、使えることを知識として意識する必要が生まれた。「数学的な見方・考え方」は算数科の知識獲得の方法としてだけでなく、それ自身が学習上の問題解決のみでなく、生活上の問題解決にも活用できる算数科の知識として認識されたのである。

この二つの知識は車の両輪のように双方が関わりあって機能的に働くものである。算数科は教科の系統的知識内容の獲得とともに、その獲得過程で使う方法を課題解決の方法の知識として獲得することを目的としている。算数科の学力はこの二つの知識で構成される。このことによって、人が学習の場でも生活の場でも未知の現象に出会ったときに、現象を数理的な視点でとらえて、自分で課題を把握し、解決する方略を予測し、よりよい解決となるように解決方略を選択し、筋道をたてて解決する、一連の過程をたどって課題解決できる。これが算数科を学習する理由であり、算数科固有の教育的役割である。

算数科のカリキュラムと数理認識の形成

現在、日本では学習指導要領は法的に認められた国家カリキュラムであることから、算数科のカリキュラムに対する研究より教材や学習指導法についての研究が盛んである。算数科のカリキュラムについては、第三回国際数学・理科教育調査で用いられた三つの概念モデルが、カリキュラムをとらえる三つの水準を示している。「意図したカリキュラム（Intended Curriculum）」「実施したカリキュラム（Implemented Curriculum）」「達成したカリキュラム（Attained Curriculum）」である。次にそれぞれについて算数科に即して簡単に解説をする。

「意図したカリキュラム」とは、わが国の学習指導要領のように国家や教育制度で定めた算数科の内容とその配列のことである。背景学問である数学の内容のうち、数学の内容を理解するために最も基礎的・基本的な知識が算数科の学習内容として選ばれている。これらは、数学以外の他の科目の内容を理解する基礎知識になったり、生活事象を考えるための基礎的なツールであったりする。このようにして選んだ算数科で扱う学習内容は、どの学年でどこまで学習するのかを定めて系統的に配列している。内容の選択と配列はカリキュラムの構成原理である。算数科教育は、これまで世界的な算数科教育の研究動向を見つつ、わが国の社会的要請に応じて対応をしてきた。今日では「主体的な学び」の実現を図る態度を目的に取り入れたカリキュラムとなっている。これらは未来社会に必要な数理認識の形成を図るためのものである。

「実施されたカリキュラム」とは、意図されたカリキュラムで計画された算数科の指導内容を教師が理解した上で解釈し、実際の算数科授業として子どもに提供した内容のことである。算数科に対する教師の態度や、具体的な指導など、算数科授業で子どもに提供されるすべてが含まれる。今日の算数科授業は、教師が提示した問題を子どもが解決する問題解決型の授業が中心になっている。

問題解決の授業は、授業のねらいによって「方法型」「特設型」「設定型」に分けられる。「方法型」は問題解決的な学習指導方法を用いて、知識や考え方を獲得させることを目指す授業である。このタイプが最も多く用いられている。「特設型」は問題解決能力の育成に焦点を当てた授業を実施したいときに、最もふさわしい教材や問題を選んで実施する授業である。「設定型」は与えられた問題を子どもが解決するだけでなく、その解決をもとにして、もとの問題の条件を変更した新しい問題をつくり、その問題を解決することによって、発展的に学習をするような授業である。問題づくりの授業がこれに当たる。

「達成されたカリキュラム」とは、計画され、実施されたものに対して、子ども自身が学校教育の中で算数科の授業を通して、獲得した算数科の概念、方法、態度など、算数科に関する獲得した内容のことである。日本の小学生の学力は国際調査の結果から高水準にあると評価できる。一方で、算数科を好きと思う子どもの数は少ない。ここで、学習活動を通して形成される算数科の教科観に注意しておかなければならない。算数科に対して子どもがとらえた教科のイメージは、算数科の指導計画でも授業をした教師の意図でもなく、児童を取り巻く学習環境に影響をうけている。一種の「隠されたカリキュラム」ともいえるものがありそうだということを指摘した研究がある。植田敦三は教科の学習態度を決めているものに「児童が獲得している算数の知識、概念は自ら納得し、理解することなくできるようになっている手続き志向的なものであり、そこには本来寄り添っているべき意味的世界が剥落しており、児童自身が「それは実は何なのか」という問いを自らの行為に対して発しようとしない、発する必要のないことと捉えている児童の姿がある[1]」と述べ、筆算に代表される計算の手続きのように、獲得したのちは「なぜ?」それでよいのかを問い返されることがないので、児童は「なぜ?」を発する必要がないととらえていることを指摘している。これは、これまで述べてきた算数科の担う教育的役割と乖離している。教育計画を授業実践すると、当然のように教師の意図に沿って子どもがある程度の知識を獲得していると思いがちである。「教育計画として教えられる内容だけでなく、児童によって学ばれている内容にも目を向けなければならない」[2]という指摘は、「隠れたカリキュラム」の存在を意識する必要のあることを述べている。具体的には、前述の計算手続きによる知識の活用ができたあとでも、時折「なぜ？　それでよいといえるのか」を繰り返し問い、必要に応じて容易に思考過程を自分自身でたどれるような学ばせ方が必要であることを示している。

学習材の選定と数理認識の形成

学習指導要領の算数科の目標に、数学的な見方・考え方を働かせる場として、「数学的活動」を通して学習することが位置づけられている。カリキュラムに示された指導内容を教師が理解したあと、子どもに誤解を生じないように授業実践をするには、計画する授業に最適の学習材を選ぶ必要がある。

教科書の挿絵や学習指導要領解説算数編に出ている図などの具体的な事例は学習材の選定の手掛かりとなるが、子どもの生活との結びつきは定かではない。子どもの環境や道具など日常的に目にする素材は子どもの身近にあり学習材になりうる。身の回りの現象を数理的に見ることによって、算数科で学んだ数理的な見方を使った課題見つけの経験ができる。日常生活で出会う現象には学習材として機能するものは多い。例えば、コインパーキングやコインランドリー、校舎の高さ、校内の教室配置、通学路の地図などが挙げられる。また、日常生活を数理的な視点で見ることは、他教科の学習で活用される見方とあわせて現象を多面的に見る経験になる。一つの現象を算数科では数理的に、他の教科では別の視点で見ることで現象を見る目を育てることができるからである。

通常教師は黒板やホワイトボードを使い、子どもはノートを使って学習を記録したり作業したりしている。子どもが作業するワークシートなど配布物の大きさは子どもが教室の机の上で作業しやすい大きさで考えられている。ノートの大きさを手掛かりにすると操作に適した大きさが決められる。数学的活動ができる学習材としては、例えばパターンブロックやジオボードなどの構造教具が挙げられる。これらの教具は数学的な構造をもたせることができるので子ども自身で数の構造を発見したり図形の構造に着目したりする学習が可能である。また、近年ではコンピューターを活用した学習ソフトの開発が進んでいる。身近なところでは電卓も操作性の高い学習材の一つである。計算の結果に現れる規則性を考えるなどの学習に活用できる。

これらの学習材を選定、活用する上での留意点を述べる。日常生活の現象を学習材として選ぶ場合も、すでにある操作性の高い学習材を選ぶ場合も、子どもが学習に対して興味をもてるように提供することが大切である。物語のようなストーリーをつくったりゲーム性をもたせたりするような設定が考えられるが、それらが学習の本題につながらないと意味がない。数学的な活動では子ども自身に発見や疑問が生まれるような学習展開になるように教師が仕組む必要がある。その際、子どものそれまでの学習状況や発達状況に配慮する必要がある。学習材は、選ぶときも用い方を考えるときもすべての子どもが本時の学習課題に自分から取り組めるように扱うことが重要である。

日常生活への配慮や操作性、子どもの発達や学習状況への配慮をした上で選んだ学習材を使って授業展開を考えるには、これらをどのように使い、学習内容にせまるか指導法を決める必要がある。次に指導法について述べる。

算数科の学習指導法

算数科の授業は基本的に問題解決型の授業である。問題場面の中で子ども自身が解決する必要があると認識した事柄が本時の課題である。まず、子ども自身が課題を把握し、自分で解決に必要な情報を確認して解決しようと試みる。次に、各自の選んだ解決方法を相互に検討し共通点や相違点を見つける。最後に本時の課題に最適な解決方法を選び課題を解決し、解決方法のまとめとする。このような一連の流れが問題解決過程に基づいた授業である。教師は子どもの思考の整理をし、子ども自身の疑問の種を見つけたり、検討させたりして子どもが自分で納得できる解決に至るようにする。問題解決過程は授業過程であると同時に学習過程でもある。現在『学習指導要領（平成二九年度告示）解説算数編』には、総説で算数・数学の学習過程のイメージとして問題発見・解決の過程が示されている。

　わが国では、毎年夏に日本数学教育学会が研究大会を開き、学校教員及び大学教員が共に実践研究を検討する分科会を設けて実践的研究の質の向上を目指している。分科会で最も多いのは学習指導法である。算数科の指導内容の領域別だけでなく、学習者の認識形成、コミュニケーションなど指導方法に焦点化した取り組みをテーマにした分科会もありバリエーションに富んでいる。学校教員が学校内の校内研修だけでなく、自らの授業実践の向上を目指して実践を発表し検討し助言を受けるなど研究的に算数科の授業力向上のために研鑽を積んでいる。このように誰にでも開かれた実践的研究の発表の場が設定されていることは、わが国の算数科授業の質の高さを保障するだけでなく、実践的研究にすべての教師が取り組む機会を提供することにつながっている。

三　数学教育学を研究する

　数学教育学の研究は数理認識の形成をめぐって展開されている。教育は連続的な営みなので、過去の数学教育の取り組みから学ぶことが現在の教育をよりよく理解することになり、未来への指針を得ることになる。ここでは、私の研究について授業実践に関わって歴史から学ぶ研究と現代をとらえる研究の二つを紹介したい。歴史から学ぶ研究は算術教育史研究と呼ばれている。一つは、算数科教育の転換点となった昭和初期の黒表紙教科書のもとで数理に着目した授業の実現を目指した生活算術実践家の授業実践をもとに、緑表紙教科書に結実するまでの在野で起こった生活算術運動の実体を明らかにする研究である。もう一つは、現代の算数授業に関する研究である。世界的に質の高さで定評のある日本の算数科授業について、質の高さを支える日本の教師の算数授業観をとらえることである。日本型の算数科教育には、これまで教師によって語られることのなかった無意識の部分に最も本質的な算数科の教科観と授業観がある。この研究は教師による授業研究を実体化することを目的とした研究である。

昭和初期の生活算術運動に関する研究

現代日本の数学教育の中心的課題であり続ける「数学的な考え方」の原点は緑表紙教科書（正式名称は『尋常小学算術』）の「数理思想」にある。従来、緑表紙教科書はそれまでの黒表紙教科書（正式名称は『尋常小学算術書』）と異なる算術教育観に基づいてつくられているという定説のもとに、両者は不連続なものとして扱われてきた。しかし、本来教育は連続した営みであるから、二つの国定算術教科書の変遷は連続的に検討されるべきものである。歴史研究として、国定算術教科書の変遷は、同時期の算術教師により展開された算術教育実践と関連づけることにより、連続的にとらえることが可能であるという立場に立つ。この立場に基づき黒表紙教科書から緑表紙教科書への移行過程における後期生活算術運動の緑表紙教科書への影響を明らかにすることを目的として研究を始めた。

私は研究の立場としては、第一次新教育運動の算術教育への表れとしての生活算術運動をその様相から前期と後期に分けた。「数量生活の向上」を目指して実用的な知識獲得のために生活中心の教材による実践に取り組んだ前期生活算術運動に対して、後期生活算術運動はカリキュラムの実践可能性の観点から系統的な算術教育を模索した取り組みとして特徴づけることができる。両者の違いは「私の教育」から脱却し、一般化された「公の教育」という視点の有無にある。[3] この特徴をとらえるには具体的な事例を通して検証する必要がある。

前期及び後期生活算術運動の時代に展開された算術教育実践を映しだす実践家として、成蹊小学校の香取良範に焦点を当てた。香取は生活算術実践家として緑表紙教科書の編纂に間接的に関わっており、あわせて、「公の教育」への視点をもった実践家であったからである。香取を通して、黒表紙教科書のカリキュラム構成原理を明らかにするとともにその実践的課題を検討した。

黒表紙教科書は抽象化された数と数を処理する方法としての計算が指導の中心である。子どもの生活と乖離していることで学習した知識を子どもが生活に活用できないでいたことが大きな課題であった。この黒表紙教科書の実践的課題を、前期生活算術運動期の算術教育がどのように改善しようとしたのかを各地の算術教育実践家の記録から具体的に考察した。その結果、前期生活算術運動は子どもの現実生活を扱うことに実践家の関心があったので、前期生活算術運動期の取り組みによって生じた新たな課題として、数学的な系統性を維持することに目が向きにくかったことが明らかになった。このような前期生活算術運動の課題を後期生活算術運動がどのように改善を図ろうとしたのか、当時の代表的実践家である成蹊小学校の香取良範を事例として取り組みを分析した。その結果、香取は生活を重視する前期生活算術運動の成果はそのまま保持しながら、前期生活算術運動で生じた課題である数学的な系統性の確保をも図る小学校全学年分の指導計画を作成していたこと、指導計画の中には指導原理をもっていたことが明らかになった。

緑表紙教科書編纂責任者である塩野直道の『小学算術』の構成原理を、塩野直道の論考に基づき分析した上で、黒表紙教科書から緑表紙教科書への移行過程を後期生活算術運動の影響という観点から検討した。その結果、従来、不連続なものとして説明されてきた黒表紙教科書と緑表紙教科書との関係は、後期生活算術運動に着目することにより連関過程としてとらえ直すことができることを香取良範の実践を通して例証することができた。また、後期生活算術運動期の代表的実践家である香取良範の算術教育の全体像を明らかにすることができている。後期生活算術運動は新教育を我が国の小学校教師の実践が、国定カリキュラムに影響を与えた稀有な事例でもある。

現代の日本型算数科教育に関する研究

現代の日本型算数科教育、特に算数科授業に関する研究では、実践的な授業を研究素材として、授業を通して子どもの数学認識を育てることやそのことを可能にする教師の職能開発について研究している。これらは、数学的知識を子どもにどのように認識させたかに関わる研究である。教師の数学的知識や技能によって、子どもの数学的知識の理解や認識の到達するレベルは異なっていることが継続研究から明らかになった。日本の授業に対する高い関心は、質の高い授業の実現を目指して世界的な広がりを見せているレッスンスタディが始まりである。これは、スティグラーらの『The Teaching Gap: Best Ideas from the World's Teachers for Improving Education in the Classroom』[4]（以下『The Teaching Gap』と記載する）』の出版に端を発する。ここで紹介された日本型の算数科授業はアメリカ国内で反響を呼び、数学の本質にせまる授業を成立させる学習指導の重要性と子どもの学習理解との関係に目を向けさせる契機となった。その後、世界的に日本型の授業研究が子どもの高い学習理解と学力獲得に効果があることが広く知られるようになり、学校教育を研究対象とする研究者や実践家の興味を引くことになった。このように日本の授業研究への関心の高まりは、授業実践と結びついた研究として、当初アメリカから、次第にヨーロッパ、東アジア、アフリカなどに広がっていった。また授業研究に関する国際学会であるＷＡＬＳ（The World Association of Lesson Studies International Conference）においては、「授業研究」は「レッスンスタディ」として、すでに一般的な研究フィールドとして認知されており、授業研究に関わる国際的な研究者のネットワークが広がっている。このほか、ＩＣＭＥ（International congress on Mathematical

Education）やＰＭＥ（The International Group for the Psychology of Mathematics Education）などでも算数科の授業を研究対象としている。特徴的なのは、日本のように教科の特徴に根差した議論をしようとする動きと、ＷＡＬＳに見られるような教科を超えた教育学的議論をしようとする動きが共存していることである。これらは現在、どちらの視点も同じ分科会で語られるようになっている。教科を超えた教育学的議論は、日本型の算数科授業研究から始まった「授業研究」に新しい視点を加えるものであると同時に「授業研究」の異なったフレームワークを提示している。例えば、ＷＡＬＳでは授業研究がキーワードなので、教科ごとに分かれず、教科を横断的に扱えるようにシンポジウム、論文発表、ポスター発表、ワークショップを企画した会の運営をしていた。日本では、すでに明治時代から授業研究という用語が使われており、「わが国の授業研究は、この教育方法学という学問の一環として行われている[5]」と述べられているように、当初より授業研究は学校教育実践の場で授業改善の手法として取り上げられていた。ただし、明治期の授業研究は近代学校のシステムの中でどのように教師が教授すればよいのかを伝授する目的で実施されてきたので、教師の授業を改善する方向性が現在と異なる。例えば、明治期の授業研究は、黒板やチョークを使った授業のやり方、掛け図や模型の使い方など新しく近代日本に移入した教室での教授方法や教授アイテムの使い方を具体的に教師に教えることが主な目的であった。大正自由教育以降では教師が教授内容以外に子どもの発達や作業を考慮するようになったが、「授業研究」としては教科内容をどのように教えるのかを具体的に知らせることに主眼があった。現代のように教師同士が指導内容に関して相互交流し一つの授業を作り上げるように協力する「授業研究」が盛んになったのは戦後のことである。戦後は授業で扱う教材に対する本質的な理解に基づいた再現可能性のある授業づくりが教師に求められた。授業改善は教師の重要な役割であり、学習者の納得のできる理解を生むことが授業研究の視点となった。このように、授業研究による授業改善の方向性は時代によって異なっている。

日本の授業研究を海外に知らせるきっかけとなったスティグラーらの比較研究で紹介された日本の授業研究は数学授業だったこともあり、日本から指導者を招いて日本の算数科授業にある優れたノウハウを学び、実際の授業実践に採り入れて自国の授業改善を進めようとする動きが東アジアやアフリカ諸国などで盛んである。これらの実践の中には、日本ではなかなか気づくことのできない日本型の算数科授業の特徴をみることができる。このような動きの先駆けとなったのが、ＪＩＣＡによる東アジア地域における授業研究支援やアフリカでの授業研究支援である。これらの支援は相手国の授業改善に貢献したことがよく知られている。

発展途上国以外にもアメリカのシカゴを拠点にしたシカゴレッスンスタディ学会の活動がある。すでに二〇年近い指導実績をもつデポール大学の高橋昭彦の主催するシカゴレッスンスタディ学会は毎年研究大会を開いており、その取り組みは継続的発展的である。高橋は日本の授業研究はもちろん、アメリカの文化や教師について熟知しており、アメリカの教師やアメリカ社会が望む成果を日本型の算数科授業の「授業研究」によって実現することで、現地に「授業研究」を根付かせることに成功している。筆者は在外研究の機会を得て高橋のシカゴレッスンスタディ学会の取り組みを近くで学ぶ機会を得た。日本の算数科授業のどのような点がアメリカの教師が必要としていた点だったのか、どのようにしてアメリカの教師や学校に受け入れられたのかを間近で考察することができた。日本の授業を熟知している高橋が指導する算数科授業研究はアメリカの教師たちから厚い信頼を得ている。日本の算数科授業の特徴を概観すると、子どもに考えさせ、表現させ、「なぜそうなるのか」の理由を考えるように促す。子どもに問題解決で自ら用いた考えの根拠を聞く。高橋はこれらの過程が授業における子どもの理解を促すことを丁寧に説明し、アメリカの教師の賛同を得ている。子ども自身が問題解決過程を自分で説明したり、なぜよいのかを考えたりするような学習形態によって算数科の学び方を学ばせるのは、日本型の算数科授業の特徴である。算数科授業研究のシステムに組み込んで、日本型の教材研究の構造を機能させているのである。このように高橋先生をはじめシカゴのレッスンスタディ学会の活動から日本の算数科授業に不可欠な構造化された授業研究システムを特徴として考察することができた。

シカゴレッスンスタディで得た日本型算数科教育の特徴を、次にイギリスにおける授業研究の取り組みを観察する視点として用いる機会を得た。イギリスのエクセター大学でのレッスンスタディ研究は、シカゴのものとは異なった様相をみせていた。教育学の立場に立って研究のフレームワークを設定した上で、算数科の授業を構成する授業研究である。両者を観察検討することで、日本型の算数科教育は教材について教師の数学的理解の向上を図る教材研究、単元を一つの数学的な指導内容としてとらえる単元計画、単元計画の中になくてはならない要素として位置づけられている本時の授業という三段階の「授業研究」の構成が教師文化に根付いており、算数科の問題解決過程の展開とともに、無意識のうちに授業研究の視点として形成されていることが明確になった。

〔付記〕本稿中の「現代の日本型算数科教育に関する研究」は、木村恵子「日本型の算数科授業研究に関する一考察――シカゴレッスンスタディを例にして」広島修道大学ひろしま未来協創センター編『広島修大論集』第五八巻第一号、二〇一七年、一二三―一三三頁に加筆修正したものである。

注

（1）植田敦三編『21世紀の初等教育学シリーズ　第3巻　算数科教育学』共同出版、二〇〇二年、一〇頁。

（2）同、一〇頁。

（3）平林一榮「日本算術教育史の一過程――作問中心の算術教育」『算数教育』第四〇巻第四号、一九五八年、三四―四四頁。

（4）James W. Stigler & James Hiebert, *The Teaching Gap: Best Ideas from the World's Teachers for Improving Education in the Classroom.* Free Press, 1999.

（5）中野光『（「大正自由教育」の系譜をたどって）学校改革の史的原像』黎明書房、二〇〇八年、一頁。

第8章　科学教育学（微生物生理学、微生物生態学、細菌群衆構造解析）

科学的思考力の育成について

松崎雅広

【自己紹介】

氏名　松崎雅広（Masahiro MATSUZAKI）

専門分野　微生物生理学、微生物生態学、細菌群衆構造解析

研究テーマ　脱窒光合成細菌の環境応答による遺伝子発現調節機構、海洋と南極湖沼の細菌群衆構造解析、菌根キノコの純粋培養

主な担当授業　初等教育（生活）、生活科教育法、初等教育（理科）、理科教育法、保育内容（環境）等、公務員試験（保育士）と教員採用試験（理科・生活科）の担当

その他　高等学校理科専修免許（生物）。農業改良普及員資格、調理師免許、第1種安全衛生管理者免許。修士課程時に就職活動を行い、修了後民間企業（製薬メーカー）に研究員（一年間）として在籍。博士課程時に広島県公務員採用試験に合格し、県職員となる予定であったが、助手ポストが急遽空いたために県職員を辞退した。第四五次南極地域観測隊（夏隊）として南極観測に参加。社会人向け講座の講師や植物公園の講師も行う。乳児から社会人までの生涯学習としてのわかりやすい科学普及活動。

一　専門領域についての一般的な紹介

人類は酸素呼吸を行うことで、有機物から化学エネルギーを取り出し、ＡＴＰ（アデノシン三リン酸）に蓄える。このＡＴＰを使って体を動かしたり、代謝をしたり、様々な生命活動を行っている。酸素が存在しない条件下においてもＡＴＰを合成し増殖できる細菌が存在する。最終電子受容体として酸素を用いずに、またアルコール発酵など発酵とは異なり、電子伝達系や酸化的リン酸化過程によってＡＴＰを合成する。これらは嫌気呼吸とされ、硝酸塩呼吸、硫酸塩呼吸、ＴＭＡＯ（トリメチルアミン－Ｎ－オキシド）呼吸などが知られている。海産物の腐敗臭の原因の多くはＴＭＡＯが分解して生じたトリメチルアミンによる。ＤＭＳＯ（ジメチルスルフォキシド）呼吸も嫌気呼吸の一つであり、ＤＭＳＯをＤＭＳ（ジメチルフルフィド）に還元することにより最終的にＡＴＰを合成することができる。グラム陰性細菌である脱窒光合成細菌は酸素呼吸のほかに、嫌気呼吸である脱窒とＤＭＳＯ呼吸により無酸素条件下でも増殖可能な紅色非硫黄細菌である。ＤＭＳＯ呼吸は細胞内膜と細胞壁に囲まれたペリプラズムに分泌され、ＤＭＳＯ還元酵素がペリプラズムに透過してきたＤＭＳＯをＤＭＳに還元する。細菌細胞内でＤＭＳＯ還元酵素コード領域はｍＲＮＡに転写され、シグナルペプチドをもつ前駆体として合成される。シグナルペプチドは細胞膜を通過する際に切断され、ペリプラズムに分泌された後に活性ある高次構造を形成したタンパク質になる。ペリプラズムは細菌細胞全体の約一〇％の空間を占めており、一つの細胞小器官と考えられている。さらに、ＤＭＳＯ還元酵素は細菌全タンパク質量の一〇％を超える量まで合成され続ける。タンパク質の高次構造形成機構は様々なオルガネラで詳細に調べられてきた。ペリプラズムも細胞小器官の一つと考えられ、ペリプラズムでの高次構造形成機構を明らかにすることを目的とした。

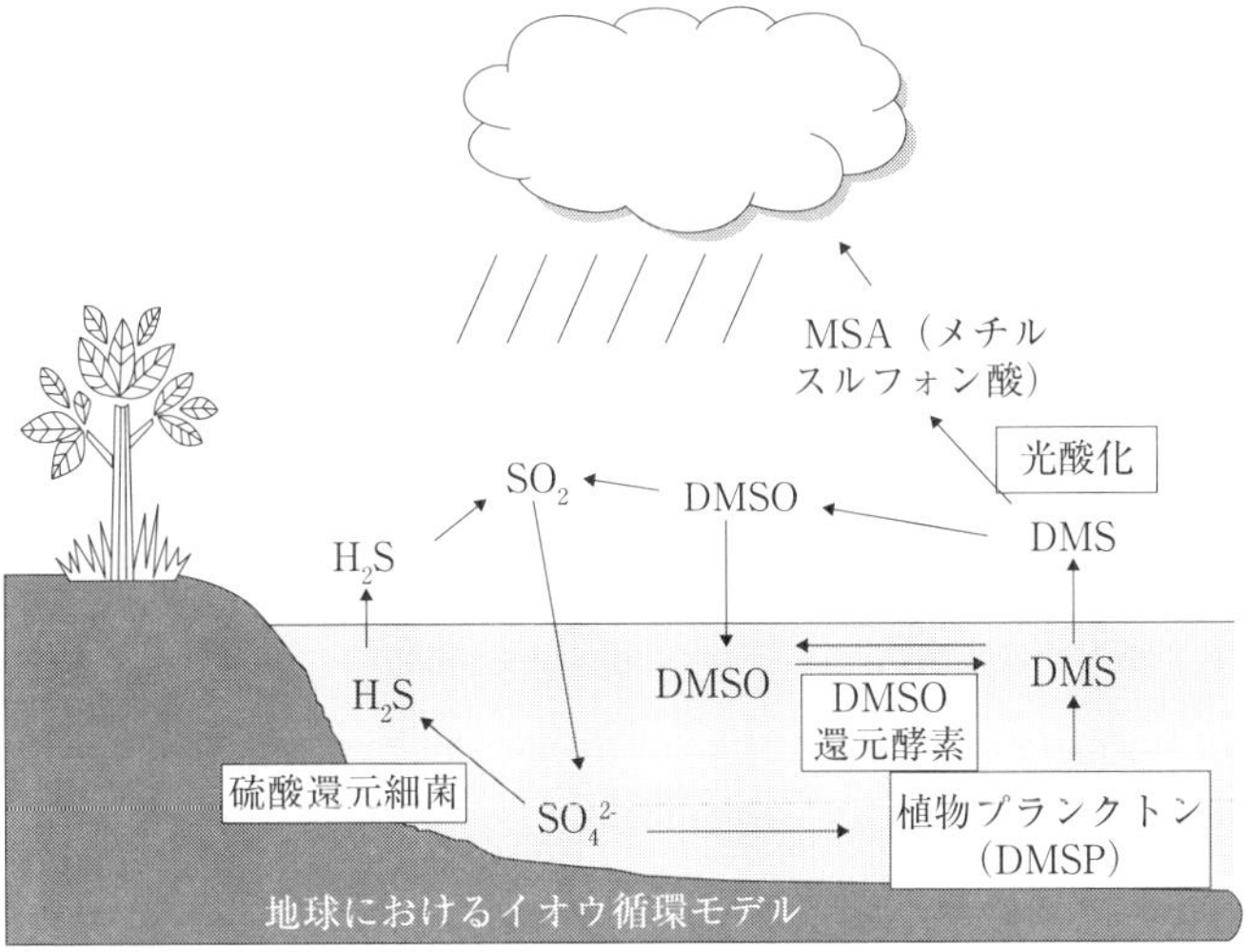

図１　地球規模のイオウ循環の概略図

一方、二酸化炭素やメタンガスによる地球温暖化が問題となっており、地球温暖化ガスとして数多くのガスが報告されている。亜酸化窒素（N_2O）はメタンよりも温暖化係数が高いガスとして、ＤＭＳは逆に地球の寒冷化に関与するガスとして注目されている。ＤＭＳは海洋性植物プランクトンに含まれる浸透圧調節物質と考えられているジメチルスルフォニオプロピオナート（ＤＭＳＰ）が動物プランクトンに捕食され、環境中に放出されたＤＭＳＰが細菌により分解されて生ずる（図1）。生成したＤＭＳは速やかに酸素と反応し、ＤＭＳＯに変換される。一部のＤＭＳは大気中に拡散し光酸化によりメタンスルフォン酸（ＭＳＡ）を生成し、それが雲の核となって雲の形成を促進し、気候変動に影響（地球冷却化）を与えると言われる。ＤＭＳＯはあらゆる水環境に存在し、特に海洋には二二〇ナノモル、湖、河川、雨水中にも一〜七〇ナノモル存在していることが報告されている。ＤＭＳから変換されたＤＭＳＯは細菌の嫌気呼吸系の一つであるＤＭＳＯ呼吸によりＤＭＳに還元される。古細菌の *Halobacterium* もＤＭＳＯ呼吸を行うことが報告され、ＤＭＳＯ呼吸細菌は地球上のいたるところに生息していることが示唆された。しかしながら、海洋環境中のＤＭＳＯ呼吸可能な細菌についての報告はない。

一方、N_2Oは大気中に約三〇〇ｐｐｂの濃度で含まれ、燃料の使用や有機物の微生物分解によって発生する。N_2Oは細菌の嫌気呼吸の一つである脱窒によっても発生し、細胞内においては有機物を酸化するのに使われる。窒素の循環に関しても海洋の貧酸素水域における脱窒の強弱が、氷期・間氷期の気候変動を引き起こす要因として挙げられており、対流圏のN_2O濃度も連動して増減することが明らかになってきた。研究では嫌気呼吸であるＤＭＳＯ呼吸と脱窒が地球規模での硫黄と窒素の循環に重要であると考え、南極湖沼での硫黄循環と窒素循環における建機呼吸の寄与を大量的に明らかにすることができるモデルを構築することを目的とする。

二　研究の軌跡

学生、院生としての活動

私は理学部生物学科植物学専攻に入学し、その当時は大学四年生から研究室に配属され、卒業研究が始まっていた。新規の研究室が四月から開設されることが決まっていたが、すでに新四年生の二名が配属を希望していた。既存の研究室は植物染色体を扱っている研究室、植物の生態学とコケの分類生態学の研究室、高等生物以外の細胞壁をもつ生物の生理・生化学に関する研究を行っていた研究室の三つから選択することになる。三年生までの学生実験では、実体顕微鏡を使ったスケッチや光学顕微鏡で千倍に拡大した細胞のスケッチ等、多くのスケッチが課されていた。焦点を変えて細胞を観察してのスケッチや、顕微鏡で植物体の細胞数を数えてスケッチすることが苦手であった。高校生のときから生物と化学に興味があり、化学科より生き物を扱うことができる生物学科を選んでいたので、植物生理学研究室をなんとなく選ぶように感じていた。三年生の四月に植物生理学研究室の先生が新しく赴任され、植物生理学の授業を受講した。私が四年生になるときから本格的に研究を開始するとのことで、前任の大学での研究を引き継ぐために修士課程に年修了の院生が約二か月間指導してくれるとの情報を得た。その指導を受ける新四年生を募集している話が研究室在籍の院生から私のところに伝わってきた。私は早くから卒業研究が始められること、手厚い指導が受けられることを利点だと考えて、二つ返事で受け入れることにした。四月からの植物生理学研究室への配属と二月からの卒業研究の開始が決定した。卒業論文のテーマは「脱窒光合成細菌のＤＭＳＯ還元酵素遺伝子の分離」になった。内容を簡単に説明すると、脱窒光合成細菌のゲノムＤＮＡを分離精製し、制限酵素で部分切断したＤＮＡ断片をλバクテリオファージのＤＮＡに組み込んだライブラリーから、ＤＭＳＯ還元酵素の抗体タンパク質を使って、ＤＭＳＯ還元酵素遺伝子を分離し、塩基配列を決定することが目的である。

塾の講師をしていたが、二か月間、土曜日の午後と日曜日以外は実験手順を教わり、実験を行って少しずつ研究を進めていった。このときにお世話になった院生は、その年の四月から関東の公立高校の生物の先生として勤務され、毎年年賀状での挨拶があり、近況を知らせてくれる関係が続いている。まもなく、六〇歳の定年をむかえられる予定であるが、海外に頻繁に渡航されるなど精力的である。また、四年次に教育実習に参加し、高校生物の免許も取得した。卒業研究は大学院に進学したことで、テーマは継続し、修士課程の一年次終了まで実験を行ったが、遺伝子は分離できなかった。このままではデータがないまま修士論文を提出することになり、修了できなくなる可能性が出てきたために、指導教員と相談のうえ研究テーマが変更となった。修士二年では三月に修了した院生の研究テーマを引き継ぐこととなった。テーマは「脱窒光合成細菌の新奇低分子Mo-co含有タンパク質の性質」となった。ＤＭＳＯ還元酵素も補欠分子族としてモリブデンコファクター（Mo-co）を一分子、タンパク質内に含んでいる。ヒトなどのヘモグロビンのヘムも補欠分子族である。これまで、Mo-coを含むタンパク質は分子量が八万以上であり、低分子のタンパク質の報告はなかった。ＤＭＳＯ還元酵素の細胞質からペリプラズムへの分泌を研究する過程で、細胞質に存在するＭｏ-ｃｏ含有タンパク質の存在を見出した。引き継いだ段階では、細胞質に存在することは明らかになったが、検出方法等がようやく確立し、定量が容易にできるようになった段階であった。修了まで残り一年間であったが、光合成細菌の培養、菌体の回収と破砕、タンパク質の電気泳動、Ｍｏ-ｃｏの活性測定など、実験することが楽しく思えた期間であった。塾の講師をしていたが、寝る間を惜しんで研究室に長時間滞在して実験を行っていた。修士論文として、低分子Ｍｏ-ｃｏ含有タンパク質の分子量を約四万と特定し、細胞質に存在することを見出した。これらの成果は、査読付き論文として受理され、発表された。

修士課程終了後、民間製薬メーカーに就職活動を経て就職した。研究開発部に所属し、乳酸菌製剤に含まれる細菌種の開発を行ったが、一年で退職した。主な退職の理由は研究を続けたかったことである。企業は営利優先であるために、自分が好みでない実験も進めなければならないこと、チームとして進めていく必要があったが、新人のため積極的に参加させてくれなかったことである。大きな利益を計上している会社であったが、修士課程修了者と四大卒三年目の給料が同額で、賞与は修士修了者が少なかったことも影響した。その年の国家公務員試験一種を受験し、一次試験は合格したが、二次試験が不合格であった。

研究を続けるために研究室に戻りたい旨を指導教員に伝えたところ快諾をいただいた。高校卒業時に受験した大学が不合格となり、一年間予備校に行かずに自宅浪人しているので、合計で二年間ストレートに博士修了者に遅れることになる。博士課程の試験は修士論文の発表と面接であり、スムーズに発表、面接となり合格となった。修士課程修了までの奨学金は一年間民間企業に勤めた結果、返済しなければならない。博士課程修了まで返還猶予を申請し、終了後約一〇年間返済し続けて完済した。博士課程では日本育英会の奨学金を貸与され、博士課程三年次四月まで貸与を受けた。五月からは日本学術振興会の特別研究員（ＤＣ２）に採用され、奨学金を辞退し、特別研究員手当を受給した。博士課程後期のテーマは「脱窒光合成細菌のＤＭＳＯ還元酵素の活性ある高次構造形成機構」となった。研究室を離れて、民間企業に勤務している間に修士課程のテーマは共同研究を進めている他大学に移譲されていた。そこで、助手の先生が異動されるまで行っていた研究を引き継ぐことになった。

特別研究員に採用されるまでは、大手塾の講師として中学生の授業等を担当し、専門学校の講師として理科も担当した。博士課程修了時までに最低二本の論文が受理されることが学位授与の条件となっていたために、バイト以外のほぼすべての時間を研究に費やした。朝は九時には研究室に行き、二三時頃までは実験や論文を読んでいた。大学に九年間在籍したが、四人兄弟の長男であり、今でいうところの相対的貧困家庭であるために、仕送りは最初の半年間に少しだけ送金されただけで、ほぼアルバイトと奨学金で賄った。博士課程修了時までに、修士課程の論文を含めて筆頭著者として三報が論文掲載された。博士課程三年修了時の正規職員となる就職先を考えないといけなかった。特別研究員の採用期間は採用時から約二年間であり、一年間は研究を続けることができたが、その後の予定はなかった。様々な選択肢を考えるなかで、公務員として研究を続けられないかと考え、公務員試験を受験することにした。国家公務員試験一種に合格して、国の研究機関で研究を行うか、広島県の公務員試験である地方上級に合格して研究機関で働くことを選択した。国家公務員試験は一次試験に合格し、東京霞が関に官庁訪問までしたが、結局二次試験に不合格であった。広島県の地方上級試験は最終的に合格し、東広島市の農業技術センターに配属されることが決まっていた。卒業式まで約一か月のときに、急遽研究室の助手の先生が栄転によって異動することとなった。私自身もすでに配属先が確定していたことから、関係のないことだと判断していた。家賃の安い隣の音が筒抜けのアパートを借りていたので、防音がしっかりしたマンションに引っ越しを控えていたが、指導教員から助手にならないかとの打診があった。広島県職員としての採用も決まっていたが、現在の研究が続けられることの方が嬉しく、県の人事委員会に採用辞退の連絡を入れたが、採用に穴をあけたことで激怒されてしまった。四月に助手採用になった場合、特別研究員の研究費の受領ができなくなるために、指導教員と相談のうえ、様々なデメリットもあったが、研究費を優先して五月に大学の助手に採用されることとした。

三　大学教員としての活動

博士課程在学時と同様に研究を進めていったが、教育活動も助手として行うことになった。研究室での学生の指導や研究室の運営についてはほとんど変化がなかった。学部生対応の授業担当として、二年生と三年生の基礎実験と一年生の情報活用演習、教員免許取得学生のための開講科目である生物学実験を担当したが、教育活動の負担増は感じなかった。学生の卒論指導と院生の指導等があったが、脱窒光合成細菌とフタバネゼニゴケとネジグチゴケの三種類の純粋培養系を使って培養するため、野外に採集等に出かけることもなく、実験室の中で研究を続けていくことができた。植物系の四研究室には建物のすぐそばに温室と圃場が与えられていた。研究室に圃場管理が義務付けられていて、約二〇〇㎡の面積が耕作放棄地にならないように維持が求められていた。実験室での研究が主のため、この管理を続けることが難しかった。半分の面積を学生実験用にサツマイモを植えることで負担軽減をはかった。半分の面積は助手の管理となり、様々な野菜を植えて管理することとなった。ただし、植物管理室には一名の技官と技術補佐員一名の二名の職員が常駐していたために、栽培用の畝作りなどの作業委託は可能であった。そこで、土作りから片付け作業までを担うことにはならなかった。この経験が異動後の鈴峯女子短期大学と広島修道大学の担当科目につながっているとは想像もつかなかった。ピーマンやトマトなどの夏野菜、ジャガイモやサツマイモ、タマネギ、ホウレンソウ、ダイコンなど、農薬を多く必要としない野菜を中心に栽培した。管理室の職員に手伝ってもらいながら、少し手のかかる野菜等も栽培し、多くの失敗を経験してきた。この経験も今の講義や演習等に生かされ、無駄な経験や知識はないと思っている。博士課程終了後に結婚し、子どもを授かったことも野菜栽培にさらに興味をもつようになったきっかけでもある。離乳食に混ぜる野菜の品質や野菜の好き嫌いを改善するためにどのような野菜を作ればよいのか、子どもがおいしいと感じる野菜は何かを常日頃から調べていた。子どもが大きくなり、少し手間がかかるイチゴや甘みの強い日本種のホウレンソウなどの栽培にも挑戦し、プロの農家ほどではないが、おいしい収穫物も得られるようにもなった。さらに、民間企業との共同研究では圃場での野菜栽培の経験も実験室内での栽培に生かすことができた。室内では光が弱く、特に蛍光灯を使用しての野菜栽培では、光量が不足して、どの条件を変えているのかわからなくなることもあった。この共同研究は紅色光合成細菌肥料の野菜活性化物質の特定を行うことであった。実験室内の環境において、培地に添加ありと添加なしの条件下での栽培で有意な差が認められるような条件設定が課題となった。研究室には植物栽培用の温室があったが、二五℃の部屋と三〇℃の部屋しかなく、この二つの温度条件において継続的に有意な差が現れなければならない。野菜種の決定や培地、明暗条件など、数多くの条件決定の組み合わせによって安定的な条件決定がなされた。詳しくは記述できないが、光合成細菌の菌体そのものが生育にプラスに影響しているのではなく、細胞外の成分によって植物体の成長が促されていることが明らかになった。

助手に採用されてからの主だった研究は、次のとおりである。二つの論文の紹介をする。専門用語が多く理解できないかもしれないが、ご容赦願いたい。

ペリプラズムはグラム陰性細菌の内膜と外膜の間の空間で、無数のタンパク質が存在する。細胞内においては分子シャペロンが新生タンパク質のプロテアーゼによる分解を阻害し、高次構造形成に関与している。しかしながらペリプラズムに分子シャペロンが存在するという報告はない。そこで、ペリプラズムタンパク質である光合成細菌のジメチルスルフォキシド還元酵素（ＤＭＳＯＲ）を用いてin vitroでのフォールディング系を作製し、ペリプラズムの分子シャペロン様タンパク質の検出を行った。酸変性ＤＭＳＯＲはリフォルディングバッファー中では凝集を起こしたが、大腸菌の分子シャペロンであるＧｒｏＥＬにより凝集は抑制され、さらに還元剤（ＤＴＴ）の添加によりnative構造をもつＤＭＳＯＲに変換することを見出した。ペリプラズムにもＧｒｏＥＬと同様の作用をもつ分子シャペロン様タンパク質があることを見出し、基質結合タンパク質であるＤｐｐＡ（dipeptide transport protein）を分離した。ＤｐｐＡは、in vitroで酵母ミトコンドリア由来のロダネーゼの凝集抑制活性をも示し、生体内でも分子シャペロンとしての機能を担っていると考えた。

　上記で示されたようにＤｐｐＡタンパク質が生体内でも分子シャペロンとしての機能を担っていると考えられた。そこで、ＤｐｐＡ遺伝子破壊株を構築し、ＤＭＳＯ還元酵素が活性ある高次構造を形成できるのかどうかを調べた。遺伝子破壊株は野生株と同様の増殖とＤＭＳＯ還元酵素の合成を示し、ＤｐｐＡタンパク質の欠損によるＤＭＳＯ呼吸への影響は見られなかった。そこで、ＤｐｐＡ遺伝子破壊株のペリプラズムにも分子シャペロン様タンパク質が存在すると考え、さらに二種類の基質結合タンパク質を分離した（ＤｃｔＰ、ＢｚｔＡ）。これらタンパク質の遺伝子破壊株による解析では、各々のタンパク質が欠損してもＤＭＳＯ還元酵素の活性には影響がなかった。以上の結果からペリプラズム空間には固有の分子シャペロンは存在せず、複数の基質結合タンパク質がペリプラズムタンパク質のフォールディングに関与していることが推定された。

四　南極観測隊としての派遣

これまで、脱窒光合成細菌を材料に嫌気呼吸の一つである脱窒とＤＭＳＯ呼吸の研究を行ってきた。同じ植物系の隣の研究室はコケ植物の分類・生態学を研究し、南極観測隊にも多くの隊員を派遣してきた。その研究室の先生から南極湖沼の中の一つに酸素がまったく存在しない水層が存在する池があり、その池の水サンプルがあるが調査してみないかとの提案があった。得られた情報は臭いにおいがする黒い水のみであった。おそらく硫黄細菌が発生させた硫黄により臭いにおいがし、硫黄の粒子が黒くなったのではないかと予想した。調査を開始することに研究室の先生の了解を取り、研究を始めることとなった。

まず、池の水の中にいるＤＭＳＯ呼吸細菌を分離することを試みた。サンプルをフィルターに通して、固体成分を濃縮、回収し、寒天培地上に広げて嫌気条件下で培養した。数週間後、培地上に多くのコロニーが確認された。分離できた細菌のうちの六種類の16ＳｒＲＮＡ遺伝子をＰＣＲで増殖させて分離し、塩基配列を決定してデータベース検索により種の同定を行った。六種類すべてが *Marinobacter* 属の菌種であった。*Marinobacter* 属は海洋に普遍的に存在する細菌である。そこで、海洋におけるＤＭＳＯ呼吸細菌が *Marinobacter* 属であるのかどうかを調べるために、瀬戸内海と太平洋の海水を得て、ＤＭＳＯ呼吸細菌の分離を行った。どちらの海水からも多くのＤＭＳＯ呼吸細菌が分離され、一〇個体ずつ、属の同定を行ったところ、すべてが *Vibrio* 属であった。南極すりばち池には嫌気呼吸系としてＤＭＳＯ呼吸だけが存在し、そのＤＭＳＯ呼吸を行う細菌の優占属は *Marinobacter* 属であった。外洋および瀬戸内海の海水中には嫌気呼吸として硝酸呼吸も存在することと、ＤＭＳＯ呼吸の優占属が *Vibrio* 属であることから、南極すりばち池の細菌相が海洋とはまったく異なることが示唆された。

この南極すりばち池の水を調べたことが南極とのかかわりの始まりである。それまで、南極のことについてまったく知らなかった。水サンプルがあると聞いて、氷ばかりではなく、氷に覆われていない陸地があることを認識した。このことがきっかけとなり、南極について興味・関心をもち調べ始めた。すりばち池の研究を進める一方、南極昭和基地周辺に観測隊員として研究者が派遣されていることを知った。国立極地研究所と共同研究を開始し、極地研究所を訪れて、研究発表を行ったりもした。二〇〇一年頃から生物系の隊員を派遣し、重点的に研究を進めるプロジェクトが始まった。私は大学教員で派遣されるための条件は満たしていたが、学生の指導等や学生実験の授業担当者であるために、派遣は無理だと考えていた。夏隊の一員として派遣される場合、日本出発は一一月二〇日頃、日本帰国が三月末頃の約四か月間、研究室を離れることになる。年度末は卒業論文と修士論文指導や、学科行事などがあり、研究室の先生や院生にも迷惑をかけることになる。研究室の教授の先生に相談をし、環境が整えば参加可能であり、無理だと判断された場合はあきらめる条件で、派遣参加申請を行った。二〇〇三年一一月出発の第四五次南極地域観測隊としてエントリーし、乗鞍岳での冬訓練、菅平高原での夏訓練を経て、予定通りに南極に向かうことができた。理学研究科生物科学専攻の先生方や研究室の院生のサポートによって、四か月間南極地域に派遣研究者として参加できた。これまで一生懸命にやってきたことが評価されて、少しぐらいの苦労であれば引き受けてくれるとの周囲の支援によるものであったと思っている。研究室の先生にも私が不在の間の仕事をすべて肩代わりしていただいた。恩師でもある先生には感謝しかなく、私の大学教員としての師匠だと一方的に思っている。すでに定年退職され、悠々自適の生活を奥様とされているとお聞きしているが、少しでも恩返しできたらと思っている。

五　異動後の研究について

生物系研究室において、教育研究を行ってきたが、最後の数年間はいわゆるアカハラ、パワハラによる精神的苦痛によるストレスが大きい期間であった。家内によると声をかけられないくらい落ち込んでいるように見えたり、時にはうつ病を発症しているのではないかと疑われて病院の受診を進められたりもした。幸運にも研究室出身の先生が退職する際に、後任に私を推薦していただき、女子短期大学に異動することができた。その後、短大法人と修道学園の合併により、広島修道大学の教員となり、現在に至っている。現在、担当している科目は保育内容（環境）、小学校の生活科、理科である。大学で研究していた内容とはまったく異なっている。これらの知識は独学で得たことが多い。専門学校や英会話学校に通いさえすれば、自動的に学力がつくような錯覚に陥っている人もいる。基礎的な内容を教える学校教育の場合には、学校に通っていれば、自然に学力がつくと考えられる。しかし、社会人になってからの勉強や外国語の勉強では、そうはいかないことも多い。学校に通っているだけで安心してしまって無駄にしていることも多い。検索技術を駆使してウェブから情報や知識を引き出すことができる社会になった。これによって、一昔前とは比べものにならないほど効率的に独学を進めることができるようになった。このような環境変化を、最大限に活用すべきである。知識とは人生の選択肢を広げる武器となる。無駄なんて一つもない。

　知識は浅いや深いという縦方向だけでなく、異なる分野を知ることで横方向にも伸びていく。そのとき核となるのが知識であり、その核と核を結んで行くことで知識の幅は広がっていく。「使わない知識は不要」と興味のあることだけしか学ばなければ、知識を広げられる範囲は狭まってしまう。広く浅く学んでおくからこそ、いざというときにその核をつないで深めていくことができる。「いま使わない知識」はあっても、「無駄な知識」などはない。無駄な知識と決めていること自体、学びを放棄しているといえる。最近は政治家や官僚が、「効率」や「成果」ばかりを叫んでいる。他の人から見ると無駄な研究をしていると思われていた研究からノーベル賞を受賞するまで発展していった研究も多い。二〇一六年にノーベル賞を受賞した大隅先生は、オートファジーの研究者である。出芽酵母を用いて自食作用の研究を少ない研究費で行っていた。学会での大隅先生の発表を聞いたことがある。スライドのほとんどが電子顕微鏡写真で、ほとんど変化がないスライドの説明をしていた。質問討議も未解明の部分が多く、答えのない内容の回答が多かった記憶がある。これから進展するテーマかもしれないが、現状未解明な部分が多いと感じた。その後、酵母だけでなくヒトにも同じ現象が見出され、現在では医療系にも応用されている。二五年前には役に立つ研究かどうか判断できなかったが、ノーベル賞を受賞するまでの研究に発展した。うずもれたままの研究も多いが、ノーベル賞クラスの研究かどうかの判断はつかない。すべての研究が効率と成果を求められている。基礎的な研究は必要としないとまで述べる人もいる。役に立つ研究かどうかはいつ決まるのであろうか。役に立たないことを切り捨てる社会にヒトは生き残れるとは思わない。

六　おわりに

大学入学時には、どのような職業に就きたいかという希望や、どのような資格を取得したいかなどの目的をもっていなかった。学生時代も仕送りがなく、すべての生活費を稼がないといけないことから、一、二年生のときは授業終了後に塾に駆けつけていた。ほとんどの土日は塾で過ごし、休みがあると寝ていた。四年生になるときに何となく、研究を続けられたら、自分の好きなことを仕事にできたら幸せだなと考えるようになった。その後自身のやりたいことや興味のある活動を続けてきた。その結果、専門分野ではない内容を授業で教えているし、ＰＴＡ会長の経験も活かされている。無駄だと思えることが、年月を経たのちに、良い経験だと思えることも多い。ぜひ、学生である四年間を有意義な時間とすべく、様々な体験活動に参加してほしい。

第9章　音楽教育学

なぜ音楽を学ぶ必要があるのか？

小長野隆太

【自己紹介】

氏名　小長野隆太（Ryuta KONAGANO）

専門領域　音楽教育学

研究テーマ　子どもの歌唱力をはじめとする音楽能力の発達、子どもに対する音楽アウトリーチ活動

主な担当授業　「保育内容（音楽的表現）」、「初等教育（音楽）」、「音楽科教育法」など

その他　音楽教育を教える、もしくは研究する際に二つの考え方が根底にあります。一つめは、「子どもはあくまで音楽を楽しみ、そして気づいたら音楽を学ぶことができていた」ということを目指すために教育・研究活動を行うことです。これは、大学では音楽教育ではなく心身障害学を学んだ経験が大きいです。卒業研究の指導教員から療育を行う際、「子どもにできないことがあった場合は、それは指導する側の責任だ」と何度も指摘されました。この経験から「子ども自身を原因にすることなく学びを深める」という障害学の考え方の基本が身につきました。二つめは、「音楽を経験したことのないまたは少ない、あるいは音楽が苦手に感じている子どもや学生」のために教育・研究活動を行うことです。研究テーマが「音楽能力の発達」であるのは、音楽を始めたのが高校の吹奏楽部と遅く、それによって苦労した経験も一因であるように感じています。しかし、そういった経験があるからこそそのような子どもや学生の立場に立ち、彼らに必要以上の負担を課さずに能力や実践力を高める工夫ができると確信しています。

表1　小学校の各教科・学年の年間授業時間数

教科	国語	社会	算数	生活	理科	音楽	図画	家庭	体育	道徳	外国語
第1学年	306		136	102		68	68		102	34	
第2学年	315		175	105		70	70		105	35	
第3学年	245	70	175		90	60	60		105	35	35
第4学年	245	90	175		105	60	60		105	35	35
第5学年	175	100	175		105	50	50	60	90	35	70
第6学年	175	105	175		105	50	50	55	90	35	70

表2　小学校音楽科の各学年の年間授業時間数の歴史的な推移

学年	昭和22年度	昭和26年度	昭和33・43年度	昭和52・平成元年度	平成10・20・30年度
第1学年	70	約62～87	102	68	68
第2学年	70	約62～87	70	70	70
第3学年	70	約73～87	70	70	60
第4学年	70～105	約73～87	70	70	60
第5学年	70～105	70～87.5	70	70	50
第6学年	70～105	70～87.5	70	70	50

一　音楽科教育の現状

小学校の各教科・学年の年間授業時間数（表1）を比較すると、音楽科は主要五教科よりも少なく、いわゆる「副教科」の中でも最も少ない部類であることがわかる。また、小学校音楽科の各学年の年間授業時間数の歴史的な推移（表2）を見ると、昭和二六～四三年度改訂までは年間授業時間数に増減があるものの、平成一〇年度改訂から現在まで年間授業時間数が最も少ない状況が続いていることがわかる。

これらのことから、「学校音楽教育は、学習指導要領改訂のたびに、なぜこのようにその存在意義を訴えなければならないのか」[1]という声に代表されるように、学校教育における音楽科の軽視や年間授業時間数のいっそうの削減、あるいは他教科との統合（オーストラリアや台湾などは音楽科が独立して存在しておらずに芸術科に相当する科目にまとめられている）などによって、音楽科は現在消滅する危機に晒されていると言える。

この状況を打開するには、「教科等やその配当時数を決定する行政官や政治家、選挙によって政治を付託する国民一人一人にとって、その意義が明確なものとなっていないからではなかろうか[2]」と述べられているように、音楽教育に携わるすべての人間が「音楽教育の目的」を今一度しっかりと考え、一人ひとりが自身の音楽・音楽教育観から導かれた明確な回答をもつことが必要であると考える。したがって、本章では「音楽教育の目的」について考察していく。

二　音楽教育の目的

なぜ幼児教育の領域や小学校の教科の一つに音楽があるのか、言い換えれば、なぜ幼児・児童は音楽を学ぶ必要があるのかについて、様々な音楽教育者や音楽家は意見を述べ、音楽教育研究者は研究を重ねてきた。後者ではアメリカの音楽教育研究者であるベネット・リーマーとデヴィット・エリオットがこの問いに対して激しい音楽教育哲学論争を繰り広げたことが特に有名であり、音楽教育の目的はこの両者の考え方に大別されると言っても過言ではない。

リーマーは音楽教育の目的を「音楽教育にしかできないことは何か[3]」という視点から考えている。つまり、「音楽に主体[4]」がある＝音楽を中心とした考え方である。このような考え方を本章では「音楽教育の目的は音楽そのものを学ぶこと」として位置づける。

一方、エリオットは音楽教育の目的を「人間の成長のために音楽教育ができることは何か[5]」という視点から考えている。つまり、「人間に主体[6]」がある＝人間を中心とする考え方である。このような考え方を本章では「音

表3　音楽教育の目的に対する考え方の違い

代表する研究者	主体・中心	視点	音楽教育の目的
リーマー	音楽	音楽教育にしか できないことは何か	音楽そのものを学ぶこと
エリオット	人間	人間の成長のために 音楽教育ができることは何か	音楽を用いて 音楽以外のものを学ぶこと

楽教育の目的は音楽を用いて音楽以外のものを学ぶこと」として位置づける。

以上の音楽教育の目的に対する考え方の違いをまとめると表3のようになる。

三　リーマーの考え方（1）

リーマーは「美的教育としての音楽教育は、美的感受性を育むものであるべきである[7]」という立場を貫いており、「美的感受性はその大部分が教授可能なものである[8]」と述べている。つまり、リーマーは、音楽教育の目的は音・音楽を美しいと感じる感受性を育むことであると考えていると言える。そして、リーマーは、「美的感受性」とは①音楽に備わる音響構造（リズム、旋律、形式、和声など）をつぶさに知覚すること、②それに対して感情豊かに反応すること[9]が同時に起こることであり、相互に依存するものである[10]と述べている。

①の音響構造は、小学校音楽科学習指導要領の中ではどの分野・領域でも指導すべき「共通事項」として定められている「音楽を特徴づけている要素」（音色、リズム、速度、旋律、強弱、音の重なり、和音の響き、音階、調、拍、フレーズなど）や「音楽の仕組み」（反復、呼びかけとこたえ、変化、音楽の縦と横との関係など）のことである。

小学校学習指導要領には「共通事項」の指導内容として、「ア　音楽を形づくっている要素を聴き取り、それらの働きが生み出すよさや面白さ、美しさを感じ取りながら、聴き取ったことと感じ取ったこととの関わりについて考えること[11]」と記載されている。つまり、

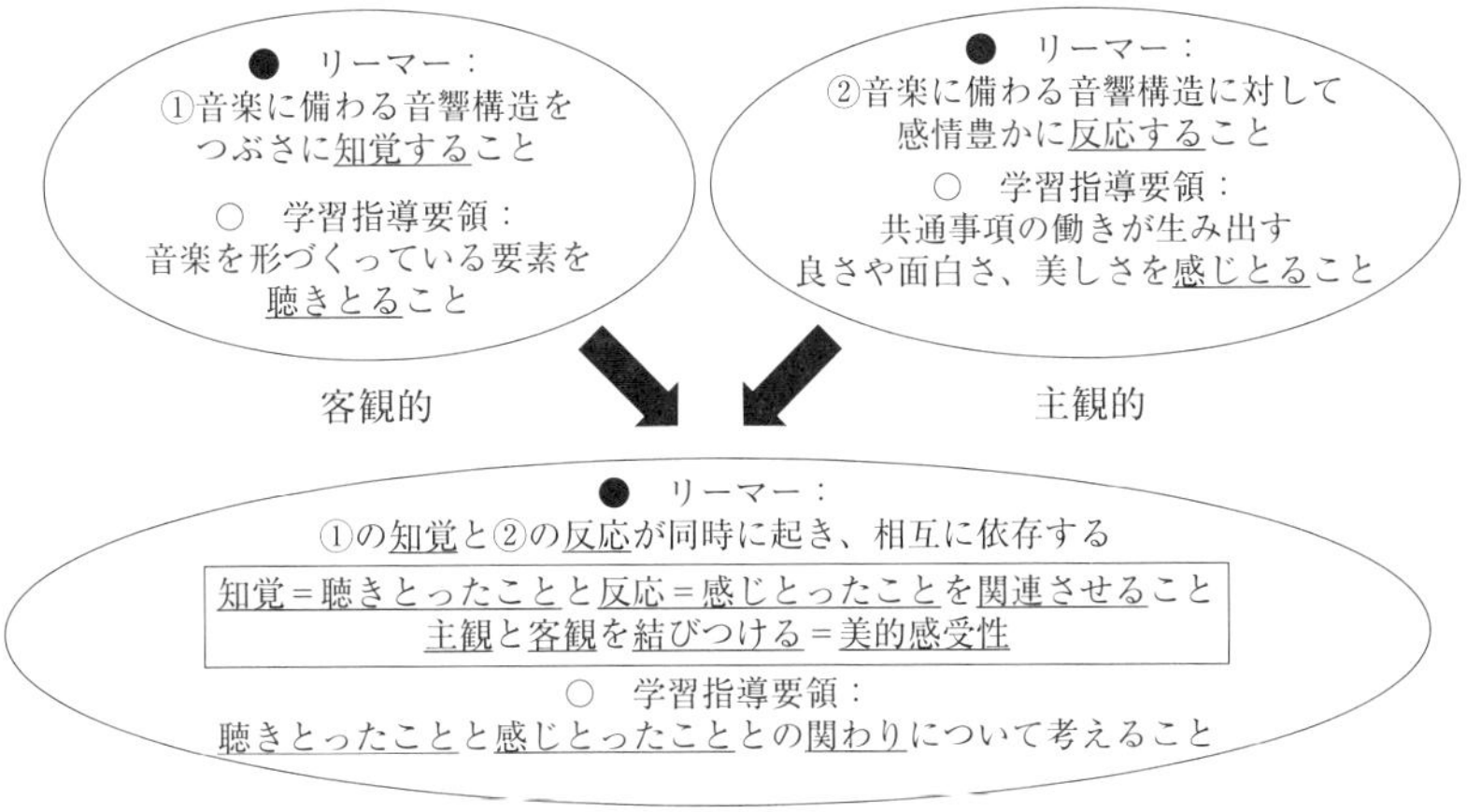

図1　リーマーの考え方と「共通事項」の指導内容の関係

「音楽を形づくっている要素を聴き取」ることは、①音楽に備わる音響構造をつぶさに知覚することと一致している。一方、「共通事項」の「働きが生み出すよさや面白さ、美しさを感じ取」ることは、②音楽に備わる音響構造に対して感情豊かに反応することに一致している。そして、「聴き取ったことと感じ取ったこととの関わりについて考えること」は、①の知覚と②の反応が同時に起き、相互に依存する「美的感受性」に一致している。つまり、「聴きとった」ことと「感じとった」ことを関連させることが「美的感受性」＝音・音楽を美しいと感じることであり、このことが小学校音楽科に留まらず、音楽科教育全体にとって最も重要な学習内容であると言える。

　これについてさらに補足すると、「聴きとる」こと・「知覚」は「客観的」[12]なものである。一方、「感じとる」こと・「反応」は「主観的」[13]なものである。したがって、「聴きとった」ことと「感じとった」ことを関連させることは客観と主観を結びつけることであり、それを行う時に「美的感受性」が生じる＝音・音楽を美しいと感じることができると考える。

　以上のリーマーの考え方と「共通事項」の指導内容の関係をまとめると図1のようになる。

鑑賞活動の場合、例えば伴奏形が八分音符にスタッカートについた楽曲を鑑賞するとした時、ある子どもはその伴奏の短く弾むような音を聴きとったとする。その時にその子どもはわくわくするような曲想を感じとったとする。その際、伴奏の短く弾むような音を聴きとったのでわくわくする曲想を感じとった、もしくはわくわくする曲想を感じとったのは伴奏の短く弾むような音を聴きとったからだと言える。これが「聴きとった」ことと「感じとった」ことを関連させること＝客観と主観を結びつけることである。

その際、鑑賞した楽曲には伴奏形が八分音符にスタッカートについていることは事実であることから、「聴きとること」は客観的なものと言える。その一方、わくわくした曲想を感じとった子どもがいる反面、軽やかな曲想だと感じとる子どももいるかもしれない。つまり、「感じとること」は主観的なものであるだけに鑑賞した子どもの数だけ存在し、子どもが感じとったことはすべて「正解」であると言える。

そして、それぞれの子どもが、伴奏の短く弾むような音を聴きとったのでわくわくするまたは軽やかな曲想を感じとった、もしくはわくわくするまたは軽やかな曲想を感じとったのは伴奏の短く弾むような音を聴きとったからだといったように、「聴きとった」ことと「感じとった」ことを関連させること＝客観と主観を結びつけることができた時、「美的感受性」が生じた＝音・音楽を美しいと感じることができたと言えるだろう。

以上のようなリーマーに代表される考え方を本章では「音楽教育の目的は音楽そのものを学ぶこと」として位置づけているが、それを踏まえて左記の小学校学習指導要領の音楽科の目標を見ていきたい。

> 表現及び鑑賞の活動を通して、音楽的な見方・考え方を働かせ、生活や社会の中の音や音楽と豊かに関わる資質・能力を次のとおり育成することを目指す。
>
> （1）　曲想と音楽の構造などとの関わりについて理解するとともに、表したい音楽表現をするために必要な

技能を身に付けるようにする。
（2）音楽表現を工夫することや、音楽を味わって聴くことができるようにする。
（3）音楽活動の楽しさを体験することを通して、音楽を愛好する心情と音楽に対する感性を育むとともに、音楽に親しむ態度を養い、豊かな情操を培う。

（1）は「知識及び技能」の習得に関する目標であるが、「曲想と音楽の構造などとの関わりについて理解する」ことは知識の習得に関する目標、「表したい音楽表現をするために必要な技能を身に付ける」ことは技能の習得に関する目標である[14]といったように、いずれも音楽に関する知識・技能であることから「音楽そのものを学ぶこと」に当てはまる。

（2）は「思考力、判断力、表現力等」の育成に関する目標であるが、「音楽表現を工夫すること」は表現領域、「音楽を味わって聴くこと」は鑑賞領域に関する目標である[15]といったように、音楽の表現・鑑賞活動で用いられる思考・判断・表現力であることから「音楽そのものを学ぶこと」に当てはまる。

（3）は「学びに向かう力、人間性等」の涵《かん》養に関する目標であるが、「音楽の愛好する心情」は児童が心から音楽を愛好することができるようにするとともに、生活の中で音楽を活かそうとする態度である[16]といったように、音楽を対象とした心の動きであることから「音楽そのものを学ぶこと」に当てはまる。「音楽に対する感性」は音楽的感受性＝音楽に様々な特性に対する感受性であり、具体的にはリズム感、旋律感、和音感、強弱感、速度感、音色感などである[17]といったように、音楽の要素に対する感受性であることからこれも「音楽そのものを学ぶこと」に当てはまる。「音楽に親しむ態度」は我が国や諸外国の様々な音楽、および様々な音楽活動に関心をもち、積極的に関わっていこうとする態度[18]といったように、あくまで音楽に関わる態度であることから「音楽そのものを学ぶこと」に当てはまる。「豊かな情操を培う」ことは美しいものや優れたものに接して感動する、情感豊かな心＝美的情操を培うことが中心であるものの、「学びに向かう力、人間性等」の涵養を目指すことを踏まえ、善なるものや崇高なるものとった他の価値に通じる情操も培うことも含める[19]ことから、美的情操を培うことは「音楽そのものを学ぶこと」に当てはまる一方、その他の情操は当てはまらず、「音楽を用いて音楽以外のことを学ぶこと」に当てはまる。

以上のことから、情操以外の小学校学習指導要領の音楽科の目標は「音楽教育の目的は音楽そのものを学ぶこと」という考え方に合ったものであると言える。

四　リーマーの考え方（2）

また、リーマーは音楽と感情は似ている[20]と考えている。リーマーはそれについて左記のように述べている。

芸術の主要な機能は、人間の感受性という主観的領域を客観的に、したがって、人のわかるものにすることである。芸術は、人間の感情の型や形をその美的特質の中にとらえて表出することによって、これをする。美的教育の主要な機能は、ものごとの美的特質の中に含まれている人間の感情への洞察を、親しみやすいものにすることである。したがって、美的教育は感情の教育とみなすことができる[21]。

リーマーは音楽を、人間誰しもがもつ普遍的な感情を音楽の中の音響構造＝共通事項を通してわかりやすく表しているものとしてとらえていることがわかる。そして、音楽にはそれに触れた人間に対して普段の生活やこれまでの人生で感じてきたその普遍的な感情を想起させる機能があると考えていると思われる。つまり、音響構造＝共通事項を聴きとる・知覚することによって、そこにその普遍的な感情を感じとることが「聴きとった」ことと「感じとった」ことを関連させること＝客観と主観を結びつけることとも言える。このことは「鑑賞者が芸術作品の構造的要素を知覚し、そこに喜怒哀楽といった単なる気分や雰囲気を超えたところにある人間感情の一般的な形式を感じとることができたなら、それはその作品の作者が探求した人間感情に触れたことと同義となる[22]」とも言い換えることができるであろう。

また、リーマーは音楽を「人間感情を探求する手段[23]」ととらえていると考えられる。したがって、リーマーは音楽教育を人間の感情の本質的な部分を理解する教育としても価値があると考えていると言うことができる。

リーマーは、音楽を含むあらゆる芸術がその構造的要素の変化や組み合わせの妙によって、昂揚感や安堵感、緊張や解放、期待や解決などの作用を生み出していると指摘している[24]。これは特に西洋音楽の和声がもつ性質であり、西洋音楽史は和声を探求した歴史であると言っても過言ではないほど、西洋音楽にとって重要な要素である。したがって、西洋音楽の作曲者は特に和声で生じるこのような作用を駆使して人間の普遍的な感情を探求していると言える。言い方を変えると、西洋音楽の作曲者は特に和声で生じるこのような作用がその音楽に触れた人間に普遍的な感情を想起させると言える。

しかし、「これはある音楽が緊張と解放を「表現している」ということとは同義ではない。リーマーのこの主張は、形式としての音それ自体が緊張と解放といった作用を構造として内包している、と解釈されるべきであろう[25]」とあるように、音楽表現と感情表現は必ずしもまったく同じではなく、音楽の中の音響構造＝共通事項が緊張と解放などの感情よりも原始的な作用を「表現」しているのではなく「内包」していると言える。このことから、音楽の音響構造＝共通事項が人間の普遍的な感情を「表現」しているのではなく「内包」していると考えた方が良いと言うことができる。言い方を変えると、作曲家が作曲した楽曲の音響構造＝共通事項を通して「表現」しようとした感情をその楽曲に触れた誰しも感じるということではなく、作曲家が作曲した楽曲の音響構造＝共通事項に「内包」した感情をその楽曲に触れた時に感じる人間もいると考える方が適切であろう。あるいは、作曲家が作曲した楽曲に特定の感情を「内包」していなかったとしても、楽曲の中の音響構造＝共通事項に「内包」されている緊張と解放などの作用によって、その楽曲に触れた人間の中にある何らかの感情を想起させると考える方が適切かもしれない。そのように考えることによって、前述した「「感じとること」は主観的なものであるだけに鑑賞した子どもの数だけ存在する」ということを証明でき、子どもの感じとったことを肯定的にとらえることができると思われる。

五　エリオットの考え方

エリオットは「根本的に音楽とは人々が行うものなのである[26]」と述べているように、音楽を「作品」ではなく「行為」としてとらえていることがわかる。そして、その行為は演奏、即興、作曲、編曲、指揮から成り、とりわけ演奏が典型であるととらえている[27]（エリオットは鑑賞に課せられた部分的な役割も認めているものの、それはあくまでも右記の「より重要」な活動に付随するもの[28]と位置づけている）。そして、その行為を「ミュージキング（musicing）[29]」と呼び、左記のように述べている。

musicing は重要なタームである。それは以下のことをわれわれに想起させる（改めて気づかせる）。すなわち、楽曲が存在するずっと以前から記憶されている演奏（renditions）や即興を歌い奏でるという意味での音楽実践が存在したこと、多くの文化が未だに音楽を人間が行う何ものかと見なしていること、また作曲家や作曲することが音楽的伝統の本質的側面である西洋においてさえ、楽曲は音楽実践者によって解釈、演奏されるまでは無音状態のままだということを想起させる。とりわけ〝musicing〟は、歌唱や器楽演奏によって演奏、即興することが人間の多様な実践としてのMUSIC（多種多様な音楽実践の総体）の中心に存在することを想起させる。[30]

エリオットは「音楽を生み出す行為そのものが重要な意味を有している[31]」と述べているように、音楽活動を行うこと自体が中心であるとともに有意義であると考えている。また、西洋音楽だけでなくこれまで長く継承されてきた民族音楽や即興演奏を多用するジャズなどといった多文化・ジャンルの音楽を対象としていることもわかる。そして、エリオットは「音楽に関わる行為そのものが一元的な思考と知の形式であることを強調した[32]」というように、音楽を「musicer（音楽活動を行う人間）」、「musicing（行う音楽活動）」、「music（その時に生じた音）」、「context（その時の状況[33]）」を包括して一つとしてとらえていると考えられる。

エリオットは音楽教育の目標を「musicingを深めさせること[34]」と述べている。そして、音楽教育によって「個人的有意味性、倫理的成熟、自己成長、自己知、フロウといった究極的自己実現[35]」が成し遂げられると述べている。つまり、音楽教育は音楽を通して「「自己成長」を目指す[36]」教育、言い換えると人間性を調和的・全面的に育む「全人教育[37]」である、とエリオットは考えていると言える。

「フロー」（引用文献35では「フロウ」）とは心理学者のチクセントミハイが提唱した概念であり、「芸術、スポーツ、ゲームなどの行為の最中に感じる喜びの頂点に達する感覚[38]」のことであり、「それ自体が価値のある行為であり（自己目的的）、しかも主体と客体が意識的に分離されることなく（心身一如）、現在進行していることの瞬間瞬間、無我夢中で生きる行為の真っ只中に生じる（いま、ここ）[39]ことである。演奏する際に感じる言語化しづらい充実感や意義深さ[40]がこれに当たるだろう。

以上のようなエリオットに代表される考え方を本章では「音楽教育の目的は音楽を用いて音楽以外のものを学ぶこと」として位置づけているが、音楽教育を通して得られるものの一つには自己肯定感[41]も当てはまるだろう。一方、アメリカを中心に提唱されている二一世紀型スキルであるが、NPO団体「パートナーシップ・フォー・21センチュリー・スキルズ」は二〇一〇年に二一世紀社会に必要な教育内容を「芸術分野における二一世紀スキルマップ」という芸術活動を通した実践的なプログラムに落とし込んだ[42]。そのプログラムを通して身につく具体的なスキルとして、批判的思考と問題解決、コミュニケーション、協調性、国際理解、創造力、柔軟性と適応性、イノベーション、情報リテラシー、自発性と自己管理、生産性と説明責任、リーダーシップと責任[43]が挙げられる。このことから「音楽教育の目的は音楽を用いて音楽以外のものを学ぶこと」への可能性が実感できる。また、それと同時に授業や幼稚園・保育所での音楽活動はもちろんのこと、合唱コンクールや発表会、部活動などでこれらのスキルを実際に学んだ経験をもつ人も少なくないだろう。

六　ミュージッキング

音楽学者のクリストファー・スモールはエリオットの「ミュージキング（musicing）」に似た概念として「ミュージッキング[44]（musicking）」を提唱した。スモールは「ミュージッキング」を「音楽する」という動詞の動名詞形であると示した。そして、シンフォニー・コンサートを「儀式」[45]に見立てながら例に挙げて左記のように述べている。

「音楽する」とは、どんな立場からであれ音楽的なパフォーマンスに参加することであり、これには演奏することも聴くことも、リハーサルや練習も、パフォーマンスのための素材を提供すること（つまり作曲）も、ダンスも含まれる。私たちはこれに、チケットのもぎりや、ピアノやドラムのような重たい楽器を動かすたくましい男たち、はたまた楽器をセットアップしたりサウンドチェックをするローディーたち、それから、パフォーマンスの場から人がはけた後で活躍する掃除夫を含めることすらできる。なぜなら、かれらも音楽パフォーマンスという出来事に、本来、貢献しているからだ[46]。

このように、スモールは「ミュージッキング」を、音楽を表現・鑑賞する人間だけでなくチケットをもぎるスタッフや掃除夫などといったいわゆる裏方・スタッフも含まれる音楽に関する「出来事」としてとらえていることがわかる。

また、「録音されたパフォーマンスやミューザック（ＢＧＭは同義だが、なかでも甘ったるいだけのつまらない音楽を指す）[47]」、酔っぱらった年寄り連中がピアノの周りに集まって粗野なハーモニーで歌う[48]ことなどといったように、スモールは音楽のジャンルや演奏方法・水準なども一切問わず、「ミュージッキング」は「価値判断とは無縁だ[49]」と述べている。

スモールは「ミュージッキングという行為は一連の「関係性」のなかで達成される[50]」と述べている。そして、「人間同士の関係と音同士の関係（さらにはこの二つの関係の間にあるつながり）[51]」や「人と人との結びつき、個人と社会との結びつき、人間と自然界、さらには超自然的世界との結びつき[52]」といったように、「ミュージッキング」はありとあらゆる関係性が対象となっている。

エリオットは音楽の本質を「自己成長、自己認識、フロー[53]」であると主張したのに対して、スモールは「集団の価値観の探求、確認、祝賀[54]」であると主張している。「集団の価値観の探求」とは、そこで行われる「パフォーマンス以外の世界にまで広がる関係のなかに実際に棲み込むことなしに、その世界を経験する」機会を得ること、「確認」とは、パフォーマンスに関わった人たちに「これが私たちの価値観、私たちの理想とする関係なのだ」、「これが私たちなのだ」と改めて認識すること、また「祝賀」とは、「音楽パフォーマンスは自らと自らの価値観を、心地よいものと思わせてくれる」ことを通じ、私たちの自身の存在を肯定し、祝賀することを意味する[55]。

スモールは「私たちはミュージッキングの最中に、正しいと感じられる関係や理想的なつながりを、全身と全感覚器官で経験する。意気揚々とした喜びや何かを達成したかのような感覚は、ここから生み出される。そうすることで私たちは、「これこそが本当の世界のパターンなのだ」、「こここそが私たちが本当に所属している場所なのだ」と感じることができる[56]」と述べている。

教育・保育現場でスモールの「ミュージッキング」が生じている事例として、卒業式などの学校行事で斉唱・合唱する場面が挙げられる。例えばその場で校歌を歌うことによって、同じ学校・園に所属していることを無意識のうちに「確認」していると言える。また、例えば卒業式で卒業にふさわしい歌を歌うことによって、卒業する喜びや寂しさを感じたり、これまでの学校生活を思い出したり、他者に対して感謝の念を抱くとも言え、これが正に「祝賀」であると考える。

また、乳幼児に音楽を通して関わる際にも「ミュージッキング」が生じていると言えるかもしれない。例えば保育者がわらべうたを歌いながら乳幼児とスキンシップをとるだけでも、そこには何かしらの「つながり」や「喜び」を感じることができるだろう。

表4　各研究者の音楽に対する考え方の違い

研究者	中心	音楽のとらえ方	重視する活動	立場
リーマー	音楽	作品	鑑賞	認識
エリオット	人間（個人）	行為	表現	行為（認識に近い）
スモール	人間（集団）	出来事	すべて	行為

七　音楽教育の目的の違いから考える音楽の幅広さと可能性

以上のように、リーマーは音楽を中心に考えていることから、音楽を「作品」という「モノ」としてとらえている。また、リーマーは鑑賞活動を重要視している。そして、吉野秀幸はリーマーの考え方を「知る＝認識の立場」であるととらえている[57]。

一方、エリオットは人間個人を中心に考えていることから、音楽を「行為」という「コト」としてとらえている。また、エリオットは表現活動を重要視している。そして、吉野はエリオットの考え方を「行為の立場」であるものの、「音楽によって現実を知る様式を探求している」ことから「知る＝認識の立場」に近いととらえている[58]。

さらに、スモールは人間の集団を中心に考えていることから、エリオットと同様に音楽を「コト」としてとらえながらも「出来事」というようにいっそう幅広くとらえている。したがって、スモールは表現活動と鑑賞活動の両方、つまり音楽に関するすべての活動を重視している。そして、吉野はスモールの考え方を「行為の立場」であるととらえている[59]。

以上の各研究者の音楽に対する考え方の違いをまとめると表4のようになる。また、各研究者の音楽のとらえ方を図示すると図2〜4のようになる。

このように、各研究者の音楽に対する考え方の違いを理解することによって、幼稚園・保育所での音楽活動や音楽科の授業から合唱コンクールや発表会、卒業式などの学校行事や部活動にいたるまでの幼児・学校教育におけるあらゆる音楽活動の意義を認識することができる。

音楽教育の目的という観点から考えると、リーマーは「音楽そのもの」を「学ぶ」こと、エリオットは音楽を用いて「音楽以外のもの」を「学ぶ」こと、スモールは音楽を用いて「そのいずれかまたは両方」を「体験する」ことを音楽教育の目的としてとらえているとも言えるが、音楽を幅広い概念としてとらえるほど、音楽でしかできないことから離れていってしまう恐れがある。言い換えると、音楽を幅広い概念としてとらえるほど、その時に学習または体験したことは必ずしも音楽でなくてもできるといったことが多くなると言える。しかし、それは逆

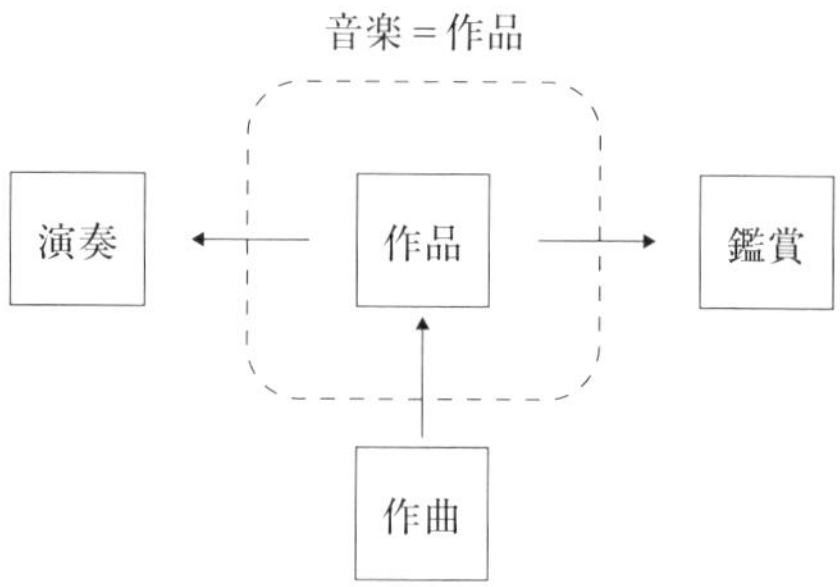

図２　リーマーの音楽のとらえ方

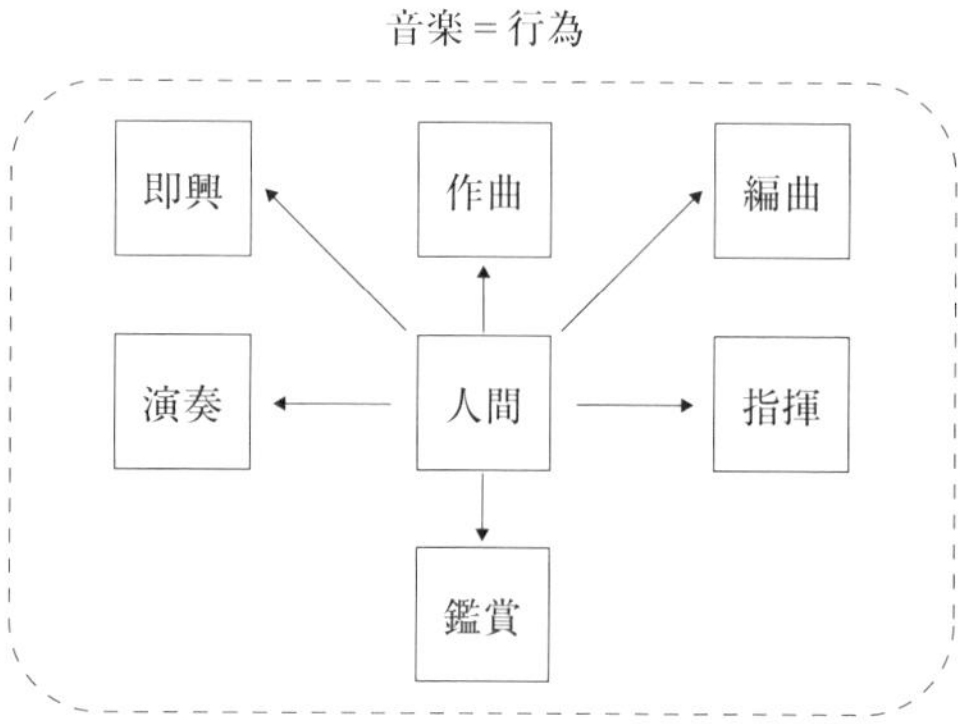

図３　エリオットの音楽のとらえ方

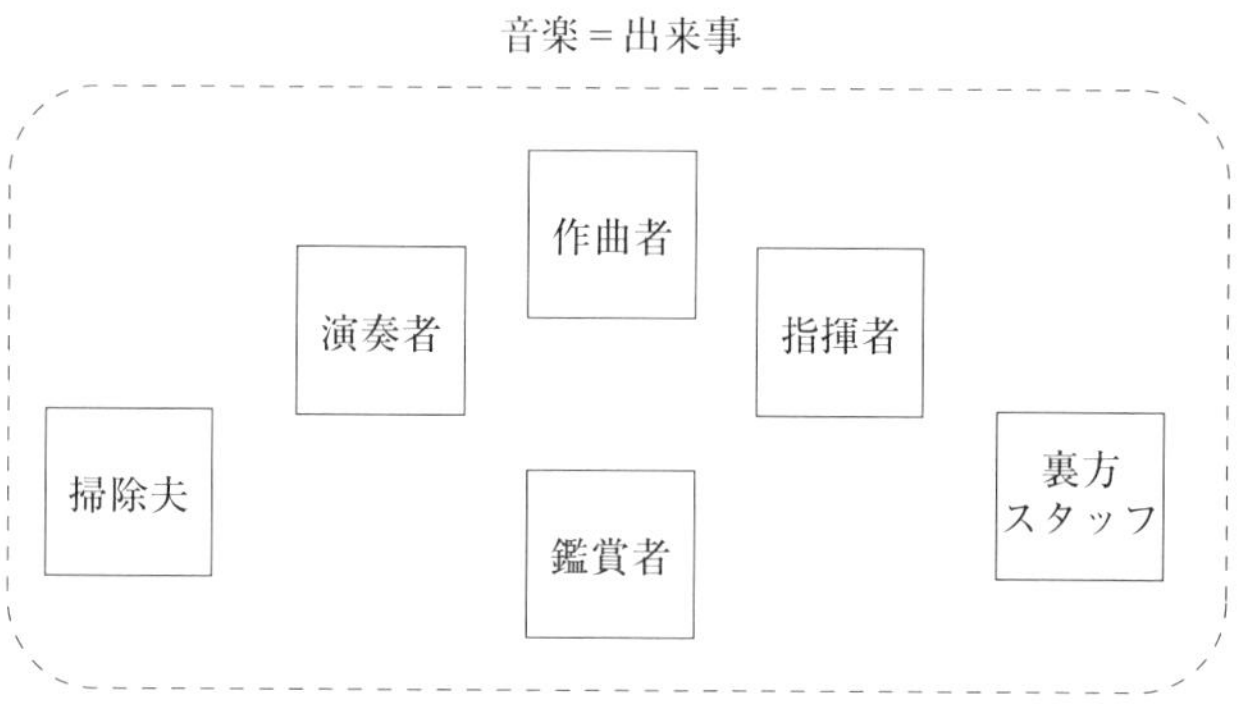

図４　スモールの音楽のとらえ方

に学習・体験したことを他の教科・領域に活用・応用することができる、あるいは学習・体験したことを自身の中で一般化・普遍化できる可能性があることも意味しているだろう。

したがって、音楽教育ではそのバランスをとること、もしくは明確な目的をもって音楽教育活動を行うことが重要であると言える。そして、音楽が幼児教育の領域や小学校の教科の一つとして存在意義を確立するためには、いずれの研究者の考え方であっても音楽でなければできないことを重視すべきであろう。

注

（1）高須一「第1部　これからの音楽科が担うべき役割　これからの学校音楽教育が子どもに担うべき学力とは何か――21世紀型スキルを視点にした創造性の育成」『音楽教育実践ジャーナル』第一三巻第一号、二〇一五年、七頁。
（2）同、七頁。
（3）長谷川諒「Ⅳ　音、コンテクスト、即興演奏を巡る一考察――リーマー／エリオット論争とその後の音楽教育学」（「常任理事会企画　プロジェクト研究Ⅱ　若手研究者が考える音楽教育学の今後――音楽教育学の学際性と専門性」）『音楽教育学』第四六巻第二号、二〇一七年、七〇頁。
（4）小川昌文「第3回音楽教育哲学シンポジウムにみる Aesthetic と Praxis の対立」浜野政雄監修『音楽教育の研究――理論と実践の統一をめざして』音楽之友社、一九九九年、二一五頁。
（5）長谷川、前掲論文、二〇一七年、七〇頁。
（6）小川、前掲論文、二一五頁。
（7）長谷川諒「ベネット・リーマーの一般音楽カリキュラム――その史的意義と今日的意義」『日本教科教育学会誌』第三八巻第二号、二〇一五年、五九頁。
（8）同、五九頁。
（9）長谷川、前掲論文、二〇一七年、六九頁。

(10) ベネット・リーマー『音楽教育の哲学』丸山忠璋訳、音楽之友社、一九八七年、一三九頁。
(11) 文部科学省『小学校学習指導要領（平成二九年告示）解説音楽編』東洋館出版社、二〇一八年、二五頁。
(12) リーマー、前掲書、一四二頁。
(13) 同、一四二頁。
(14) 文部科学省、前掲書、一二頁。
(15) 同、一三頁。
(16) 同、一三—一四頁。
(17) 同、一四頁。
(18) 同、一四頁。
(19) 同、一五頁。
(20) 長谷川、前掲論文、二〇一五年、六〇頁。
(21) リーマー、前掲書、七七頁。
(22) 長谷川、前掲論文、二〇一五年、六〇頁。
(23) 同、六〇頁。
(24) 同、五九—六〇頁。
(25) 同、六〇頁。
(26) 吉野秀幸「音楽教育の理論モデル構想——「認識の立場」を越えて」『大阪教育大学紀要第I部門』第六二巻第一号、二〇一三年、四一頁。
(27) 同、四一—四二頁。
(28) ロバート・ウォーカー（今田匡彦訳）「音楽教育哲学　表現？鑑賞？両方とも？——B．リーマーとD．エリオットの論争をめぐって」『音楽教育学』第四〇巻第一号、二〇一〇年、一九頁。
(29) 西島千尋「音楽科におけるミュージッキング概念の応用可能性」『音楽教育学』第五〇巻第一号、二〇二〇年、一四頁。
(30) 吉野、前掲論文、四二頁。

(31) 長谷川、前掲論文、二〇一五年、六六頁。
(32) 同、六六頁。
(33) 森薫「「音楽的概念」に関する論争の再検討――ジョン・デューイの美的経験論を手がかりとして」『音楽学習研究』第五巻、二〇〇九年、二二頁。
(34) 同、二三頁。
(35) 長谷川、前掲論文、二〇一七年、七〇頁。
(36) 西島、前掲論文、一七頁。
(37) 長谷川、前掲論文、二〇一七年、七〇頁。
(38) 吉野、前掲論文、四三頁。
(39) 同、四三頁。
(40) 長谷川、前掲論文、二〇一五年、六六頁。
(41) 三村真弓・吉富功修「岐阜県古川小学校の「ふしづくりの教育」を支えた中家一郎校長の音楽教育観（2）」『広島大学大学院教育学研究科音楽文化教育学研究紀要』第二五巻、二〇一三年、五一頁。
(42) 菅野恵理子『ハーバード大学は「音楽」で人を育てる――21世紀の教養を創るアメリカのリベラル・アーツ教育』アルテスパブリッシング、二〇一五年、二四三―二四四頁。
(43) 服部慶子・長谷川慶岳・長谷川慎・大石陽介「「音楽」で育成される資質能力――２０１９年度公開講座「法人作品の調べ」におけるリベラル・アーツ的要素」『静岡大学教育実践総合センター紀要』第三〇巻、二〇二〇年、一二五頁。
(44) クリストファー・スモール『ミュージッキング――音楽は〈行為〉である』野澤豊一・西島千尋訳、水声社、二〇一一年、三〇頁。
(45) 同、四五頁。
(46) 同、三〇―三一頁。
(47) 同、三一頁。
(48) 同、三五頁。

(49) 同、三一頁。
(50) 同、三八頁。
(51) 同、四五頁。
(52) 同、三八頁。
(53) 西島、前掲論文、一六頁。
(54) 同、一六頁。
(55) 中村美亜『音楽をひらく――アート・ケア・文化のトリロジー』水声社、二〇一三年、四九頁。
(56) スモール、前掲書、二六三頁。
(57) 吉野、前掲論文、三七―三八頁。
(58) 同、四一―四二頁。
(59) 同、四二―四三頁。

第10章　美術科教育学（絵画制作・美術教育）

美術教育・美術研究・絵画制作

沼本秀昭

【自己紹介】

氏名　沼本秀昭（Hideaki NUMAMOTO）

専門分野（領域）　美術（絵画制作・美術教育）

主な担当授業　小学校の図画工作について学ぶ「図画工作科教育法」、「初等教育（図画工作）」、就学前の幼児造形について学ぶ「保育内容（造形的表現）」と「図画工作表現技術」

その他　幼い時から絵描きに憧れていた私は、大学・大学院の六年間を通して、油絵を専門に学んできた。大学院修了後には、中学校・高等学校の美術や美術予備校の非常勤講師をしながら作家として活動してきた。三〇歳を過ぎた頃、大学時代の恩師から大学で働いてみないかとの誘いを受けた。それまでの制作活動を通して感じていた美術の面白さや難しさ、多様性、奥深さなどの多くの魅力、また美術という表現活動とその指導の際に大切だと考えてきたことを学生に伝え、彼らとともに考えていきたいと思った。現在私は、制作を行う作家と、美術教育研究者の二つの立場がある。制作と研究は、考え方や取り組みなどに共通点も多く、根底では繋がっている。

美術の存在理由とは何であろうか。必ずしも日常生活に必要なものではないかもしれない。

しかし、人類は太古から描く・作るという表現活動を営んでいた。現存する人類最初の絵画は四万年前の後期旧石器時代に描かれた洞窟壁画といわれる。描かれた目的は諸説あり、祈りのために描かれたというものもある。その頃の石器は加工技術が進み、より精巧な打製石器となっていた。道具の進化は、生産性や効率をより向上させた。何万年もの間、人類の表現活動は途切れることなく今日に至るまで続いている。そして人類の生活に豊かさや潤いを与えてきた。つまり表現活動から生み出される美術は人類の歴史と共にあったといえる。美術は決して「高尚なもの」でも、「一部の特別な人のもの」でもない。美術とは何か。美術の教育とは何か。なぜ存在するのか。その内容をさらに掘りさげてみよう。

一　美術教育とは

美術教育の目的とその種類

美術教育について考える前に、まず言葉の意味について改めて確認したい。『日本国語大辞典』によると美術とは、「美を表現する芸術。現在では特に、空間的・視覚的美を表す絵画・彫刻・建築・工芸・写真などをいうが、明治期には詩歌、小説、音楽も含めて広くいった[1]」とあり、教育とは「知識を与え、個人の能力を伸ばすこと。現代では、一定期間、計画的、組織的に行う学校教育をさす場合が多い[2]」とある。教育については「知識を与え」とあるが、『広辞苑』によれば「教え育てること。望ましい知識・技能・規範などの学習を促進する意図的な働きかけの諸活動[3]」とある。教育には「知識」だけでなく「技能・規範など」も含まれるのである。また美術教育については『日本国語大辞典』では「美術の鑑賞と制作を通して、人間形成を目標とする教育[4]」とある。

注目してほしいのは、目的が人間形成という点である。人間形成とは人が人として生まれ、人として育ち、育てられていくプロセスの全体を指す。人間が成長していく過程を指す言葉である。

では、今日の美術教育はどのように行われているのであろうか。美術教育の種類は対象者や行われる場によって大きく次のように分けられる。

・学校教育としての美術教育
学校の美術関係の教科を通じて行われる教育。小学校の図画工作、中学校の美術などが挙げられる。

・美術館の美術教育
専門職による美術教育。作品解説、展示に関するワークショップ、作品の貸し出しなどが行われている。

・障がい児者教育と美術教育
造形活動は「手先の動き」「認識」「感性」「社会性」などの能力と相互に関連している。興味関心が狭くなっていたり、活動が制約されたりしがちな障がい児者にとって造形活動は、より深い意義をもたらしている。

・生涯学習としての美術教育
個人の生涯にわたる美術教育。大学などの公開講座、公民館や民間経営のカルチャーセンターなどによる美術系講座などが挙げられる。

学校教育としての美術教育

ここからは美術教育の中でも誰もが対象となる「学校教育としての美術教育」ついて詳しく紹介する。幼稚園や小学校の教員を目指す人にはぜひ、理解してほしい。

学校における美術教育は大きく二つに分けることができる。それは「美術の教育」と「美術による教育」である。

「美術の教育」とは、例えば小学校の造形遊び、絵や立体・工作、鑑賞、中学校の絵や彫刻、デザインや工芸、鑑賞などの諸活動を支える美術的な造形表現力の形成を目的とする。具体的には平面や立体における表現力、心象表現力などの向上を意図して行われる。さらに構想力、鑑賞力、各種の技法の理解、技術・技能獲得、美術理解、美術作品の理解、美術作家の理解などの力の獲得も見込まれる。内容は学習者の年齢が上がるにつれ、徐々に細分化され、より専門的かつ高度なものへと深化する。

一方、「美術による教育」は主に普通教育（生活するうえで必要な基礎的な知識、技能、態度を国民に習得させる教育）として人格形成を目標とするものである。「美術」を教育することそのものを手段とし、心で捉え、手を動かし、頭で考える活動を通して、人間が人間として生涯にわたって生き抜く力、つまり「人間力」を養うことが目的である。具体的には自己理解力、他者理解力、豊かな感性、情操、コミュニケーション力、チャレンジする精神などがある。これらは必ずしも視覚的にわかりやすい形で作品上に表れるとは限らないが、作品が見るものに訴えかけてくる「力」となる。そして、答えが一つとは限らない美術だからこそ、感性の多様性を踏まえた人間力の伸ばし方ができる。それが学校教育の中に教科として図画工作・美術がある大きな意義であり、また教科としての魅力でもある。したがって就学年齢が低い学校種ほど、重要視しなければならない内容だと考える。

このように学校教育としての美術教育では「美術の教育」と「美術による教育」が互いに影響しあう緊密な関係にある。

「美術の教育」や「美術による教育」は最近になって始まったことではなく、それぞれに歴史をもつ。「美術の教育」は、教師が学習者を教え導くという視点から捉えると、中世ヨーロッパの徒弟関係が、その典型である。徒弟関係とは、教師に指導されて実地の訓練を通じて積み重ねる学習の制度である。生涯教育としての美術教育の中で大人を対象としたカルチャースクールなどはこの要素が強い。

「美術による教育」は、日本では、普通教育の美術教育として明治初期一八七二年公布の学制から始まる。当初は画学や罫画と呼ばれ、一八八一年の小学校教則綱領からは図画という名称が用いられるようになる。教育の内容は主に手本を正確に写し取るものであった。大正中期、洋画家山本鼎《かなえ》によって自由画教育が提唱される。これは手本に則ることなく、自らが見て感じたものを自由に描くことを重視するものであり、個性を尊重し自由な感性を重視する美術教育の理念として、現在まで影響を及ぼしている。「美術による教育」は、時代の要請や変化を受け、今もなお進化の過程にあるといえる。

情報が溢れかえった現代では、人は本当の意味で独自性を保つことは難しい。例えばインターネットやＳＮＳなどを通じて、他者の意見や価値観を自分自身のものだと容易に勘違いしてしまうこともある。そのような社会だからこそ、自らの考え方や感性を働かせ、独自性を保ちつつ、造形の意味や価値を作り出すための能力を養う美術教育は、今後ますます重要となっていくはずである。しかしながら、教育の現場では図画工作の授業時間数の減少により子どもたちの活動する時間が減り、教師は時間内に知識・技能に関する幅広い指導をすることが難しくなっている。指導面では図画工作に苦手意識をもつ教師による、ともすれば画一的になりやすい指導や、評価面では昔ながらの作品至上主義の名残など、その問題点は少なくない。大学生に最初の講義で「図画工作・美術」は好きだったかと質問すると、例年半分以上の学生が苦手だったと答える。その理由をたずねると、「見たように上手に描けないから」という意見が多数を占める。苦手意識をもつ学生たちは、写実的な表現ができるかどうか、という極めて狭い一つの美術の価値観によって、自分は図画工作・美術が苦手だと判断しているのである。このことは、幅広く奥深い美術の世界について十分に触れていない現状があることを意味する。苦手意識のある学生に対しては、結果としての作品を評価するのではなく、製作過程における興味や関心、意欲、態度などの取り組み姿勢について具体的に評価することで、段々と苦手意識が解けてくることが多い。つまり「美術の教育」にだけ視点が向きやすく、「美術による教育」は見過ごされやすいという現状があるということである。美術教育を通して、児童生徒がどれだけ考え、工夫し、決断し、人間としての資質を向上させたかということを教員は常に自身へ問い続けるべきであろう。

二　私の研究領域

私の研究領域である美術教育と絵画制作それぞれについて紹介・解説する。

美術教育の研究

美術教育を研究領域の対象として捉えた場合、その内容は美術教育の歴史や美術と発達段階との関係、授業内容や指導法、絵画・彫刻など多岐にわたる。私はこれまで、作家論（主題とその表現の特徴について）、絵本作家とその特徴、絵画の指導法、絵画・彫刻などの作品鑑賞、発達段階を踏まえた教材内容とその指導方法などの研究を行ってきた。これらは、人間はなぜ絵画などの表現活動を行うのか、その根本的な意味を追求する作家論から、学校教育として美術教育の指導や内容に触れる具体的なものまで幅広い。しかし、それらは根底の部分では同じテーマで繋がっている。そのテーマとは「表現活動は人間の本能的行為であること」であり、すべての研究の基礎となる重要な視点だと考えている。一歳を過ぎた子どもたちは、誰に言われるでもなく、伸び伸びと自分の思うままに好きなように線を描く。幼い子どもたちが体全体を使って描く心地よさを感じ、手の動きから生まれる描画の痕跡に興味をもつように、人間には本能として表現する喜びが備わっていると考える。

参考として、美術教育の研究領域にはどのようなものがあるのかを紹介する。辻泰秀は二〇一二年の論文「美術教育の内容と方法——教師教育の基盤[5]」の中で、次のように一三の研究領域にまとめている。私の研究は大きな捉え方をすると「絵画・版画領域」、「鑑賞教育及び美術館教育」、「教員養成学部における美術教育・教師の力量形成」などに該当するものと考える。

- 美術教育の意義・理念・目標を示す「美術教育論」
- 学校教育における美術教育の歴史を示す「美術教育史」
- 幼児~児童~青年期といった描画の発達の筋道を示す「発達研究及び科学的リサーチ」
- 海外の美術教育論を理解する「諸学国の美術教育」
- カリキュラム、教材や指導の実践内容を示す「授業実践」
- 絵画指導の内容と方法を示す「絵画・版画領域」
- 彫刻指導の内容と方法を示す「彫刻・彫塑領域」
- デザイン学習の内容や方法を示す「デザイン領域」
- 映像メディア表現の学習の内容や実践例を示す「映像メディア表現領域」
- ものづくり教育の内容や実践例を示す「工作・工芸領域」
- 鑑賞指導の内容や方法を示す「鑑賞教育及び美術館教育」

・造形あそびのねらい・特徴を明らかにし、現代美術の教材化を試みる「造形あそび及び他領域」
・教員養成学部における実践や授業改善について、また現職教員の研修の目的や実際に取り組まれている状況などについても明らかにする「教員養成学部における美術教育・教師の力量形成」

絵画制作

絵画には油絵、日本画、水彩など様々な表現方法があるなかで、現在私は主に「ミクストメディア」という表現方法を用いて制作している。ミクストメディアとは複数の絵画技法を組み合わせて作品を制作する比較的新しい分野である。作家によって、絵画技法の組み合わせは様々である。私の場合、木製パネルの上に、墨、木炭、油性・水性マーカー、アクリル絵の具、ペンキなど、様々な画材を組み合わせて描画する。土や布、流木などをそのまま画面にコラージュ（貼り付け）することもある。画面上をバーナーで焦がしたり、チェーンソーで削ったりすることもある。体全身を使っての制作行為は、大作になればなるほど、苦労も伴うが、自分の想いが形として表れる過程は、とても楽しい。鑑賞者から「これは絵画なのですか」と確認されることがたまにあるが、私の中では、学生時代に描いていた油絵と制作の意識は全く変わらない。絵画として制作している。筆を使って好きな色を、描きたい位置に、描きたいように描くのと同じような感覚で、土を撒き、布や流木を貼り、画面上を焦がしたり削ったりしている。描きたい世界を追求していくなかで、油絵から徐々に今の制作方法であるミクストメディアへと自然に変化していった。まだ見慣れないかもしれないが、私が制作するミクストメディアの作品は美術界において決して少数派ではない。機会があればぜひ実物の作品を見てほしい。

また、私は水彩などミクストメディア以外の技法で作品を制作することもある。同じテーマで制作しても技法の違いによって、作品の雰囲気は大きく変わる。その違いを見比べ自分の作品に対するイメージを再確認するとともに、今後の制作の方向性を検討している。その繰り返しの中で、作品は成長していく。こういった試行錯誤の取り組みは私だけではなく、多くの作家も同様であり、それぞれが主とする絵画技法をもちつつも、いろいろな絵画技法を用いて、自身の絵画を追求している。

「ミクストメディア」以外の絵画の種類について代表的なものを次に紹介する。

【油絵】

麻や綿を木枠に張ったキャンバスに油絵の具で描く。絵の具は顔料を植物油で溶いて作られている。絵の具は乾燥に時間が掛かるが、光沢感、絵の具の盛り上げや重ね塗りによる重厚感など表現の幅が広いのが大きな特徴である。乾燥すると堅牢なものとなり、耐久性に優れる。

【日本画】

和紙や絹に、色のもととなる顔料を液体にした膠《にかわ》で溶いたもので描く。ラピスラズリや珊瑚・メノウなどの鉱物からなる日本画の顔料は「岩絵の具」ともいわれ、宝石のような色彩の美しさは日本画の魅力でもある。膠とは、動物の骨や皮を煮込み、繊維質の高タンパク排出液であるコラーゲンを濃縮し、固めて乾燥させたものである。「日本画」という言葉は、明治時代に外国から入ってきた油絵と区別するために生まれた。

【水彩画】

水彩紙といわれる専門の画用紙に水彩絵の具で描く。水彩絵の具は大きく透明水彩絵の具と不透明水彩絵の具に分けることができる。透明水彩は紙の白さを生かし、薄く淡く色を塗り重ねていくのに対し、不透明水彩は紙の色を気にせず、積極的に絵の具を塗り重ねていく技法となる。ともに絵の具の乾燥が早い。

【版画】

板や銅板などに加工を施して版を作り、インクの転写などによって同じ図柄の作品を複数枚にわたって制作する形式である。日本画や油絵などは直接的な技法であるのに対し、版画は間接的な技法ともいえる。版の加工の違いによって凸版画、凹版画、平版画、孔版画と大きく四つに分類される。

【水墨画】

和紙に墨で描く。中国・唐代に成立し、日本には鎌倉時代に禅とともに伝わり、その後独自の発展を遂げた。「墨に五彩あり」といわれるように、濃淡、滲みやぼかしなどを駆使し、奥深い空間感や立体感、幅広い色彩感などを表現する。制作時間は他の絵画技法と比べると比較的短い傾向にあり、完成まで一気に描き切るものが多い。

現代の美術界では日本画、油絵など技法の違いにとらわれず、壁に展示可能な絵画はすべて大きく括り、「平面作品」として捉える視点もある。

三　研究テーマ

自身の研究テーマについて具体例と共に紹介する。

作家についての研究

私の主な研究の一つに、作家についての研究がある。特に絵画の領域で興味関心を惹かれる作家の魅力を解明すべく研究に取り組んでいる。これは私自身が作家活動をしていることも大きく影響している。なぜかわからないが心惹かれる・気になる絵、すさまじい絵描きとしての生涯、何を考えているのか、どうしてこのような絵を描いたのかなど、興味関心の対象は描かれた絵画だけではなく、作家の生き様や独自の思考、表現方法についてなど様々である。優れた作家は絵を描くことに驚くほどに純粋である。絵は思考の表れであり自身の哲学そのものである。しかし多くの作家は自分の内面を絵画に表すものの、自身の絵に関する詳細な言葉を残すことは少ない。絵画の特徴や画風の変遷、作家の言葉や、作家を取りまく時代背景などを手掛かりに作家は人生をかけて何を表現しようとしたのか、それにどう取り組んでいったのかを研究し、作家と、生み出された絵画について、より深く理解したいと考えている。

研究対象には、筆跡や絵の具の厚みなどで作家の感情を表現しやすい油絵や水彩などで制作している、また環境や時代背景が想像しやすい近現代の作家が多い。自分と同じ絵画領域であり、もともとの自身の興味関心が影響していると考える。描写の傾向としては技術・技法が高度であり丁寧かつ繊細に描かれたものよりも、作家の息遣いが感じ取れるような筆跡、筆速、筆運びで描かれたものが多い。それらの痕跡をじっと見つめていると、作家の制作過程が心の中に映し出され、自らもその制作を追体験しているような心地よい感覚をもつことがある。そこから作家の気持ちに想いを馳せる。人間として素朴で人間臭いなかにも、揺るぎない信念や強い情熱をもつ作家に憧れる。その作家が何を考え、どのように制作に向き合ったのか、研究を通してその内面を垣間見たい。

洋画家　熊谷守一

明治大正昭和と生きた熊谷守一は極貧生活の中、五人の子どものうち三人を早くに亡くしている。何らかの「売るための絵」を描けば売れるものの、「絵が描けない」といって、そのような状況下でも自分が納得する絵を描くことにこだわった。絵が売れ始めたのは五〇歳を過ぎてからである。晩年二〇年間は自宅の敷地から出ることなく、また人が多く来ることを嫌い文化勲章も辞退している。前半生は親として、人としてどうなのか、と問題も感じられるが、同じ絵を描く人間としてはなぜそこまで純粋に制作に向き合えたのかと、驚嘆すると同時に、その絵を描くことへの厳しい覚悟に敬意を抱くのである。そこには才能を認める仲間や妻の理解と援助に支えられながら、対象を観察する科学的な思考をもとに、周りに流されることなく、自分を信じて自分の絵を描こうとする強い信念があった。そこから守一様式と呼ばれる独自の赤い輪郭線と鮮やかな色面による単純化された、新しい価値をもつ絵画が生み出された。何気なく描かれたような、その赤い輪郭線には色味、描画方法、周りの色との組み合わせなど様々な必然性から生まれたものであったことが研究を通して明らかになった。

絵本作家　荒井良二

絵本作家にも優れた作家が多い。一枚の絵画とは違い、絵本は複数の絵を用いて作家の想いを表現しようとする。そのためには一枚ずつの絵はもとより、初めから終わりまで全体を通してみた絵の構図・視点・描画方法・色彩の変化の工夫が必要となる。そこには日本古来の絵巻物との共通点を感じる。優れた絵本は絵が文の世界を、文が絵の世界を広げ、互いに相乗効果をもたらす。絵と文は同じ作家が担当する場合とそうでない場合があるが、絵と文をともに同じ作家が担当した絵本には、特にその作家のもつ特徴が表れる。絵本には絵画としてのなにかしら新たな可能性を感じている。

荒井良二は児童文学の世界で最高の栄誉の一つとされるアストリッド・リンドグレーン記念文学賞を日本人で初めて受賞するなど国際的にも評価の高い作家である。絵本以外にも、イラストレーターとしてＮＨＫ連続テレビ小説「純と愛」のオープニングイラストも担当している。荒井良二の絵は一見すると子どもが描いたような絵に見えるが、色の美しさや計算された構図など一枚一枚が絵画として成り立つ魅力を備えている。絵本全体を通してみても、視点の変化や色彩の展開も大変興味深く美しい。そして、作家によって書かれた言葉の繰り返しから生まれるリズム感のある文が、さらに絵のもつ独特の世界観を引き立てている。作家自身も「ストーリーより色や形を感じてほしい」と言っており、荒井良二の絵本は感性豊かな子どもの心を、より自由に膨らませるきっかけ作りの装置のようにも捉えられる。これまでの多くの絵本のように作家のメッセージを伝えるためのものではなく、子どもの感性に働きかけ、絵本が発するメッセージを作家とともに子どもが一緒に考えるような新しい価値をもつ絵本だといえる。

優れた作家のこだわり、制作姿勢、表現方法とその効果についての研究を通して、美術・美術教育の意味や新たな価値を模索し続けるとともに、自分自身にも制作する意味を問い続けていきたい。

絵画制作について

絵画制作において「時の流れ」をテーマに制作を続けている。長い歳月の経過を感じる古墳や遺跡、また日常的に目にする石畳や石垣、土塀、レンガ壁などに興味がある。それらは幾度となく激しい風雨に耐えてきた。風雨の刻み込まれた傷やしみ、表面層の剥落や亀裂により装飾は剥げ、まるでそのものの本質をむき出しにするかのような状態にありつつも、朽ちることなく存在し続けている。補修の跡があろうとも、媚びることなく堂々とそこに存在している。そして、過去の歴史を現世に伝える役割や、日常のなくてはならない役割を黙々と果たしている。無数の傷や擦れ、色褪せたその姿は、時の証人の様に様々なことを語り掛けてくれる。

また、そこには人間の気配を覚えることもある。そのものの歳月の中に、間接的ながらも人間の営みとしての時の流れを感じるのである。それは当時の時代背景や、過去から現在までの時間だけに留まらず、現在から未来へ続くであろう未知の時間についても考えさせられる。その歳月の流れに想いを馳せる。いつしか自分もそのような画面を作品として作りたいと思い始めた。華やかさはないものの、あたかも長い歳月を経てきたかのような存在感のある作品、そこには人間の営みをも忍ばせたいと願い「時の流れ」をテーマに作品制作に取り組んできた。

　題名には「時の流れ」を鑑賞者にイメージさせるために「記憶」や「時」の単語をよく使用する。しかし私の場合、題名は作品の説明としては考えていない。また、鑑賞者に、自身の制作テーマを正確に理解して頂くことも強くは意図していない。無論、自分の中には表現についての強い欲求や衝動はある。作家の表現したい内容が作品と題名を通して鑑賞者に正確に理解されることよりも、私は鑑賞者がそれぞれの経験やおかれた環境、その時々の想いと照らし合わせ、作品を通してそれぞれの内面に想いを馳せることができればそれでよいと考えている。そのため鑑賞者からは、いろいろな感想を聞くことができ、そこから次への制作のイメージが膨らむこともある。ゆえに、自身の制作意図とも離れず、作品の直接的な説明にもならず、鑑賞者の想像の幅が広がるような抽象的な、または詩の一節のような題名になればと考えている。

図１　「ある風景」ミクストメディア123.0×244.0cm　1995年

大学２年生の時、描いた初めての大作。自然にイメージが湧き上がり、ただ無性に描きたかった棺のような大きな箱の絵。この２ヵ月後に父が急死する。描いた形が父の棺に思えてならなかった。題材と表現の意味について、自分のこととして考え始めるきっかけとなった作品。美術評論家から「手や肌で触れられるかのように、硬い柔らかいなど質感を伴う細かな部分に次々と分け入って見る世界*」があると評され、作品における物質的効果を改めて実感した。白色の部分はロウソクのロウ（パラフィン）を幾重にも垂らし有機的な形状の凹凸を無数に作った。また、茶色の部分は画面の土台である木製パネルを彫刻刀で削り、画面上の凹凸をより誇張しつつ、物質の違いを効果的に生かしたいと思った部分である。

＊中村英樹「応募作品が生み出す審査基準――第４回公募「広島の美術」（1995）講評」
広島市現代美術館編『第４回公募「広島の美術」図録』、1996年、６頁。

図２　「輪」ミクストメディア300.0×300.0cm　2012年

角材や板材、短いものや長いもの、材質や風化の度合いの違いなど様々な木材を集め、その集積として大画面に構成した。部分における様々な形状の繰り返しのリズムが集まり、画面全体として大きな異質な動きへと展開できないかと考えた。鑑賞者からは「アメリカなど、外国の昔からある模様のように感じる」というものもあった。

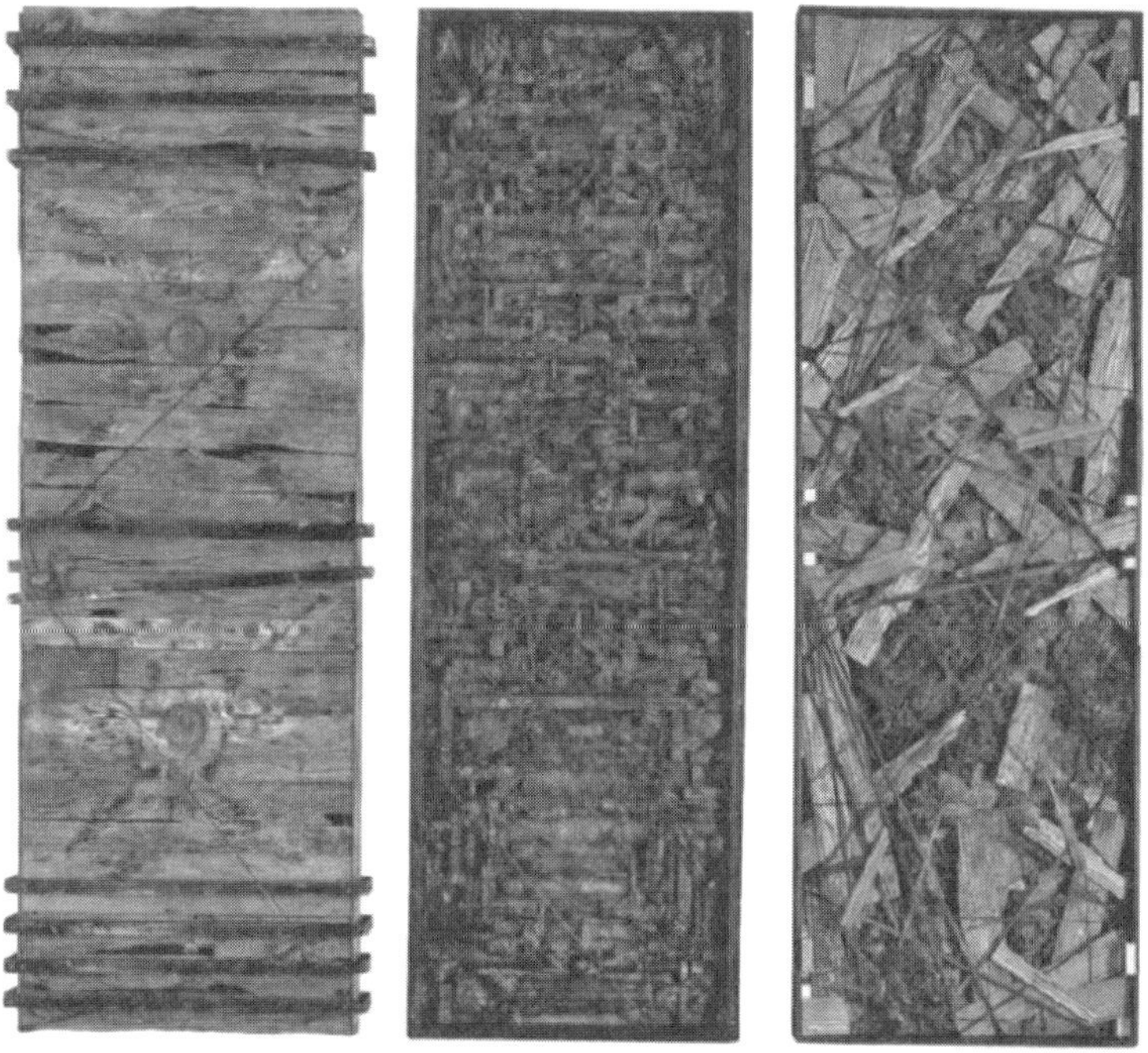

図３　「流転図」ミクストメディア300.0×100.0cm×３枚　2014年

三枚一組。左側の作品は再生、中央の作品は建設、右側の作品は破壊のイメージで相互の関係から題名でもある流転する世界を表しつつ「時の流れ」を表現しようとした。右側の作品を制作中に、広島で８月20日豪雨災害が起こる。作品に破壊のイメージがあったため、ごく身の周りで大きな被害が発生したことに不思議な感覚を抱いた。私自身も含め、家族や多くの人がボランティア活動に参加する中、表現者は社会に対し作品を通して何か出来るのか、胸に突きつけられた。中央の建設のイメージの作品について鑑賞者からは「破壊後に何もなくなった最後の姿のように見える」との感想があった。自分の意図とは正反対のイメージであったがその見方も理解できるものであった。

図4　「失われた記憶」ミクストメディア　244.0×369.0cm　2019年

日常的に撮りためた家族の写真と日々描き続けているデッサンを貼り合わせて画面を構成したもの。どんなに小さな紙でもいい、落書きのような簡単なものになってもいいという前提で一日一枚デッサンを描くようにしている。その時重要なことは、その日の気持ちを絵に込めるということである。言い換えると「描く」日記のような気持ちで制作している。愛しみのある人々と日々の自分の姿を組み合わせ、日常の過ぎ行く時間を表現した。美術雑誌の展評では「自身の記憶に深く潜り、思い入れのある時間軸の中を泳ぎながら、イメージをすくい取っていくような画面のつくり方」、「失われていく記憶に対する強い不安と、それを受け入れるような心情が感じられた」とあり*、自分が言葉ではうまく表現できない気持ちを端的に表現してもらった。

＊磯部靖「公募展便り第83回新制作展」一井義寛『美術の窓2019　11』No. 434、2019年、264頁。

図５　「白夜」水彩　90.0×116.7cm　2021年

家の周りの山並みがイメージの基にある。余白を大きくとり、墨の濃淡や筆跡の強弱、描写の密度の違いを用い遠近感のある空間の広がりを描こうとした。にじみやぼかしなど偶然にできる墨の表情も構成要素として積極的に利用した。鑑賞者からも、「深い奥行を感じる。明暗のコントラストが心地よい」との感想があった。

日々の制作を通し、真摯にひたむきに、自分自身と向き合っていく。そのなかで人生を顧みながら、現在の自分を見つめ直す。今の状況、環境の中で何を感じ、考えているのか。そして、これからの自分に何を求めるのか。すべての作家が人生を賭けて、制作するという活動の中にその答えを探し求めているのだろう。人それぞれ違うその答えを見つけるために。

問い続ける気持ちの純度が高ければ高いほど、精神世界は豊かに広がり、その人にしか描けない世界が生み出される。また、その作品は普遍的な美にたどり着けるのではないか。

人生を賭けて、美の世界を追求していきたい。力の限りに。

注

（1）『日本国語大辞典　第二版　第十一巻』小学館、二〇〇一年、二六九頁。
（2）同、三九六頁。
（3）『広辞苑　第七版』岩波書店、二〇一八年、七五四頁。
（4）『日本国語大辞典　第二版　第十一巻』小学館、二〇〇一年、二七〇頁。
（5）辻泰秀「美術教育研究の内容と方法――教師教育の基盤」岐阜大学教育学部教員研修計画委員会編『岐阜大学教育学部　教師教育研究』八、二〇一二年、一一一―一一八頁。本論文の一一一―一一三頁に書かれた内容から参照し、まとめた。

参考文献

福田隆眞ほか編『美術科教育の基礎知識』建帛社、二〇一五年。
増田金吾編『図工・美術科教育』一藝社、二〇一五年。
沼本秀昭「絵本の研究（1）荒井良二、『ルフラン　ルフラン』を中心に」鈴峯女子短期大学人文社会科学研究集報編集

委員会編『鈴峯女子短期大学人文社会科学研究集報』第五六集、二〇〇九年、一七—三二頁。

沼本秀昭「熊谷守一の絵画表現にみる「赤い輪郭線」についての一考察」広島修道大学ひろしま未来協創センター編『広島修大論集』第六一巻第一号、二〇二〇年、四九—六〇頁。

沼本秀昭「絵画制作論——自己認識としての表現」広島修道大学編『広島修道大学教職課程年報修大教職フォーラム』第七号、二〇一五年、八九—一〇一頁。

若元澄男編『図画工作・美術科　重要用語３００の基礎知識』明治図書、二〇一三年。

山口喜雄・天形健編『ベーシック造形技法——図画工作・美術の基礎的表現と鑑賞』建帛社、二〇一〇年。

〈書き込みワーク3〉【大学3年時】

「あなたが選んだゼミで考えてみたいことは何だろう」

あなたが選んだゼミの教育学における領域や位置づけ

あなたが選んだゼミで考えてみたいこと

なぜそれを考えてみたいのですか？

第Ⅲ部　教育学の広がりに触れよう！

第11章　幼児教育学・保育学

「人生の始まりを力強く」つくる

光本弥生

【自己紹介】

氏名　光本弥生（Yayoi KOMOTO）

専門領域　保育学・幼児教育・保育方法学

研究テーマ　子どもの人格的自立と集団づくり　保育者養成プログラム研究。
学生時代所属した研究室では「右手にドイツ語の辞書と左手にテレコ（授業実践を記録する機材）をもって研究しろ」と言われていました。学問的追究は、教育学の原著と格闘しつつ、今日的な実践的意味を問え、という意味です。現在も、目の前の子どもたちや保育にどのような意味があるのか、そのことを見つめながら研究を行っています。

主な担当授業　保育原理・保育内容総論・保育内容（人間関係）・保育実習Ⅰ・Ⅱ（保育所）

一　保育学・幼児教育学とは

「保育」とは――care と education は表裏一体

ここでは、まず、保育と幼児教育の二つの用語の関係について説明しよう。

「保育」という用語がはじめて使われたのは、現存する記録では、日本最初の幼稚園として設置された東京女子師範学校付属幼稚園（一八七六年（明治九年）設置）の規則の中であるとされる。公的には、さらに、そこから三年後の文部省布達の一文に認められ、そこからさまざまなところで乳幼児期の教育を表す言葉として用いられていく。そして、一九四七（昭和二二）年に制定された学校教育法では、幼稚園の目的を説明する文章に、「幼児教育」ではなく「保育」という用語が採用されているのである。その草案を作成した教育学者である坂本彦太郎（一九〇四―一九九五）は、「保育とは、保護と教育の略で、外からの保護と内からの発達を助けることを一体として考えるのが、幼児期の教育の特徴である」とし、この語を用いたとしている。この捉え方は、日本では長く継承されており、「保育とは、乳幼児期の子どもを対象とし、その生存を保障する「養護」と心身の健全な成長・発達を助長する「教育」とが一体となった働きかけである」と解されてきた[1]。

このことから、保護や養護的領域を含めての乳幼児期の教育活動を論じる場合は、「保育」という語が用いられ、幼児期の教育領域に重みづけをし、養護や保護的機能と区別して論じられる場合は、幼児教育という語が用いられるのが一般的である。

しかし、近頃日本では、この捉え方が揺らいでいる。その象徴が、認定こども園の「幼保連携型認定こども園教育・保育要領[2]」の「教育・保育」を並列とする表記である。また、「認定こども園とは、教育・保育を一体的に行う施設で、いわば幼稚園と保育所の両方の良さを併せ持っている施設」[3]と表記されることもある。後半の「幼稚園と保育所の両方の良さを併せ持っている」という一文は大きく同感である。混迷をきたしたのは、前半の「教育・保育を一体的に行う施設で、……」という一文である。まるで、保育に教育を内包していないかのような表現ともいえる。これについては、保育学や幼児教育学の多くの専門家から「保育」概念の矮小化であるとの懸念が提起されたのは言うまでもない。

ましてや、現在、世界中の保育関係者は、この時期の子どもに必要なのは、education と care の両方であるという共通認識に立っている。幼児教育は、これまでのＥＣ“Early Childhood Education”から、ＥＣＥＣ“Early Childhood Education and Care”という表記に移行しつつある。その際、日本が歴史的に用いてきた「保育」という用語にはすでに、care と education をあわせもつ意味が含まれていたことが高く評価されていたのであるから、その懸念は無理からぬことであろう。

元来、日本において「保育」とは、その歴史的にもまた実践的にも、幼稚園・保育所、そしてこども園のいずれの施設においても、子どもたちを守りそして育む、care と education を表裏一体とする営みを意味している。

世界における「幼児教育」への期待

二〇〇〇年代に入り、国際経済について協議する機関であるＯＥＣＤは、乳幼児期の教育に大きな関心を寄せてきた。その背景には、保育・幼児教育への公共投資が、経済的・教育的に国の経済成長にとって有効であるとの提示がある。ノーベル経済学賞受賞者のジェームズ・ヘックマンの主張によると、同じ一ドルを、幼児期に投資した場合と、大人になってから投資した場合では、前者の方がリターンが高いとのことだ[4]。年齢別に教育投資（経済学では人的資本投資と称する）から得られる収益率をみると、胎児期に次いで乳幼児期が最も収益率が高く、年齢が上がるごとに収益率が下降するという。この経済効果研究に加えて、乳幼児期に目覚ましい神経発達が起こるという脳研究から得られたエビデンスは、乳幼児教育に熱い期待を寄せるのには十分であった[5]。そして、それは、子どもたちの貧困と経済的格差が大きな課題として提示されている現在の日本においても同様である。

ヘックマンは、就学後の教育の効率性を決めるのは、就学前の「非認知能力」の育成であるという。乳幼児教育の質を充実させることで、幼児の非認知能力が高まり、それが将来その人の学歴や稼得能力を高めることにつながると提示している[6]。

一九六二年から一九六七年にアメリカのミシガン州で行われた「ペリー就学前教育プログラム」は、三歳から四歳の子ども一二三人を対象に実施された。このプログラム経験者は四〇年もの間、追跡調査され、次のような結果が報告されている。

①このプログラム経験者は高い年収や持ち家率等に有意な効果を示す。
②このプログラムを受けていない子どもたちとの〝ＩＱ〟の差は一〇歳以降見られない。
③しかし、成長に伴って〝ＩＱ〟に差がなくなるにもかかわらず年収や生活の豊かさに有意差がみられた。

このことから「ＩＱで計れない別の後天的な能力への影響がある」と考えたヘックマンらは、「ＩＱでは計測できない能力」（「非認知能力」）が人生の成功や豊かさに影響していると主張したのである[7]。

これ以降、幼児期は、「知識」の獲得を教育するよりも「非認知能力」の獲得を保障すべきだという論調が目立つことになる。

二〇一九年一〇月、日本では三歳から五歳児の幼児教育無償化が施行された。教育に対する公的負担の少なさが指摘されるなか、少子化対策と人づくり革命を目的としてこの政策は決定された。そして、その背景には、幼児期における非認知的能力育成の重要性の広がりと、「保育の質」保障への期待がある。

「保育の質」とその評価

乳幼児教育の効果は、さまざまなところで明らかになっているが、それらはすべて、「保育の質」の高さに関わっている。質の低い保育は、頻度と比例して大きな弊害をもたらす。保育の質を保障するうえで、第一に注目されるのは、保育カリキュラムであろう。カリキュラムの枠組みは、国によってさまざまだが、ＯＥＣＤは保育の質を保障するうえでの、乳幼児教育目標の基本的な概念とその価値観を次のように提示している[8]。

①生きることを学ぶこと（learning to be）――自己への信頼感と幸福感を得ること
②為すことを学ぶこと（learning to do）――実験・遊び・グループでの交流を行うこと
③知ることを学ぶこと（learning to learning）――特定の教授学的目的を果たすこと
④共に生きることを学ぶこと（learning to live together）――互いの相違や民主主義的価値観を尊重すること

まさにこれらは、非認知能力であり、その計測化は困難である。そして今、保育の質を評価する世界的な視座は、到達的な学習評価から乳幼児教育実践の「プロセス」そのものを評価する傾向に移行している。これらの学びがどのように生まれているか、そのこと自体が評価されているのだ。

秋田喜代美は、「保育の質」の評価について、子どもたちの「経験に基づく教育」自己評価尺度に注目している。[9]

これまで保育の質の尺度は、施設や用具、教材など環境整備の度合い、その後の就学期における成果、チェックリストによる子どもの行動観察、先生とのやりとりなどからクラスの雰囲気を見る、といった方法に重きが置かれていた。しかし秋田が注目する「経験に基づく教育」の評価尺度はそれらとは異なり、一人ひとりの子どもの主体的経験から見ていく方法である。つまり、「子どもがそこで活動にどれだけ夢中になれているか、また情緒的に安心して過ごせているかといった、「今ここに生きている」子どもの心の豊かさを保育の質として自己評価することが大切である[10]」と指摘する。

確かに、保育の質とは、保育環境などを外部から見て一様に善し悪しを判断できる性質のものではない。日本においても、施設が置かれた条件は多様に異なる。保育条件も異なるなか、設備の有無だけで、保育の質を図ることはできない。みなさんも、そこでどのような遊びや関わりが展開されているか、その場の子どもの表情や言葉にぜひ注目してほしい。

さらに、大宮勇雄はこれまでの世界的な動向を踏まえ、日本での保育の質を捉える三つの側面を提示している[11]。

①プロセスの質（保育実践そのもの、子どもと保育者の相互作用、環境構成、等）。

②条件の質（クラスの子どもの人数、大人と子どもの比率、保育者の経験年数・学歴・研修、等）。

③労働環境の質（給与、仕事への満足度、運営への参加、ストレス等）。

保育の質は、子どもの経験と質とともに、そこで働く保育者の労働環境の質とも関連するとの指摘は、重要であろう。

現在、日本では、少子化対策や待機児童解消を目的とした規制緩和によって「保育の市場化」が進み、保育環境の劣悪化が懸念されるなかで、幼稚園・保育所、こども園では、自己評価が法的に義務化されてきた。子どもたちの「経験の質」の保障とともに、そこで働く保育者が自己評価のプロセスを経て、保育を実践する喜びが保障される機会にしなくてはならない。

二　保育方法の探究――乳幼児期の集団づくり

私の専門領域は、保育方法学、保育指導論である。私は、それを主に、乳幼児期の集団づくりの実践をフィールドに行ってきた。集団づくりというと、どのようなイメージを描くだろうか。特に、「乳児期の集団づくりなどは、イメージできない」と言われることはよくある。それは、幾つかの集団づくりに対する誤解から生じることが多い。ここでは、乳幼児期の集団づくりの理論について紹介したい。

集団づくりとは何か

集団づくりとは、子どもたちが発達主体・生活主体として自立することができる集団を目指し、保護と自治の網の目をはり、子どもたちの関係性の質を高めていく取り組みである。

その意味では、学級は最もその対象となる集団ではあるが、子どもたちの発達を支える集団は、学級だけに留まるものではない。特に乳幼児期の子どもたちを支える集団は、学級という枠では時に広すぎることも、狭すぎることもある。

一九九〇年代、保育において「集団」という言葉が一掃されたことがあった。いわゆる「子ども中心」というテーゼが掲げられるなか、集団は個と対立する概念として、否定的に捉えられたのである。みなさんも集団づくりというと、集団の規律づくり、集団の中に個を適応させる、そのようなイメージを持っていないだろうか。

確かにそのような集団は存在する。そこでは、個の願いや要求が集団のルールの中でつぶされ、自分らしさを封印しないとその場に居場所がなくなる。私もそんな居心地の悪さを感じながらも、なんとか自分を適応させようと喘ぐ子どもたちに多く出会ってきた。

集団づくりとは、そのような集団を子どもたち一人ひとりが対等・平等であり、すべての子どもが自分の力を発揮し〝主体〟として位置づく集団（＝自治集団）へとつくり変えていく取り組みである。よって、正確には、自治集団づくりといった方がいいのかもしれない。

指導目標としての「自治集団」とは

集団づくりでは、集団のタイプを管理集団、準拠集団、自治集団という三つの集団観に分けている。この区分は子どもの自立や発達にとってどういう集団が教育力をもっているかを基準にした区分である。管理集団のように集団を使って子どもを管理するのでも、また準拠集団のように既存の集団規範に子どもを適応させるのでもなく、子どもにとって必要な集団内の関係をつくる指導を通して子どもを生活主体、自治主体に育てていくことを目的とした、集団づくりの理念を表現したものが自治集団である。

自治集団とは、「クラスでの様々な問題を自分たちの問題として捉え、自分たちの力で解決しようとする集団」を意味し、それは、管理集団とも準拠集団とも異なる[12]。

諸岡康哉は、保育指導によっては、五歳児の集団の質よりも三歳児の集団の質が高いことがあることを指摘しながら、「「自治的集団」という概念は、どの発達段階においても、集団づくりの目標として位置づいている[13]」と言うように、自治集団はある特定の年齢の発達課題ではなく、どの年齢でも追求すべき目標概念とされる。

集団観が混迷していた時代、保育において個と集団の関係が再考されるなか、森上史朗は、納豆集団と豆腐集団という比喩を用いて、目指す集団像を提示している[14]。

納豆と豆腐は同じ大豆の加工食品であるが、完成した形状は随分と異なる。豆腐は、大豆をすりつぶし、液状にしたものを型に入れて成型する。出来上がりは、こちらが意図する通りに形作ることができる。四角にしたいと思えば、四角になる。丸にしようと思えば、丸にもなる。しかし、それはとても脆く外からの力で簡単に崩れてしまう。一方、納豆は、大豆に納豆菌をまぶし、一粒一粒が発酵し納豆となり、一見、形は不揃いであるが、大豆の形状がそのままに一粒一粒が熟成されている。その納豆をかき混ぜていくと、粒と粒の間には、幾層のも網の目のような糸が出来上がり、うっかり一粒落としてしまうと、その糸はどこまでも長く伸びていく。私たちの目指すのは、言うまでもなく納豆のような集団である。一人ひとりが尊重されており、自由に動き回りながらも、そこにはセーフティーネットとしての網の目が張り巡らされている。

要求の組織化——準拠集団（なかよし集団）を超える

管理集団と自治集団との違いは明確である。今日的な課題として注目されているのは、準拠集団を超えることにある。

準拠集団は、時に「なかよし集団」と揶揄されることがある。もちろん「なかよし」であることが悪いわけではない。そこで問題なのは、それぞれの違いが承認され、尊重されていることで、「なかよし」といった状況が成立しているか否かである。

私たちは多様な存在である。もちろん共通するものもたくさん持ち合わせているが、本来、それぞれが多様で独特で、個性的な存在である。その違いが顕在化するとき、そこには対立や葛藤が生じることは当たり前であろう。その対立や葛藤とどのように向きあい、それを集団の質的展開の契機にするかが問われている。むしろその「違い」こそが、集団の質を高める力なのである。

子どもたちの話し合いの様子をみると、声の大きな子どもの一言で、その場の雰囲気が大きく左右されることがある。そこに教師や保育者の介入がない場合、子どもたちの話し合いで、物事の動きが決まったようにみえる。しかし、本当にそこに自治が機能しているのか。管理しているものが、教師でなく一部の子どもに移行しているにすぎない場合もある。

だからといって、子どもたちに「自分の意見を言いなさい」と詰め寄ることが、同調圧力や準拠集団の水準を超えることにはならない。そこに互いを知り、互いを尊重する土壌がないことには成立しないのである。

自治集団形成のプロセスでは、一般的には、次のような「要求の組織化」の三つの段階を重視する。[15]

（1）生活実践のなかで当事者が主体的な要求を意識化すること（要求の意識化）
（2）個別的な要求を集団共通の要求として認め合うこと（要求の集団化）
（3）その集団的要求を実践にうつすこと（要求の実践化）

そしてこの三つの段階は、（1）を起動原点としながら相互に循環重層的に機能し合うことが大切となる。まずは、私の要求・願いを自分自身で意識することが大切なのである。

しかし、現在ではこの「要求の意識化」の前段階として、「要求の掘り起こし」のプロセスの必要性が高まっている。

子どもたちに、何がしたいかを問う前に、その実現がイメージできる経験をこれまで保障してきたかを問わねばならない。「願いは叶う」。このことを、どれくらいの子どもたちが何の躊躇もなく、口にできるだろうか。

幼児教育の父と称されるフリードリヒ・フレーベル（一七八二―一八五二）や数多くの先達は、幼児の中に限りない能動性と願いを見つけ、その実現に寄り添ってきた。今一度、私たちは、子どもの中の要求・願いを発見する視座が求められているのである。

三　研究テーマ

乳幼児集団づくりをめぐる今日的課題

乳幼児の集団づくりの理論は、主に保育問題研究会の場で討議され構築されてきた。乳幼児の集団づくりといっても、その実践は実に多様であり、保育の課題によってさまざまな展開を見せている。

今日の乳幼児の集団づくりをめぐる論争は、一九七〇年代の初めに、広島保育問題研究会によって、全国生活指導研究協議会（全生研）の理論を手掛かりに、集団づくりの理論と方法が導入されたことに始まる。[16] これによって、乾孝が提示した生活綴方教育の影響を受けた「伝え合い保育」との対立点が生まれ、その後、乳幼児期における子どもの発達と集団の関係を軸に論争が展開された。[17] 集団の質は、年齢に応じてその目的が異なるのか、それとも、どの年齢においても目指す集団に違いはないのか。多くの実践とその検討を通して、「目指すべき集団は自治的集団であること」「自治集団と発達は相対的に独立していること」などが共通理解として認識されている。[18] しかし、まだ次の点については、十分に検討されているとは言えない。

①各年齢での自治集団の実体や、具体的に何を自治と呼ぶのかという到達目標を明らかにすること
②人格の発達と集団の発達を媒介するものとしての保育活動（実務的活動と虚構的活動）の構造的把握

これらの課題について考察を行っている自身の主な研究を三つ紹介する。

乳幼児の集団づくり実践における今日的課題――1歳児クラスの当番活動実践[19]

本研究は、一九七〇年代から二〇〇〇年代に提案された一歳児の当番活動実践を分析し、その時代性と保育実践課題との関係を整理しながら、一歳児の自治集団の実体や指導課題について検討を行っている。そこでは、一歳児の乳児がもつ発達要求と当番活動で実現される「配る－受け取る」という物を介したやり取りが相乗効果となり、子どもの要求の意識化と集団化を実現する事実とその保育指導の原理について、分析考察している。

本当に認め合って育ち合う保育――〇歳児からの集団づくり[20]

本書は、広島の保育実践家とともに書き上げた一冊である。これまでの広島保育問題研究会集団づくり部会の研究成果と課題を明らかにしつつ、子ども同士の関わりが希薄になっている今の子どもたちに、肯定的な交わりをどう育てていくのか、という現代的課題に迫った。「本当に認め合って育ち合う」とは、子どもたちがどこまでも、友だちを求め、その凸凹を認め合い、要求し合いながら育ち合う姿への感動をそのまま書籍名にしている。〇歳児から五歳児までの自治集団を目指した保育実践では、各年齢での子どもたちのありのままの姿と言葉が綴られている。「グループが負けてもいいから、リレーでは私が一番に走るんよ！」。四歳児の偽らざる言葉に寄り添いながら、子どもたちの関わりの変容を創り出す保育者。「いっしょに遊びたいから、命令するのをやめて

ほしい！」。友だちへの切実な願いと言葉が、すれ違わないようにその場にじっとたたずむ保育者。子どもたちたちだけでなく、保育者も多くの葛藤や願いをもって実践を行っている。そこから、集団づくりの紆余曲折とそのプロセスを見落とさない実践分析の視点を提示している。

保育活動のもつ実務的側面と虚構的側面の往還と要求の組織化

そして、もう一つの研究課題が、保育活動のもつ実務的側面と虚構的側面の往還を視点に、虚構的活動のもつ要求の集団化と実践化の可能性を探究することである。

個の発達課題と集団全体の課題に統一的に取り組むとは、一人の課題を一人の問題に留めない、また集団全体の課題を一人ひとりの要求に引き寄せ、全員参加で取り組むことで、統一的に乗り越えることを意味する。実践的には、そこに全員参加の原則が横たわっていた。しかし、「全員参加」とは、形式的に全員が同じ場にいて、やりたくもない活動をさせられていることではない。そこに、「みんなでやりたい」「やらないではいられない」必然性を生み出す活動が存在することが前提となる。

多様な価値観が併存する社会において、子どもたちが集う必然性が当たり前に発生することは難しくなっている。自己表出や他者理解に困難さがみえる今、そこにはこれまでにない保育指導とその方法の検討が求められている。その可能性として、活動のもつ虚構性に注目している。現実とは異なる虚構的な経験だからこそ、自己を表出し、また自分とは異なる物語の登場人物への同化・対象化体験を経て、他者と新たな関係を構築し、他者理解を深める場面は、実践的に数多く報告されている。虚構と現実との境界線が曖昧である乳幼児期には、特に多い。しかし、その虚構経験が現実の子どもたちの関係性にどのような影響をもたらしているかという実証的研究は、まだ少ない。保育活動における実務的側面が大きい活動での子どものやり取りと虚構的活動での関係性の違いを軸にその解明を行っている。

「子ども理解」の視点を育む保育記録の検討

子どもたちの「大きくなりたい」という発達の要求や自己実現の願いが、見えにくくなってきたと言われて久しい。友だちに向かって暴力でしか自分の思いを表現できない子どもたちの姿は、要求の言葉をもたない、語れないといった事実だけでなく、多くのことを私たちに伝えている。なぜ今、子どもの要求が見えにくくなったと言われるのか。そこには少なくとも二つの問題がある。

一つには、子どもの発達の願いや要求は、単体として存在しているわけでなく、他者との相互作用の中で生成される事実が見落とされている点にある。生育環境の格差と多様さを背景に、一人ひとりの子どもたちが直面している課題は、根底には共通する社会的課題を有しながらも、その表出は実に複雑化している。その子のしんどさと発達への憧れを見つめつつ、時に恐怖心に寄り添いながら、丁寧に働きかけていくなかで、初めて子どもの姿が見える。保育指導との相互作用として子どもの姿を捉えることなく、子どもの要求が見えることはない。

二つには、子どものことを理解できるという幻想にある。「ありのままを理解する」というフレーズはよく耳にするが、ありのままを理解するとは、理解できないことを理解できないこととして認め、見つめ続けるということだ。理解できない事実にこそ、今の保育実践の課題があり、可能性がある。理解できない、子どもが見えないことは、これまで保育者が経験的・理論的につくり上げてきた「子ども理解」の枠が固まり、子どもの応答を取りこぼしてしまう危険性を孕んでいる。

オランダの教育学者であるランゲフェルド（一九〇五―一九八九）は、その子どもが表現するところのものを、彼が自分の人生にどのように相対しているかという、彼の全体的な人間としてのあり方に深く関わるものとして

エピソード記録	
A 子どもの姿 （特に印象に残った場面・エピソード）	B 感想 （気づいたこと　感じたこと）
昼寝の時間、1歳児のHちゃんが急に起き上がり、周りを見回すと泣き出してしまいました。私は側に行き「寝ようね」と背中をさすりながら声をかけましたが、私の手を振り払い、泣き続けました。そこで、抱っこをし、部屋の中を歩いたり「大丈夫だよ」と声を掛けたりしてみましたが、なかなか泣きやみません。 　一緒におられたA先生が、隣室で遊ぶように声をかけて下さったので、昼寝の部屋を出て、隣のプレイルームに行き、おもちゃを見せ気持ちが切り替わるように声を掛けました。おもちゃに目が向いたときは、少し泣き止みますが、すぐにまた泣いてしまいます。そんな時、午前中に読んでいた絵本棚に行き、『きんぎょがにげた』の絵本を指さすと、泣き止み手を出して絵本を触ろうとしました。そこで、絵本を広げて声を出して読み始めました。すると少しずつ落ち着き、指を吸いながら、絵本をジーっと見るようになり、絵本が終わっても泣き出すことはありませんでした。	Hちゃんは、目が覚めた時にお母さんがいなかったため、急に不安になったのだと思います。そんな時、また寝るように促されても再度眠ることはできないのでしょう。私は、静かにさせないと、他の子が起きてしまうと気持ちが焦っており、Hちゃんの気持ちに寄り添う余裕などありませんでした。 A先生が優しく「お姉ちゃん先生と隣室で一緒に遊んでおいでね」と声をかけて下さったことで、私自身も落ち着き、泣き止ませるのではなく、一緒に遊ぼうと気持ちが切り替わりました。そこからは少し余裕が出て、Hちゃんの反応をみながらアプローチができたように思います。
C 考　察（エピソードからの学び）	
『きんぎょがにげた』の絵本は、昼寝前の遊びで楽しそうに指さしながら聞いていた絵本でした。他のおもちゃは手に持とうとしませんでしたが、絵本には手を伸ばしていました。A先生より、Hちゃんはその絵本が好きなことを教えて頂きました。その子の好きな絵本やおもちゃを把握しておくことや、表情の変化を見逃さないことは大切だと思いました	

図１　実習記録例(22)

捉えることが子ども理解だという(21)。既存の知見から子どもの行為を定型化し、問題行動に名前（レッテル）をつけても、子どもたちを理解しているとは言えない。

本学での保育実習記録では、子どもの言葉や行動といった客観的事実と自らの主観を厳密に分けてエピソードを記録する独自のフォーマットを作成し、活用している。

保育実習では、自分が「子どもたちが絵本に興味をもった」と感じた根拠は何か、何をもってそのとき自分はそのように捉えたのかを、その場面を何度も振り返り詳細に記述する。「泣き止み、手を伸ばし、絵本に触ろうとした」。その事実を思いおこしながら、自らの気づきの根拠を一つずつ明確にしていく。その過程では、自らの思い込みにより隠れていた子どもの姿に新たに出会うこともある。そこでは、ただ自らの心情を綴る感想とは異なる、自らの子ども観・保育観に踏み込む工程が必要となるのだ。それは、まさに「子ども理解」の視点を育む保育記録の探究にほかならない。

子どもの「今」を見つめ、「未来」を育もうとする保育者だけが、保育の質を保障できるのである。

注

(1) 森上史朗ほか編『保育用語辞典　第六版』ミネルヴァ書房、二〇一〇年、一―二頁。

(2) 幼保連携型認定こども園教育・保育要領とは、こども園における保育の内容に関する事項、およびこれに関連する運営に関する事項を定めるものである。幼稚園でいうところの幼稚園指導要領、保育所の保育所保育指針に準じる。

(3) 『子ども・子育て支援新制度　なるほどＢＯＯＫ』（平成二八年四月改訂版）、三頁。

(4) ジェームス・Ｊ・ヘックマン『幼児教育の経済学』古草秀子訳、東洋経済新報社　二〇一五年、三四頁。

(5) ＯＥＣＤ編『ＯＥＣＤ保育白書　人生の始まりこそ力強く――乳幼児期の教育とケアの国際比較』星美和子他訳、朝日書店、二〇一三年、四七頁。

(6) ヘックマン、前掲著、二九頁。

(7) 同、三三頁。

(8) ＯＥＣＤ編『ＯＥＣＤ保育の質の向上白書』秋田喜代美他訳、朝日書店、二〇一九年、三〇頁。

(9) 秋田喜代美「国際的に高まる「保育の質」への関心」BERD、No. 16、ベネッセ教育総合研究所、二〇〇九年、一三―一七頁。

(10) 同、二三頁。

(11) 大宮勇雄『保育の質を高める』ひとなる書房、二〇〇六年、六七頁。

(12) 諸岡康哉「集団づくりの本質とは何か」全国保育問題研究協議会編『人と生きる力を育てる――乳児期からの集団づくり』新読書社、二〇〇六年、五〇頁。

(13) 諸岡康哉「石川保問研の集団づくりの実践」『季刊・保育問題研究』八八号、新読書社、一九八四年、一七頁。

(14) 森上史朗『集団って何だろう――人とのかかわりを育くむ保育実践』ミネルヴァ書房、一九九二年、五頁。

(15) 土器屋忠二「訓育における〈要求組織化〉の意味」『鹿児島大学教育学部研究紀要』人文・社会科学編、一九六七年、六八―七七頁。

(16) 広島保育問題研究会集団づくり部会「「組織保育」としての集団保育の提唱」『季刊・保育問題研究』三四号、一九七一年、一〇頁。

(17) 山本敏郎「乳幼児の集団づくりをめぐる論争の検討」『金沢大学教育学部教科教育研究』第二七巻、一九九一年、一七―三〇頁。

(18) 光本弥生「集団づくり分科会案内――集団づくりの今日的課題」『季刊保育問題研究』二七八号、二〇一六年、一五―一八頁。

(19) 光本弥生「乳幼児の集団づくり実践における今日的課題――1歳児クラスの当番活動実践」『鈴峯女子短期大学人文社会科学研究集報』第五七号、二〇一〇年、一一―二〇頁。

(20) 広島保育問題研究会集団づくり部会編『本当に認め合って育ち合う保育――0歳児からの集団づくり』新読書社、二〇一七年、一五―二〇頁。

(21) マルティヌス・ヤン・ランゲフェルド『教育と人間の省察――M・J・ランゲフェルド講演集』岡田渥美・和田修二監訳、玉川大学出版部、一九九二年、一一一頁。

(22) この記録例は、広島修道大学広報誌『TRUTH』春号（二〇二一年）「研究室の扉」に掲載している。

第12章　障害児心理学

新しい心理学の視点からの発達支援

樋口和彦

【自己紹介】

氏名　樋口和彦（Kazuhiko HIGUCHI）

専門領域　文化心理学・生体心理学・障害児心理学

研究テーマ　私の専門分野は、心理学です。心理学は、人の心と行動について、科学的な方法によって研究します。心理学は、さまざまな分野に分かれています。教育に関連するものでは、認知心理学、学習心理学、発達心理学、乳幼児心理学、児童心理学、青年心理学、文化心理学、社会心理学、臨床心理学、生理心理学、神経心理学、言語心理学、生態心理学、教育心理学、などが挙げられます。

そのなかでも、私が基礎においているのは、文化心理学と生態心理学です。この二つの心理学分野をベースに障害を有する子どもたちの支援を行っています。私の著書『重度・重複障害児の学習とは？』[1]から引用しながら、説明していきます。

なお、生態心理学と文化心理学は、似ている点もありますが、詳細に見ていくと大きく異なっている点もあります。

主な担当講義　重複・発達障害概論、特別なニーズ教育の基礎と方法、特別支援教育概論等

一　文化心理学

成長に対する文化（環境や分脈）の影響

これまで、人の認知能力（考える力）の発達には方向性があり、みな同じように、段階的に発達していくと考えられてきました。それを最も示しているのは、ピアジェの発達段階[2]です。ピアジェは、人の認知能力が、Ⓐ感覚運動期（誕生から二歳）、Ⓑ前操作期（二歳から七歳）、Ⓒ具体的操作期（七歳から一一、一二歳）、Ⓓ形式的操作期（一一、一二歳以降）、と四段階に変化するとしました（内容については、ぜひ調べて勉強してみてください）。認知能力は、考える力とか思考力と考えると理解しやすいです。ピアジェは、各段階に属する子どもは、概ね同じ知的行動を示し、全般的な知的能力に関して、その段階の特徴を示すと考えました。そして、すべての子どもはこの過程をたどり、発達していくと考えたのです。教育を行う際、ピアジェの考え方に基づくと非常に都合がよいです。なぜなら、あることができるようになった子どもには、次の段階の学習課題を準備すれば成長を促せるということになります。この考え方は、先生にとってとても魅力的な考え方です。子どもは、みな同じような成長の経路をたどるので、どの子もみな同じような内容、同じような順番で教えていけばよいということになります。先生は、各段階の学習内容を準備しておき、「これができたらあれ」「その次はこれ」というように、指導の順番がわかり、教材等を準備しておくことができます。そのため、多くの先生がピアジェ理論に基づいて教育をしています。

発達段階は、「先生にとって非常に都合がよい考え方である」ともいえます。

しかし、子どもたちの研究が進み、どの子も同じような発達を示していたのは、「人本来の性質」ではなくて、学校制度によるものだったことが、わかってきました。ピアジェの発達段階の区切りが、二歳（幼稚園または保育園に入る）、七歳（小学校に入る）、一二歳（中学校に入る）と、通う学びの施設が変わる時期と一致していて、それぞれの施設で行う活動の影響を受けて子どもの行動が変わっていたのです。つまり、西洋文明の学校制度がある国で成長する子は、学校制度の影響を受けていたのです。

また、学校文化のなかで学ぶ子どもは、学校制度がない国の子どもよりも知的能力が高いと考えられがちですが、必ずしもそうではありません。例えば、アフリカ等の子どもの成長が参考になります。アフリカのある部族の子どもは、一〇歳前後に、ライオンの狩りに成功することで、成人として認められます。彼らが「ライオンを捕まえる」ときには、ライオンの性質に合わせた緻密な計画を立て、仲間同士で連携して捕まえます。この緻密な行動は、論理的に物事を考える行動であるともいえます。西洋文明の学校に通う同年代の子どもたちは、数学や科学などの教科を学んでいますが、狩りに必要な論理的知識はありません。つまり、西洋文明の学問ができるようになることが認知能力の発達とはいえないのです。

認知能力は環境や文脈に合わせて考え対応する力とも考えられます。子どもの成長は、環境の影響を大きく受けるのです。

文化心理学

文化とは、その人を取り巻く環境において、人々が構成している社会の中で共有される考え方や価値基準のことです。簡単にいうと、ある集団が持つ考え方の様式のことです。これは、自分の所属する集団のしきたりのようなものも含まれます。

人の行動は、そのときに属している集団の生活様式に、大きな影響を受けます。例えば、読者のみなさんのことを考えてみましょう。

　みなさんは、地球という星に生まれ、日本という国のそれぞれの地域に暮らしてきました。

　みなさんが当たり前に行っている行動は、それぞれの暮らしてきた社会の考え方に合わせたものになっているはずです。また、各家庭ごとに価値観が異なっています。人が成長していく際、これらの環境の要因、特にその社会の生活様式に大きな影響を受けているはずです。もし、みなさんが、違う国（例えば、インドやフィリピン、アメリカなど、暮らし方や生活様式が違っている国を思い浮かべてみましょう）に生まれていたら、みなさんの考え方や身につけている習慣は、全く異なっていたと思います。それぞれの国は異なった文化を有しているからです。文化の人への影響を研究するのが文化心理学です。

　文化ということばですが、非常に多くの内容を含んでいます。先ほど、国による違いを例に挙げましたが、教育でいうと、学校の違い、クラスの違い、いつも遊んでいる友だちの違い等、文化の違いは、さまざまな場面で表れます。

　例えば、小学校三年生のときの先生の授業は、先生の専門の理科が楽しかったけれど、四年生になり英語が専門の先生が担任になると、英語が楽しいということが起こります。同様に、三年生のときの先生は、算数の教え方が上手だったので、クラス全員が算数がよくできて好きだったけれど、四年生になり算数が苦手な先生が担任になると、多くの子が算数嫌いになる。そのようなことが起こります。先生の性格や好み、得意なこと、苦手なことなどが、クラスの文化を創り、クラスの様子を変えていきます。

　このように見てくると、子どもの性質や成績までもが、文化により左右されることになります。Ａちゃんの、算数が苦手な原因が、「Ａちゃんの勉強不足」「Ａちゃんの努力不足」と片付けられてきましたが、「実は、先生の教え方に原因があったんだ」という風にも考えられるのです。クラスの子ども同士の関係が悪い場合も、「協調性に問題があるBさんが所属しているから」ではなく、「Bさんにきちんと向き合えていない担任の先生や学校の問題」であると考えることもできるのです。むしろ、私は、後者の問題が多いと考えています。

つまり、これまでの心理学では、「子ども自身を評価」してきましたが、文化心理学からいうと、「子どもの評価」とともに「先生や学校の評価」が必要であるといえます。

二　生態心理学

生態心理学とは

生態心理学（または、生態学的心理学、エコロジカルサイコロジー）、みなさんは、聞いたことがあるでしょうか？

まず、その特徴を述べます。

これまでの心理学では「人がどのように周りの環境を知覚して行動しているか」を研究しました。例えば、人の発達を評価するときには、条件をなるべく同一にしてデータをとり、その人の理解力や行動の変化を問題としてきました。周囲の環境を同じにして、対象の人の能力だけに注目して研究をしてきました。

それに対して、生態心理学では、対象者の内面の変化だけではなく、対象者の行動を変える周囲の環境を検討します。つまり、「（周りの）環境で、人の行動を変化させているもの（要素）は何か」ということをまず考えるのです。人にとって環境はどのような状況であり、人の行動を引き出す要素が、環境の中にどのような形で存在しているかということを研究します。

生態心理学の二つの流れ

生態心理学には、二つの流れがあります。ギブソン、バーカーという二人の研究者のそれぞれの流れです。どちらも、実験室のような人工的環境ではなく、「現実世界」での行動を重視しています。

ギブソンは、知覚の中でも視覚、「見たものが人（生物）の行動に与える影響」を検討しています。ギブソンが考える、人の行動に影響を与える環境の要素とは「アフォーダンス」[3]です。これは、英語の「アフォード(afford)：「与える」「提供する」」という単語からギブソンがつくった用語です。アフォーダンスとは、「環境が、人（生物）に与えてくれる行動の機会」のことです。例えば、私たちはコップを見ると、「何かを入れて飲もう」と考えると思います。コップには、人に「飲みたくさせる」特性があります（ギブソンは、周囲の状況が行動を引き出すことを、アフォードするといいました）。もう一つ例を挙げると、山道を散策している登山者は、でこぼこの岩肌では座って休もうとは思いませんが、大きな平べったい切り株があれば、座って休もうとします。切り株は、登山者に座ることをアフォードしたのです。

学校の授業でも、アフォーダンスが重要になってくるのは当然だといえるでしょう。子どもの活動をアフォードする先生の行動や教室の環境等を考える必要があります。環境には、先生自身、先生の授業の仕方、先生の子どもへの接し方などさまざまな要因があります。こう考えると、今まで「子どもに原因を求めてきたこと」が、実は「原因は先生が作り出していた」ともいえるのです。評価されるのは、私たち教える側なのです。

もう一人の生態心理学者、バーカーは、生態心理学のもうひとつの流れをつくりました[4]。バーカーは、ギブソンと比較すると、より実践的な生態心理学の研究を行いました。バーカーの、生態心理学において一番重要なのは「行動場面（Behaviour setting）」という用語です。行動場面とは、人や動物が行動するときの環境のことを指します。例えば、小学校での行動場面の一つに教室があります。一般に、教室は、子どもが勉強しようとする意欲をかき立てられるように、担任の先生が準備しています。算数の授業では、算数が学びやすい行動場面が作られたり、話し合い場面では、やりとりしやすいように円形に机が並べられたりします。行動場面を整えることで、子どもは学習に取り組みやすくなります。

バーカーの弟子のウィッカーは、バーカーの生態心理学について、次のように説明しています。「生態心理学とは、人の行動と行動場面の関係についての学問である」[5]。

ウィッカーは、行動場面の重要性を、バーカーとライトのある少年の一日（One boy's day : a specimen record of behavior）を引用して次のように著しています。

> バーカーとライト（１９５１）は、子どもたちの行動観察を分析するために多くの時間を費やした。この研究の最も重要な結論は、「子どもたちの行動は、子どもたち個々の性格を知るよりも、行動場面の状況を知ることによって正確に予測できる」ことであった。一日の子どもたちの行動は、その時の環境とともに変化し、同じ環境では、どの子どもも同様の行動をしていた。もちろん、子どもたちの行動は完全に同様ではなく、いくぶん異なっていたが、参加している状況全体で考えると多くの人は同意するだろう。

つまり、人の行動は、行動する場面の状況によって、ほとんど決まってくるというのです。ウィッカー[5]は、「子どもたちは、他の多くのこともできるのに、参加している状況に自分の行動を合わせようとする。子どもたちの行動を生じさせている文脈を知ることが重要である」と述べています。つまり、環境が人の行動を生じさせて、人は環境に合わせて自分の行動を行うと考えられるのです。

次に行動場面について、少し詳しく説明します。

行動場面は、次のような特徴を持ちます。①ある行動が起きる場所・時間帯は限定できる、②行動場面には構成員と構成物があり、他の構成員や構成物と交換可能である、③日常的に繰り返される行動のパターンがある、④物理的環境はその行動に適合するような特徴を持つ、⑤人や物が影響を与える度合いの強さはさまざまである、⑥その場面を継続させる自律的な傾向が存在する。

紙面の関係から、「①ある行動が起きる場所・時間帯は限定できる」について考えてみましょう。各家庭の朝七時を思い浮かべていましょう。家庭では、みんなが起床して、出かける準備をしています（一般的な例として挙げます）。そして、そこでみんながすることは、着替えて、食事をして、持ち物を準備する……等です。

このように、行動が起きる場所・時間によって、多くの行動は予想できます。これを学校に置き換えても同様です。朝、授業が始まる前は、各クラス朝の会が行われ、月曜の朝には、全校で朝礼が行われる。そこで行われることは、どこの学校でもほぼ同じ内容で、参加者（教職員や児童・生徒）の行動も決まってきます。環境と人間の行動を研究するのが生態心理学ですが、環境のつくり方を工夫すると、人の行動の質が変わってくることに着目し、よりよい学びを追求することができます。

行動場面の考え方を使えば、人は○○な環境では□□な行動をすると予測できるとともに、それを研究すれば、「どのような環境をセットすれば、□□な行動を引き出せるのだろうか？」という問いの答えを見つけることができます。私が研究するのは、この部分です。学校でのことを考えると、①子どもの能動性を引き出す教室環境、②こどもが興味を持てる教材の提示、③子どもが自発的に取り組もうとする授業の内容などがあります。

三　生態心理学、文化心理学の視点からの発達支援

私は、特別支援教育の科目を教えていますが、研究や学校等の支援活動は、特別支援教育だけではありません。通常の学級の授業も見に行きますし、幼稚園や保育園、認定こども園等でも講演をしています。また、いじめ関連のアドバイザーも行っています。私の研究の対象は、支援が必要な人すべてだと考えています。

これらの仕事を、文化心理学と生態心理学の考え方に基づいて行っています。主なフィールドが園や学校なので、子どもが対象となることが多いです。そして、子どもたちや先生とかかわる際に、「子どもたちが、よくない状況にあっても、子どもたち自身に責任があるのではない」「取り巻く文化や社会の状況から、今の状態になっている」ととらえて対応を考えています。

四　すべての子どもは、同等の潜在能力を有して生まれてくる

文化心理学の祖であるヴィゴツキーは、障害がある子どもたちに対して、次のような見解を述べています。

> 障害がある子どもで困難なことは、障害そのものではない。障害があるために、有している能力を活用して外界に働きかけたり、外界の情報を受信したりすることを遮断されてしまうことである。[6]

ヴィゴツキーは、障害児も健常児と同様の「潜在能力」を有しているという前提で教育を考えました。そして、障害は二種類あると述べました。

二種類とは、Ⓐ障害そのもの、Ⓑ障害のために学ぶことが難しくなる二次的な状況です。

自閉症スペクトラム障害（以後、ＡＳＤとします）の子どもを例に挙げると、Ⓐ障害そのものとは、コミュニ

ケーションが苦手で、他者とやりとりができない状態を示します。Ⓑ障害のために学ぶことが難しくなる二次的な状況とは、自閉症スペクトラム障害の子どもも、「人との関係を構築する潜在能力を有している」のですが、コミュニケーションの問題があるため、人とかかわる機会を持てず、関係を構築する機会を失ってしまうというものです。また、彼らがたとえ人とかかわりたくても、方法がわからず気持ちを伝えられない場合もあります。つまり、潜在能力があっても、障害が邪魔して、それを伸ばす機会を持てないということです。ヴィゴツキーは、「Ⓐ障害そのもののためにできないこと」は少なく、「Ⓑ潜在能力を有しているが、障害がじゃまをするために、学ぶことが難しいこと」が圧倒的に多いとしています。私は、この考え方をもとに、子どもたちと接しています。

　ヴィゴツキーの考え方は、障害を有する子どもだけに当てはまるのではありません。健常児やすべての子どもに当てはまるのです。例えば、子ども自身は高い学習能力を有しているのに、家庭環境の問題があり、学習する機会を失ってしまっている。先生が、できない子どもであると評価しているために、適切なかかわりをせず学習できていない。リーダーシップをとる能力が高いにもかかわらず、クラスの中で役割が与えられず、それが発揮できていない。こんなことは、たくさんあります。

　ヴィゴツキーの潜在能力の理論を理解する際に、非常に参考になるのは、精神科医のジョージ・エンゲルが一九七〇年代に提唱した生物・心理・社会モデル（bio-psycho-social model）です。エンゲルは、精神疾患に関するさまざまな要因を、㋐生物学的要因、㋑心理学的要因、㋒社会的要因の三つに分類しました。例えば、ＡＳＤ児は、対人関係や行動に問題を有しています。肢体不自由児は、身体の不自由があります。これらは、脳に起因すると考えられている、㋐生物学的要因です。㋑心理学的要因は、ＡＳＤにより、人とコミュニケーションがうまくいかなかったり、行動が限定されたりするために、ストレスが重なり、心理的な問題を起こすことなどが挙げられます。また、肢体不自由の子も、㋐生物学的要因（運動障害）により、行動が限定され、㋑能動的でなくなったり、自分に自信が持てない状態（㋑心理学的要因）になったりしやすいといわれています。しかし、以上のような問題を有している場合でも、㋒社会的要因として、周囲の人々が配慮してかかわると、㋐も㋑も、ほとんど問題がなくなることもあります。例えば、気持ちがなかなか伝えられないＡＳＤの子どもも、㋒周りが障害特性を配慮して「伝えやすい環境設定」「ゆっくり気持を理解する機会をもつ」「気持ちの切り替えを待つ」などのかかわりを行うと、㋐生物学的要因があっても、㋑心理学的要因は、目立たなくなります。それどころか、安定した状況で㋐のＡＳＤの症状も治まってくる場合も多いのです。

五　生態心理学・文化心理学の視点からさまざまな事象を考える

健常児の教育も特別支援教育も基盤は同じ

前述したように、私は、特別支援教育だけでなく、通常の学級の指導・助言、いじめに関する学校支援も行っています。そして、すべての仕事に、文化心理学・生態心理学の視点から携わっています。

通常の学級における各教科の学習を想定してみましょう。もし、授業内容の理解が難しい子どもがいたとします。従来の評価の仕方だと、まず、子どもの成績を見て評価するのは、「子どもの学習に対する意欲」「子どもの学習の努力」「子どもが家庭で学習に充てる時間」等を見るでしょう。そして、子どもが、家で勉強していなければ、「もっと努力して家庭で学習しないと成績が下がりますよ」と指導していたと考えられます。さまざまなことを「子どもに原因がある」「子どもにやる気がない」と考えてきたのです。しかし、「子どもが勉強しないのは、子どものせいばかりではない」ことも多々あります。案外、先生の教え方が適切でないことが多いといえます。

去年まで、授業中積極的に発言し、家でも自分から能動的に学習していた子が、今年は、全く勉強しなくなることもあります。理由として、先生の教え方が悪い、先生と関係が悪い、家庭に問題を抱えていて勉強が手につかない等があるかもしれません。さまざまな要因で、学習できなくなってしまうこともあります。

いじめが起こった場合も同様です。ある子どもがいじめられている。いじめている子は、「いじめ」という卑劣な手段をとっており、厳正な教育的介入が必要です。しかし、いじめている子どもが、「いじめ」という手段でしか、自分の感情を表出できないのは、いじめている子ども自体も問題を有しているといえます。強い指導をして「いじめを止めても」問題の深層にアプローチしなければ、解決になりません。先生がいるときは「先生が怖いからいじめない」と思いますが、先生がいなくなった途端、さらにひどいいじめを隠れてやるようになるでしょう。いじめている方も、いじめなければならない、問題があるはずです。それは、㋐生物学的要因（例えば、自分の心の内をうまく表出できない）かもしれませんし、㋒社会的要因（家庭や人間関係の問題等）かもしれません。その結果、㋑心理的要因（フラストレーション等）が起こり、それを吐き出すためにいじめに走っているのかもしれません。

私は、子どもとかかわる際に、ヴィゴツキーの潜在能力の理論と、それを具現化するために、生物・心理・社会モデルを取り入れています。

生態心理学の視点からつくった「行動セッティング（場面）のシステム構造の評価」

以前、私は、『特殊教育学研究』（日本特殊教育学会の機関誌）という雑誌を、創刊号からくまなく読み、重度・重複障害の文献を探しました。その際、唯一生態心理学の理論を取り入れて独自の考え方を示していたのが、宮武宏治でした。[7] 宮武は、バーカーの生態心理学の考え方をもとに「重度児の行動セッティングの概念」を示し

表1　行動セッティングのシステム構造の評価

	評価の区分	内容例
①	活動の目的と活動の役割	目的：活動は、何を目的とするか【例：教育目標、子どもの好きな活動、季節に合わせた活動等】 役割：学習計画における活動の役割【例：活動により、何を学ぶか？　その活動の学校の行事や学級活動上の位置づけ等】
②	構成員（子どもと教師）の行動セツテイングでの役割	構成員が受け持つ役割：活動全体の流れの中でその構成員が果たす役割【例：全体の進行、ある場面での重要な役割、活動を支える支援者的な役割（裏方）等】
③	構成員の役割の階層	構成員が受け持つ役割の階層：構成員の役割は、階層構造（ヒエラルキー）のどの階層に位置するか【例：リーダーである、特別の役割がある、ある程度の役割がある等】
④	活動空間、設置されている教材や補助具等の形態・目的・配置	活動する場所の状態：どこで行うか？【例：対象児が慣れた力を発揮しやすい場所か？　対象児が好きな場所か？　目的に合った教材が選ばれているか？　適切な場所に配置されているか？　活動を支援する補助具等が準備されているか？】
⑤	活動における構成員（参加者）の価値観	参加者一人ひとりの価値観が活動に与える影響【例：授業をする際の先生がもつ価値観→教育の目標の達成。子どものもつ価値観→自分の興味・関心があることを行う】

ました（宮武のいう重度児は、重度・重複障害児です）。バーカーの生態心理学を深め、重度児を取り巻く環境の評価のポイントを示していました。この論文に出会ったとき、私はとても感動しました。今から三〇年も前に、生態心理学の視点から重度児の分析を行っていた研究者がいたのです。しかし、宮武の研究をさらに進める研究者は、存在しませんでした。

そこで私は、宮武とバーカーの考え方をもとに子どもたちの行動とその周辺の環境に関する評価を検討し、「行動セッティングのシステム構造の評価（以後、システム構造の評価[8]）」を作成しました（表1）。システム構造の評価では、学校教育で通常学級の教育や特別支援教育で検討されてきた内容を積極的に取り入れました。

従来の教育では、教育目標に沿って、指導の内容を考えてきました。そして、目標を達成するための活動やそれに伴う教材の開発が行われてきました。システム構造の評価では、さらに「環境と子ども」、「先生・他の子ども（状況によっては環境でもあり、構成員）」との関係を掘り下げて考えています。これらの視点をもって、授業や生活を考えると、子どもの能動的な活動を引き出す環境設定ができるのです。

本章では、紙面の制約もあるので、難解な「⑤活動における構成員（参加者）の価値観」について、説明します。

クラスの授業でよくある例を挙げたいと思います。

担任をしているある子どもが、授業中に集中できず、他の子に話しかけて授業の支障があるとします。このような際には、子どもの授業への参加態度が問題となり、指導し、授業に参加させようとするでしょう。

システム構造の評価（表1）で、この内容に関連するのは、「評価の区分⑤　活動における構成員の価値観」です。評価の区分⑤の視点から、先生と子ども、それぞれの視点で活動を分析すると、図1のようになります。

授業内容を考えるとき、先生は、先生の価値観で検討します。先生の価値観には、学習指導要領はもちろん、学校の教育目標、そして、先生自身が子どもたちに学んでほしいことが含まれます。もちろん、子どもの興味・関心も考慮していると思います。

しかし、授業を集中して受けない子どもは、その子なりの価値観があります。

「評価の区分⑤　活動における構成員の価値観」の視点から考えると、その子が学習しようとするための「子どもの価値観――満足、快感、個人的な好き嫌い、興味・関心」に働きかけるだけの要素が足りなければ、子どもは授業に能動的に参加しないことが考えられます。

学校には、教育目標があり、学校として「子どもに学ばせたい内容」があるのですが、子どもがそれを学ぼうとしないこともあります。こんなときはどうしたらよいのでしょうか。無理に指導したら、とりあえず授業に参加すると思いますが、集中して学習に臨むとは考えにくいです。そんなとき、「評価の区分⑤活動における構成員の価値観の違い[9]」（図1）の理論を活用して、先生と子どものやりたいことの「折り合いをつける（または、

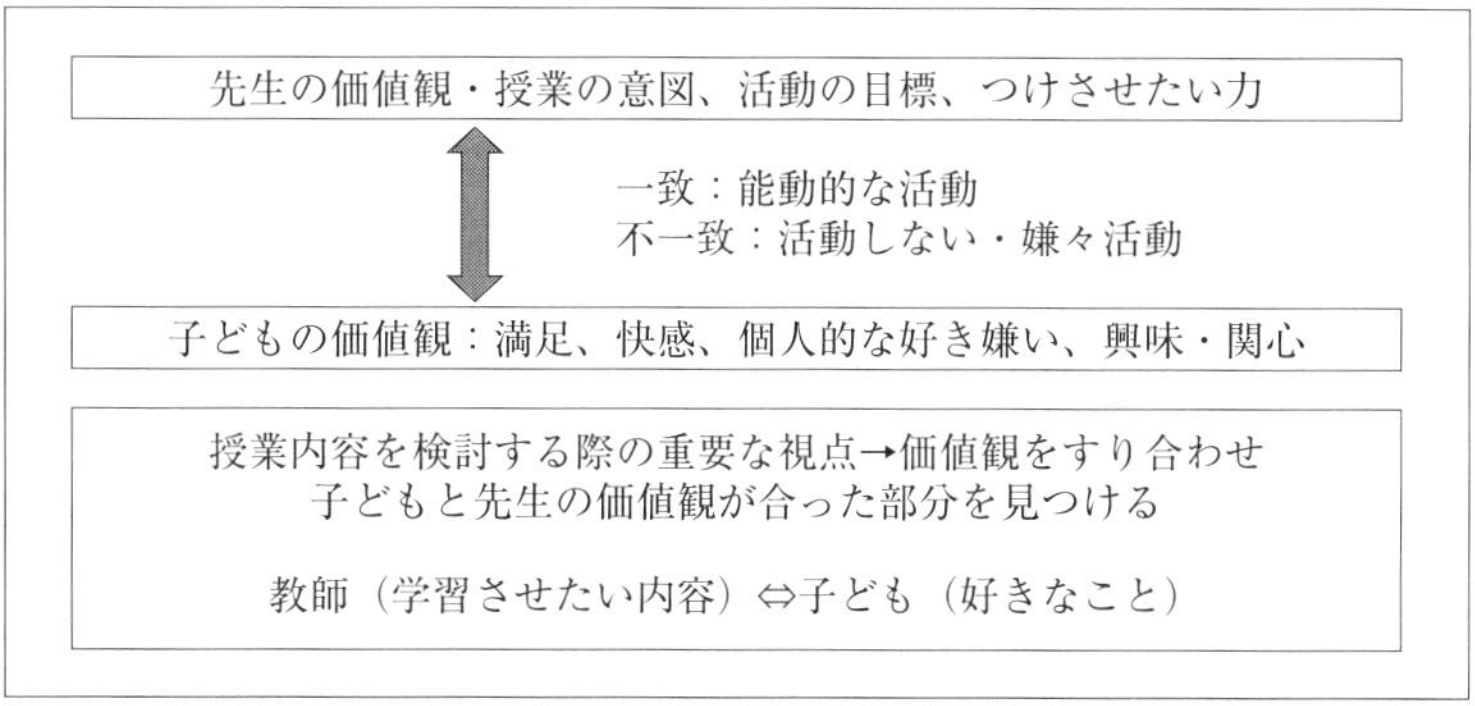

図１　活動における構成員の価値観の違い――授業での先生の価値観と子どもの価値観

すり合わせを行う）」とよいでしょう。

この場合、「無理に指導して、子どもを授業に参加させる」のではなく、子どもの興味・関心に合わせて授業を構成し、その中に先生の学んでほしい内容を少しだけ挿入しようと試みるとよいと思います。しかし、普段なかなか集中できていない子どもは、興味・関心がある内容の幅は、狭いかもしれません。まずは、行動観察・子どもの評価をしながら、子どもの好きなことを行ったらどうでしょうか。子どもに変化を求めるのではなく、まず、先生が変わり子どもの興味・関心に付き合うことから始めるのです。先生が、子どもの興味・関心に寄り添えば、関係も良好になり、子どもの方も先生に価値観を合わせてくれるようになってきます。

この際重要なことは、先生は子どもと対等な立場からかかわるということです。元来、子どもは、「上から目線」に敏感で、それを非常に嫌う性質を有しています。指示や命令口調でかかわると、なかなかうまくいきません。対等な関係で「子どもと相談しながら」授業を作っていくことが重要なのです。このように接していくと、自然と子どもは、先生を尊敬するようになり、よい関係ができあがります。関係ができあがれば、子どもは自分から先生の意向を尊重してくれるようになるのです。

ぜひ、授業を考える際、システム構造の評価（表1）を使ってみてください。

六　おわりに

この章では、私が研究や教育の基盤として考えている文化心理学や生態心理学の視点から教育について議論しました。

常に、子どもが自分から能動的に活動し、興味・関心をもって授業や学校の活動に参加できるように考えていきたいものです。その際、本章で論じた内容が役立つはずです。

注

（1）樋口和彦編『重度・重複障害児の学習とは？』ジアース教育新社、二〇二一年。

（2）J・ピアジェ＆B・イネルデ『新しい児童心理学』波多野完治・須賀哲夫・周郷博訳、白水社、一九六六年。

（3）J・J・ギブソン『生態学的視覚論——ヒトの知覚世界を探る』古崎敬訳、サイエンス社、一九八六年。

（4）R・G・バーカー、『大きな学校、小さな学校』安藤延男訳、新曜社、一九八二年。

（5）アラン・W・ウイッカー『生態学的心理学入門』安藤延男監訳、九州大学出版会、一九九四年。

（6）L・E・バーク＆A・ウインスラー『ヴィゴツキーの新・幼児教育法』田島信元・田島啓子・玉置哲淳編訳、北大路書房、二〇〇一年。

（7）宮武宏治「Ecological Psychology の視点から考察した重度・重複障害児のための教育課題の設定」『特殊教育学研究』第二八巻第二号、一九九〇年、四三—五五頁。

（8）樋口編、前掲書。

（9）樋口編、前掲書及び樋口和彦「学習の視点からみた重度・重複障害児研究の展望」『特殊教育学研究』第五六巻一号、二〇一八年、三三—四六頁。

第13章　障害児教育学（発達援助）

発達援助から考える個別の支援とは

平田香奈子

【自己紹介】

氏名　平田香奈子（Kanako HIRATA）

専門領域　障害児教育学（発達援助）

主な担当授業　「肢体不自由者の心理・生理・病理」「知的障害教育学」「知的障害指導法」など

その他　小学校五年生のとき、総合的な学習の時間で「盲学校の友達と交流しよう」というテーマに取り組んでいた。同じ教科の内容を、違う方法で学んでいる、同じ歳の子どもたち。自分たちの学校とは同じようで違う、違うようで同じところもある学校。そこで働いている先生方。さまざまな学び方がある、教師という仕事にもさまざまある……。一人ひとりの学びと育ちを、一人ひとりに応じて工夫する教育。私自身の「障害児教育」はそこからスタートした。

　そしてその後、多くの出会いに支えられた。スイミングクラブや、地域の体操教室でのボランティアやアルバイト。地域での活動を拠点にしていたことで、卒園・卒業を経ても、子どもたちや家族と関わり続けることができた。そのようななかで、生涯発達、という長期的な視点を持つことや、当事者たちの人生の過ごし方に多くを学んだ。また、最初に就職したのが保育園であった。当時担任をしていた子どもたちは、今成人している。幼いころ、いろいろあった子どもたちが、皆それぞれの道を歩んでいる。その姿にも多くを学んだ。そんなこんなが、私の発達援助、という軸を持ちながらの障害児教育へのアプローチの背景だと思っている。

一　「障害児教育学」とは

障害児教育学の枠組み

　近年、「障害児教育」に関する、さまざまな領域や用語がある。「特別支援」「インクルーシブ」「アダプテッド」「特別なニーズ」などが挙げられるだろうか。日本では、文部科学省が特別支援教育について、「「特別支援教育」とは、障害のある幼児児童生徒の自立や社会参加に向けた主体的な取組を支援するという視点に立ち、幼児児童生徒一人一人の教育的ニーズを把握し、その持てる力を高め、生活や学習上の困難を改善又は克服するため、適切な指導及び必要な支援を行うものです[1]」（傍点は筆者加筆）としている。つまり、特別支援教育の対象を、「「障害のある」幼児児童生徒」と示している。そのためか、障害児教育＝特別支援教育、ととらえる見方も、教育に関連する場面では多い印象がある。一方で、二〇一九年度よりスタートした教職課程では、特別支援教育に関する授業科目が、全教職課程履修者に必修となった。その学習内容は、障害のある幼児児童生徒に限定されたものではない。この授業内容には、障害のある幼児児童生徒に対する教育だけではなく、母国語や貧困の問題等により特別の教育的ニーズのある幼児児童生徒への教育も含むこととされた。

　教育上特別な支援を必要とする幼児児童生徒の抱えているものは、「障害」と認定されるものだけではない。教育現場・保育現場など、子どもたちの発達を援助する場面では、さまざまな個別の支援が必要とされている。文部科学省の示す「特別支援教育とは」の枠を超え、保育・教育の現場で求められる「幼児児童生徒に対する発達上・教育上の特別な支援」は多岐にわたっている。「障害児教育」は、そのさまざま想定される特別な支援のうち、子どもたちの心身の発達における偏りや凸凹に対するアプローチ、と考えられる。

ここまで書いておいて、さらには「障害児教育学」という章を担っておきながらではあるが、私は「障害児教育学」という枠組みに違和感がある。このような枠組みが示されてしまうと、その枠組みの内と外、という線引きがされがちになる、というのがその理由だ。特に発達の途上にある子どもたちは、その外から見える発達の姿が多様に変化する。おかれている生活環境も変化する。一人の子どもにとって、「障害か否か」という点は、一部分でもある。よく学生から、「障害のある子どもたちに対する教育において、気を付けることは何ですか」というような質問を受ける。また、保育や教育の現場でも、一人の子どもの「障害」を改善しようと丁寧にアプローチをする（多くがそこにばかり着目して……）場面にも出会う。しかしながら、「障害」に着目しすぎると、「子ども」が見えなくなってくる。

さらに、障害のある子どもが抱える教育ニーズ、発達ニーズは、障害に関するものだけではない。どのような地域で暮らしているのか？　どのような家庭で暮らしているのか？　仲間は？　文化的な背景は？……と、挙げればきりがない。

そのため、「障害児教育学」という枠の中だけで、一人ひとりのための特別な教育的配慮を考えていくことには限界がある。そこで、「発達」という軸をもって、子どもたちの中で何が起こっているのか？？　それがどのように次の学びや育ちと関連してくるのか？？　変化していくのか？？？　を考えると、子どもたちの学びや育ちのサポートへのヒントが見えてくる。さらには、「障害」と言われるものの本当の姿が見えてくる。

障害児教育学との向き合い方

一〇〇年前の日本には、「障害児教育」という言葉はなかった。当時、今でいう知的障害児教育は、「治療教育」や「異常児教育」「劣等児教育」などと言われていた。「障害児」と認定されるか否か、といった点も、時代によって大きく異なってくる。また、このような子どもたちの教育や発達援助に携わる学校・機関もたった数十年の間にも大きく変化をしている。障害児教育学の中には、そのような歴史や概念変化に絞った研究を含め、さまざまなアプローチの方法がある。

私自身は、「子ども」に関心があるため、子どもたちの姿を見て、そこで何が生じているのか？？　ということを考え、展開されている発達援助がどのような影響をもたらしたと考えられるか？　ということを検討したいと常々考えている。しかも、「今」の姿だけにこだわらず、その子どもが自らの人生を歩んでいく……という生涯発達の視点を持ちながら、検討をしたい。しかしなかなか難しい側面もある。個人の事例であればあるほど、そうと言い切れる論拠は示すことが難しい。長期的な視点を持てば持つほど、日々暮らしている子どもたちであるので、さまざまな影響を受けていることは容易に想像でき、「これがこの発達に影響した要因だ！」と言い切れない……という事例研究の難しさがある。そのようななかではあるが、子どもたちの姿のエピソードを収集しながら、障害とは？？　教育とは？？？　発達援助とは……？　検討を重ねたい。この章でも、いくつかのエピソードから、障害児教育について、考えていく。

二　「発達」という視点から見えてくる「障害」の姿

「俺とボルト、どっちが速いかな」——知的な遅れのある人たちの「苦手さ」

二〇〇八年の北京夏季オリンピックで、ウサイン・ボルトが陸上男子一〇〇メートルで金メダルを獲得した。ボルトは、世界最速の男だった。そのころ私は、ある陸上の大会で男子一〇〇メートルに出場する一八歳のＡ君と出会った。競技会に向けて志気が高まっていた彼は、「絶対に勝ちたい」と、何度も口にしていた。そして私に一言、「俺とボルト、どっちが速いかな」と尋ねてきた。

私が間髪入れずに、「それはボルトでしょ」とどう考えても「正しい」答えを返すと、彼は烈火のごとく反論してきた。

「何でそんなことわかるんだよ！　一緒に走ってみたこともないんだぞ‼」

この出来事が、私の中に大きな問いを投げかけてきた。「知的障害」の一言でくくられている、彼の中にあるさまざまな「苦手さ」を、まざまざと見せつけられた。同時に、なぜ一八歳の彼が、その力を身に着けていないのか、学んでいないのか……ということが、モヤモヤと押し寄せてきた。

この「俺とボルト、どっちが速いかな」という問いは、「知的障害だから」で片づけられるようなものではない。軽く言うと、ツッコミどころだらけ、なのである。

まず、客観的思考ができていない。陸上競技の一〇〇メートルにおいて、自分と他者とがどっちが速いか、という問題など、それぞれのタイムを比較してみれば一目瞭然である。「一緒に走ってみて」わかる、というものではない（この原稿を書いている現在、ちょうど東京オリンピックの陸上男子一〇〇メートル代表の選考があった。このようなレースは、選考会一発勝負であり、さらにはコンマ何秒という差を競うものでもあるため、結果がわかっているレースとも言い切れない）。彼は、客観的指標で判断するのではなく、自分に直接かかわる、（この場合、一緒に走ってみて）直接的な手法でないと、比較が困難なのである。

さらには、社会的な自己理解もできていない。ボルトと競えるほどの走力の持ち主であれば、私のような陸上もよくわかっていないボランティアコーチにサポートをしてもらっているわけはないはずである。さまざまな側面からの、彼の学びづらさ、が見えてきた。

知的な遅れのある人たちの「ハンディキャップ」って何なのか？

逆に、定型発達、というくくりに組み入れられる「私たち」は、このようなことをどこで身に着けてきたのだろうか。学んできたのだろうか。私が小学校時代に五〇メートル走のタイムを計ったとき、自分より速い友人のタイムは、自分のタイムよりも「小さな」数だった。同じ距離であれば、より短い時間で駆け抜けるほうが「速い」ことは、とっくに理解していた。スイミングスクールの進級テストで設定タイムを突破できず、どうしたら記録を縮めることができるのか努力した。水泳が速かった兄や姉が小学生のころに出していた記録には、頑張っても頑張っても届かなかった。選手コースに通う同級生たちの泳ぎは、自分のそれとはまるで違っていた。ほのかに悔しいなかで、「自分はこんなものなのかな」と感じていた。

一方で、Ａ君はどうだったのだろう。

Ａ君がこれまでに歩んできた道は詳しくは知らないが、Ａ君の「わかる」に沿った学習支援はなされてきていたのだろうか。「速さ」を計る客観的指標としての「数」を学んではいなかったのだろうか。授業などでタイムを計り、目標を設定し、記録を取り続けたような経験はなかったのだろうか。あっても身につかなかったのだろうか。さらに、部活動や習い事で、周囲と切磋琢磨し、競いながら自分と向き合っていった経験など、速さの概念や仕組みを理解する機会、自己の実力と向き合うような場面はなかったのだろうか。

おそらく、Ａ君の学びにおけるハンディキャップ、つまり「障害」は、彼自身の持つ「苦手さ」だけではなく、彼が経験しうることができた「環境」にも大きく影響を受けているのではないかと考えられる。

さらには、このようなことは、学校では教えてくれない。教えてくれない、というよりむしろ、子どもたちが育ちの中で、自然と経験し、「そういうもの」として、身に着けていくものでもある。

「発達」の道筋での学びと「障害」

よく言われることではあるが、生まれたばかりのあかちゃんができることは少ない。しかし、○カ月ごろには首が座り、△カ月ごろには寝返りを打ち、◇カ月ごろにはおすわりをして……と、多くの子どもたちが育っていく。

それは、このような身体の発達ばかりではない。

寝返りができるようになった子どもは、腹ばいの姿勢で周囲を見渡すことができる。すると、広がった視野の中にはさまざまなものが映り、子どもたちの「なになに??」を刺激する。手足をバタバタと動かしながら、さらなる筋トレは続く。そうして、いつしか、無意識下でのバタバタとした動きにより、移動ができてしまい、「移動」が可能であることを知る。それを繰り返しながら、意識的な移動手段を獲得していく。この移動手段が、連続の寝がえりであったり、ずりばいであったり、個々さまざまではあるが、子どもたちは自らの身体を意識を持って動かし、あやつり、「できた！」と楽しんでいく。そして、見つけた「何か」を確かめようと、広がる世界に自分からかかわろうとする。図1の写真は、赤ちゃんが目に映る玩具に手を伸ばし、つかもうとしている姿である。

図１　気になるものを見つめ確かめようと手を伸ばす赤ちゃん

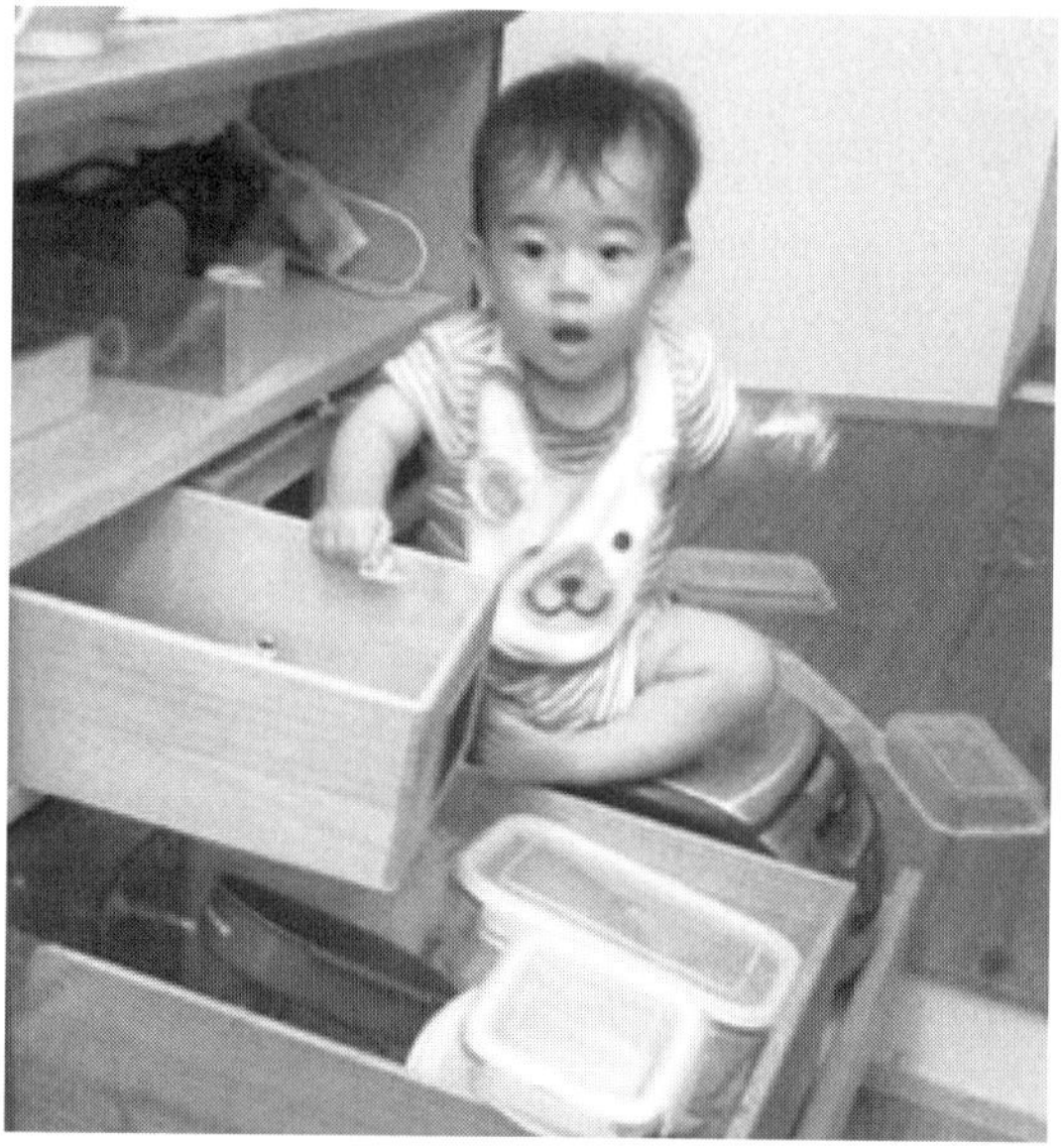

図２　なんでも確かめたくてたまらない

自らの身体を動かすことのできる楽しさ、自信、そして周囲のモノや人に対する興味・関心と、かかわりたいとする意欲、それが達成されることでさらに深まる喜びと自信……。子どもたちはまさに、主体的にこの世界にかかわることで、心身が発達していく。何だろう？　と知りたくて知りたくてたまらず、探索活動を続ける（図２）。

仮に、身体の発達に何らかの「障害」を抱えるとしたら、どうだろうか（仮に、何らかの要因でずりばいが困難である、とする）。

視界に映った、興味を惹かれる、面白そうな玩具がある。「なになに？」とわくわくしても、移動手段を持っていないと、自らその玩具のもとに行くことが困難である。つまり、「できた！」という喜びの体験、次の関心への拡がりなどを経験しづらいというハンディが隣り合わせとなっているのである。

逆も考えられる。知的な発達の遅れを抱えることで、「なになに？」という関心や意欲を持ちづらいとする。それは、さまざまな環境に自ら動いてかかわろうとする意欲の持ちづらさとなり、「動いてみよう」という意欲にもつながりづらく、その結果、動きの経験が乏しく、運動発達にも影響を及ぼすこともあるだろう。

また、障害のある幼児は、子ども集団でさまざまな遊びを経験する機会も少ないことがある。自分は「速く」

走っているのに、先にゴールした友達から「遅いなぁ」と言われ、速いのにどういうことだろう……と考える経験。虫取りをしていて、友達が届かなかった虫を自分の網で取って、後から見たら、自分の網が長かった、だからとれたのか、という気づき。子どもたちが遊びの中でおのずと経験し、会得している能力ははかり知れない。このような機会が乏しくなりがち……というハンディキャップも、障害のある子どもたちは抱えうる。

つまり、「障害のある」子どもたちへの教育や発達援助を考える際に重要となるのは、本人の抱えている育ちづらさ・学びづらさがどのようなものであり、それに対していかに、学びや経験を保障し、本人の「できた！」「わかった！」につなげていくことができるか、という点である。

「俺とボルト、どっちが速いかな……」とつぶやいた一八歳のA君が歩んだこれまでの道筋には、このような学びの機会が少なかったのかもしれない。学びの機会はあったとしても、それの機会にA君がしっかりとつながり、「わかった！」と学び取ることができなかったのかもしれない。

三　「障害」のある子どもへの教育・発達援助とは

「障害」が見えづらくする「本人の姿」

もう一つ、エピソードを記す。学生時代の保育園でのボランティアで、自閉症スペクトラムの子どもと過ごしていたことがある（仮にBちゃんとする）。「自閉症スペクトラム」は、他者とのコミュニケーションの発達や方法に偏りを抱え、想像力などの苦手さから何らかの行動や物にこだわりを見せるなどの特徴を示す。また、言葉が意味することを理解することの苦手さや、場所や物の意味などを汲み取る苦手さが見られることもある。一方で、見る力が強いという特徴を示す子どもも多い。そのため、活動ごとに場所を区切り、「何をするか」視覚的にわかりやすく調整する環境の構造化や、生活や活動の時間についても区切りを設け、さらにそれを写真やイラストでスケジュールとして示すなどの支援がよく行われる。私がＢちゃんと出会ったころ、この支援方法が日本の保育・教育現場で広まりつつあった時期でもあった。

Ｂちゃんは保育所に入所して日が浅く、園の中をウロウロとしていることが多かった。私はそのあとを追いかけるばかりであることに、若干もどかしさを感じていた。さらに、所属するクラスがあるのだから、在籍しているそのクラスの活動に少しでも参加させたいという思いがあった。

そのような中、Ｂちゃんが好んで行こうとする場所があった。○歳児クラスの教室の前と、プールだった。しかし、○歳児クラスの前で過ごすとき、Ｂちゃんが静かにたたずんでいるわけでもないため、赤ちゃんたちの食事や遊び、睡眠の邪魔となることも少なくなかった。プールに関しては、各クラスが交替で入るなかで、「Ｂちゃんだけなんで好きなときに入っていいの？」という子どもたちの声もあった。つまり、私を含め保育者や周囲の大人にとって、○歳クラスの前で過ごすこと、プールにいつでも入ろうとすることは、障害のあるＢちゃんが見せる、「困った行動」であった。

そこで私は、このような困りごとを解消しようと、「見てわかる」カードを作成しようと考えた。担任保育者の顔写真やクラス名のプレート、保育室にあるＢちゃんの好きな玩具を写真に撮り、カードを作成した。そのカードを用いて、Ｂちゃんの「困った行動」にアプローチしようと、つまり、プールへ行くことや○歳クラスの前で過ごすことをやめさせ、クラスに戻らせようとしたのである。

そしてある日。登園後、ウロウロしていたＢちゃんは、テラスから園庭のプールを見た。そして走ってプールバックを手にした。私は「今だ！」と息巻いて、Ｂちゃんに「プール」のカードを提示し、「あとでね」と伝えた。そして、「今は……」と、クラス名のプレートと、園室の玩具のカードを提示した。Ｂちゃんは、カードをじっと見つめ、立っていた。「見ている見ている……。プールから園室に気持ちが切り替わってくれるかな……」と思っていた私の目の前で、Bちゃんは次の瞬間、カードを放り投げ、プールに走っていった。

完敗、である。私は全くわかっていなかった。

「障害に応じた支援」とは何か

私は、Bちゃんの自閉症スペクトラム、という障害にとらわれすぎていた。自閉症スペクトラムの人たちには視覚支援が有効、という、「障害に対する手立て」にとらわれすぎていた。本人の姿を丁寧に理解しようとすることを、完全に怠っていたのである。

Bちゃんは入園して日が浅かった。まだ、自身が過ごすその園について、知らないことが多すぎた。不安で当然である。おそらく「ウロウロ」していると私が感じていた行動は、自分の過ごす園を知ろうとする、ごくあたりまえの行動だったのだろう。そして、Bちゃんの家には生まれたばかりの赤ちゃんがいた。知らない保育所の中でも、なんだか私生活とリンクする「赤ちゃん」がそこにいた。さらに、好きな活動である「プール」もあった。この赤ちゃんと、プールは、Bちゃんにとってよくわからない世界だった保育所の中で、数少ない「お‼」と思える場所だったのだろう。そこをよりどころに過ごそうとして、当然である。

私がBちゃんに対してとるべきだったのは、○歳児クラスの前にいること、プールに入ることを「やめさせる」ことや、それを「カード」で伝えることではなく、Bちゃんにとって保育園が安心できる場所となる方法をともに探ることだった。

別府哲は、自閉症スペクトラム児の発達援助について、次のように警鐘を鳴らしている。[2]「弱い全体性統合〔自閉症スペクトラムが示す特性と言われている。筆者注〕は、多くの定型発達があまり注意を向けない細部（例えば、クルクル回るもの、自動車の車種、数字、恐竜の名前）に強い興味をもつことを生み出し、周囲の大人にはそれがこだわりにしかみえないことも少なくない。無理に抱っこしたり、多くの定型発達児が喜ぶであろう玩具遊びに強引に誘うことは、自閉スペクトラム症からすれば、自分の感覚や興味を拒否されることとなり、周囲の大人との関係を遮断することとなりかねない」。私がクラスの活動への参加にこだわり過ぎていたBちゃんへの支援は、障害特性に配慮した支援では全くなかった。

　障害に応じた教育や支援を考えるとき、大切なのは「何の障害か」ではなく、その「障害」があることで起きている、本人の学びづらさや暮らしづらさの正体を考え、その障壁を解消することである。Bちゃんも確かに、自閉症スペクトラムという「障害」ゆえに、園での生活の見通しの持ちづらさや、人とのつながりの作りづらさを抱えていた。しかしその困難は、カードを提示されたからといって、魔法がかかったように解消するものではない。自閉症スペクトラムだから絵カードを用いる、のではなく、言語によるコミュニケーションに苦手さを抱え、見ることが得意であるから、「伝える」手段として、絵カードが有効なのだ。いくらカードを提示されたとしても、その活動がやりたくなるわけではない。安心できる場所で過ごし、頼りにできる人とつながること、そして、「やってみたい」ワクワクすることに出会うこと。保育において、子どもたちみんなに行われていることを、まず大切にしていかなければならなかった。これらが障害ゆえに得づらいものとなっているのであれば、その困難に対して、解消する方法を探ることが必要だった。子ども本人を丁寧に見て、その子の中で何が起こっているのか？？　理解をすることが、障害に応じた支援、の土台である。

「診断名」は、本人のつまずきを予測するヒント

　障害にとらわれずに、子どもたちの姿を丁寧に見ていく、ということは、どのような障害であるか、という

「診断名」は全く関係ないのだろうか。

もし、目の前の子どもが、何らかの診断を受けていたとすると、何らかの特性が明らかとなっている、ということである。これは、子どもたちの姿を読み解く大きなヒントになる。子どもが行事への参加を不安がっている様子があるとする。「自閉症スペクトラム」と診断されている子どもであれば、その場の社会的な文脈の理解が困難で不安を抱えているのかもしれない。「聴覚障害（難聴）」と診断されている子どもであれば、子どもたちに伝えてきた情報が十分に伝わっておらず、本人が何をすればよいのかわからない部分があり、不安を抱えているのかもしれない。

子どもたちの学習や発達援助へのニーズは、何らかの「姿」として現れてくる。寝返りを打たない、立たない、言葉が出ない、目が合わない、指差しがない……など、多くの子どもたちがある時期に見せる姿が見られない……という「姿」。または、特定のものに強くこだわったり、ひどい癇癪を起したり……という、周囲の同年齢の子どもたちとは異なったように感じられる「姿」。このような姿が見られても、子ども自身が生き生きと、意欲的に環境に働きかけ、自ら世界とつながっていっているのであれば、さほど気に留める必要もないのかもしれない。しかし、何らかの学びづらさや育ちづらさを抱えているのだとしたら、その「しづらさ」がなぜ生じているのか、正体を探り、「できた！」や「わかった！」につながる手立てを探る必要がある。

このようなときに、「障害特性」はヒントになる。すでに何らかの診断を受けていれば、その診断名がヒントになるだろう。まだ診断を受けておらず、周囲の大人も、その子の育ちづらさの正体がわかっていないときも、さまざまなパターンを想定しながら、その正体を探るために、障害特性の知識はヒントになる。

例えば、ある時期になっても、はいはいをしない子どもがいたとする。この「はいはいをしない」姿の正体が何であるのか、さまざまな知識を総動員して、探っていく。そのうえで、その子の学びづらさ・育ちづらさへの手立てが必要となる。

はいはいをしない、という姿をよく見ていくなかで、足の動きはどうだろうか。子ども自身が動かすことができているだろうか。手はどうだろうか。ものに触れたり感触を楽しむような活動を嫌っているようであれば、手のひらを思いきり床につけていく……という感覚が嫌いなのかもしれない。興味や関心の育ちはどうであろうか。周囲のもののところまで、移動して行きたい!!と思うような意欲が育っているだろうか……。このように、さまざまな障害や診断の項目から、つまずきの正体を探ることで、手立てを検討することができる。

四　障害を抱えながら育っていく子どもたち

幼児期に育む子どもの力

平成三〇年、保育所保育指針が改訂された。この保育指針では、幼児期の終わりまでに育ってほしい姿として、次の一〇の項目が挙げられている。

（1）健康な心と体
（2）自立心
（3）協同性
（4）道徳性・規範意識の芽生え
（5）社会生活との関わり
（6）思考力の芽生え

（7）自然との関わり・生命尊重
（8）数量や図形・標識や文字などへの関心・感覚
（9）言葉による伝え合い
（10）豊かな感性と表現

それぞれの項目には、幼稚園修了時の具体的な姿として、○○をするようになる……と、身に着ける能力についても示されている。一方で、発達に「遅れがある」とされている、障害のある子どもたちはどうであろうか。例えば、前に示した一〇の姿のうち、（3）協同性、には、次のように具体的な姿が示されている。

友達と関わる中で、互いの思いや考えなどを共有し、共通の目的の実現に向けて、考えたり、工夫したり、協力したりし、充実感を持ってやり遂げるようになる。

知的な発達や社会性の発達につまずきを抱えている子どもの場合、「互いの思いや考えなどを共有」したり、「共通の目的」を意識したりすることが困難な場合も十分に考えられる。では、障害のある子どもたちへの幼児教育の場面では、この保育指針はどのようにとらえていけば良いのだろうか。
改訂された保育指針には、乳児保育（〇歳）にかかわるねらいおよび内容として、次の三つが示されている。

ア．健やかに伸び伸びと育つ
健康な心と身体を育て、自ら健康で安全な生活を作り出す力の基礎を培う。

イ．身近な人と気持ちが通じ合う

受容的・応答的な関わりの下で、何かを伝えようとする意欲や身近な大人との信頼関係を育て、人と関わる力の基盤を培う。

ウ．身近なものと関わり感性が育つ

身近な環境に興味や好奇心を持って関わり、感じたことや考えたことを表現する力の基盤を培う。

これらは、〇歳児保育の内容であることからも、子どもたちの発達のごく初期の段階に大切な要素であり、その後の保育や幼児教育の土台となると考えられる。健やかにのびのびと子ども自身が育まれ、身近な人と心を通わせながら安心感を持って、興味や関心を存分に周囲の環境に伸ばしていくことで、「一〇の姿」に示されるような力として子どもたちの中に育まれていく。到達点は個人によりさまざまであっても、この基盤は変わらないものであると考えられる。

障害のある子どもの発達援助をめぐって、「早期発見・早期対応」の重要性が言われるようになって久しい。障害のある子どもの「早期発見・早期対応」は、虐待などのそれとは異なり、「早期に気づき対応をすることで、発生を未然に防ぐ」といったものではない。また、ある程度の特別な手立てが必要となる場面もあるが、早期対応において最も大切にされることは、保育所保育指針に示される三つの視点と内容であり、幼児期に育まれる力を見ていく視点の手がかりとしての一〇の姿は、障害の有無にかかわらず大切である。

障害のある子どもの発達援助

「みんなの活動」への参加を必ずしも目指すわけではない、一定の段階まで発達を押し上げることでもない……というなかで、では、障害のある子どもの発達を援助するとき、どこにねらいを定めれば良いのか、何か目指すものがないと、場当たり的な日々になってしまわないか……。そのように思い、保育や幼児教育、早期の発達援助において、大切にすることは何か、これまで研究の中で考えてきた。

岡部祐子と佐藤美由紀は、障害のある子どもの発達援助をする通園施設を卒園し、成人した卒園の保護者や関係者への聞き取り調査を行い、幼児期に育むべき子どもの力についての検討を行った[3]。すると、障害のある子ども本人にとって、生活習慣の獲得や、大人を信頼する心が育まれることは、その後学校や社会に出る……という環境の変化の中でも、本人の日々に大切な力となってくることが浮かび上がった。

そして本田秀夫は、発達障害等の子どもたちの診察や発達援助に携わってきた医師としての立場から、幼児期の発達援助について次のように述べている[4]。「とくに幼児期に症状が軽度の子どもでは、ちょっと頑張らせれば症状が軽くなるように見えるため、支援者が安易に症状消失を目標とする可能性があり、それが後の心理的変調出現の危険因子となり得る。〔……〕いわゆる定型発達の里程標にとらわれることなく、個々の子どもが安心して生活できる環境をまず保障してから、その安心を保ちつつ無理なくできる範囲で教育的アプローチを導入するのが基本である[5]」。

障害のある子どもたちは、その抱える育ちの偏りゆえに、この信頼や安心が育まれづらいことも少なくない。人と気持ちを通わせることに苦手さが見られることもある。環境からの情報の受け方が独特であることもある。さまざまな障壁が、子どもたちが安心を得て、身近な大人との信頼関係をはぐくみ、環境への興味・関心を伸ばしていく際に立ちはだかっていることもある。その障壁が何であるのかを見極める、繰り返しになるが、それが障害のある子どもへの発達援助、教育において大人に求められる役割である。保育場面や教育場面の活動にとらわれすぎるのではなく、そこで子どもが何を学んでいるのか、何を経験しているのか、その内面に心を寄せ、子どもたちが「知りたい」「やってみたい」と自ら学び・育ちに向かっていこうとする姿に寄り添っていくことが大切である。そのためにも、身近な人とつながり、その人を信頼することで自らが安定することが大切となる。また、生活習慣……というスキルが伴うことだけでなくても、睡眠・食事・排泄といった生活リズムが整うことも、子ども自身の安定の基盤となる。そうして安定することで、学びの芽を伸ばしていくことができる。

　子どもたちは一人ひとり、各々の仕方で、周囲の人や物などとつながり、育っていく。さまざまな事象に触れ、知識を得ていく。そのためにも、「知りたい」「わかりたい」と、子どもたちが安心して意欲の芽を伸ばしていくよう、大人は安心できる環境をもたらしながら、子どもたちを励ます。そして、子どもたちの力ではどうにもならない障壁を調整することで、子どもたち自身が学び、育つことを支援する。障害児教育や障害児の発達援助に携わる大人が持つ視点は、定型発達の子どもたちの発達の道筋や里程標との差異ではない。発達の偏りを抱えながら、自らの発達の道筋を歩んでいる一人ひとりの育ち・学びがどのように生じていて、何が障壁となっているのかを見極める視点である。そのような支援が広がっていくことを、心から願っている。

注

（1）文部科学省ホームページ　特別支援教育について　https://www.mext.go.jp/a_menu/shotou/tokubetu/main.htm、2021/07/12

（2）別府哲「発達理論を踏まえた幼児期における自閉スペクトラム症の支援と就学支援」日本発達障害学会『発達障害研究』第三八巻第三号、二〇一六年、二五七―二六三頁。

（3）岡部祐子・佐藤美由紀「幼児期の療育において育むもの――障害児通園施設の卒園生の事例から」国立特別支援教育総合研究所『国立特別支援教育総合研究所研究紀要』第四〇巻、二〇一三年、八一―九三頁。

（4）本田秀夫「早期発見・早期療育・親支援はなぜ重要なのか?」本田秀夫ほか『発達障害の早期発見・早期療育・親支援』金子書房、二〇一六年、二―一〇頁。

（5）同、四頁。

第14章　スポーツ科学（アダプテッド体育・スポーツ）

誰も排除されないスポーツとは

三木由美子

【自己紹介】

氏名　三木由美子（Yumiko MIKI）

専門領域　アダプテッド・スポーツ科学

研究テーマ　大きな目標は、「脊髄損傷者を含む障害を有する方がより良く生きる」ことである。そのために、様々な側面から検討を行い、有益な情報を提供している／しようとしている。具体的には、車椅子バスケットボール選手の競技力向上に関する研究および脊髄損傷者の生活の質の向上に関する研究等を行ってきた。車椅子バスケットボールに関しては、現在でも車椅子バスケットボールチームのスタッフとして活動している。

主な担当授業　特別支援教育に関する授業である、肢体不自由者／知的障害者の心理・生理・病理（生理担当）や肢体不自由の教育と指導を担当している。また、幼稚園教諭・保育士資格に関する授業である、子どもの保健Ⅰ、および保育内容（健康）等を担当している。

その他　私は、「専門領域は何ですか？」と聞かれた場合、「アダプテッド・スポーツ科学です」と回答する。では、「アダプテッド・スポーツ科学とは何ですか？」と聞かれた場合には、まずは、〝スポーツ科学〟について触れる必要があると考えている。

一　スポーツ科学についての一般的な紹介

私は、一般社団法人日本体育・スポーツ・健康学会（通称、日本体育学会）に所属している。この学会は会員数約六〇〇〇名の体育・スポーツ・健康科学に関する日本最大の学術団体である。二〇二一年の四月に学会名が日本体育学会から、日本体育・スポーツ・健康学会へと変更された。「学会名変更の背景には、会員による研究の目的・方法・対象などの多様化に伴い「体育」という名辞だけでは会員の研究全体をカバーしきれなくなった事情や、社会の趨勢として行政機関や大学などで「体育からスポーツ」への名称変更の潮流が生み出されたこと、さらには社会のための学術へのシフトやグローバル化の推進という要請がみられたことである。〔……〕学会の名称変更を行ったが、体育・スポーツ・健康に関わる我が国の旗艦学会であるということに変わりない」とされている[1]。

この学会には、一五の専門領域が存在する。それは、体育哲学、体育史、体育社会学、体育心理学、運動生理学、バイオメカニクス、体育経営管理、発育発達、測定評価、体育方法、保健、体育教育学、スポーツ人類学、アダプテッド・スポーツ科学、および介護福祉・健康づくりである。私はその中の〝アダプテッド・スポーツ科学〟が専門領域となる。

二　アダプテッド・スポーツ科学についての紹介・解説

アダプテッド・スポーツとは何かを紹介・解説するにあたり、車椅子バスケットボールと車椅子ツインバスケットボールを取り上げることとする。特に東京オリンピック・パラリンピックの開催が決まってから車椅子バスケットボールを含むパラリンピックの競技種目は、テレビや雑誌等で取り扱われることが格段に増えた。そのようなことから、車椅子バスケットボールについては知っている人も多いのではないだろうか。

車椅子バスケットボールのルール・用具の工夫

みなさんがこれまで体育授業等で実施してきた一般のバスケットボールと車椅子バスケットボールの相違点は、大きく二つある。一つ目は、車椅子バスケットボールにはダブルドリブルというルールがないことである。つまり、トラベリング（ボールを保持した状態で、車椅子を三回プッシュする）にならなければ、ボールの保持とドリブルを何度も繰り返すことができるのである。

二つ目の違いは、クラス分け制度があるということである。このクラス分け制度は、他のパラリンピック競技種目にもあり、障害の程度が勝敗に影響を及ぼさないようにされているのである。車椅子バスケットボールのクラス分けでは、ＩＷＢＦ（International Wheelchair Basketball Federation）のクラス分け制度によって、体幹の機能や上肢・下肢の機能等から総合的に判断され、選手個人に一・〇～四・五の持ち点が与えられることである。この持ち点は低いほど障害が重いことを意味しているのだが、各選手に与えられた持ち点に応じて、シュートが決まった際の得点が異なるということではないので注意して欲しい。そして、試合中にコート上にいる選手の持ち点の合計が一四・〇を超えないように規定されている。この規定により、障害が重い選手も試合に出場することができるチーム内での平等性や、対戦するチーム間で障害の程度に差がないように（障害の程度の差が勝敗に影響を及ぼさないように）公平性を保っているのである。このような違い以外は、コートの大きさ、ゴールの高さ、ボールの大きさ、および試合時間等は、一般のバスケットボールと同様である。

また、車椅子バスケットボールに使用されている車椅子は、競技特性に応じて、ブレーキの有無、タイヤやバンパー、転倒防止のキャスター等に独自の工夫がされている。このようにルールや用具を工夫することから、上肢に障害を有さない下肢障害者が競技スポーツとしてもバスケットボールを楽しむことが可能となり、現在ではその競技性も非常に高い。さらに、健常者であっても車椅子に乗ることで、共にプレイすることができ、健常者のみで構成されたチームが試合に出場しているのを目にすることも多くなった。障害を有する人のみでなく、健常者をも魅了してしまうのが、車椅子バスケットボールということになる。

車椅子ツインバスケットボールのルール・用具の工夫

車椅子バスケットボールは、主として上肢に障害を有さない下肢障害者が対象となっている。脊髄損傷者で考えると、上肢に障害がない対麻痺（胸髄・腰髄・仙髄損傷）者が該当する。それでは、上肢に障害がある四肢麻痺（頸髄損傷）者はバスケットボールを行うことができないのだろうか。もちろん、答えは「NO」であり、四肢麻痺者のような重度障害者を対象とした日本生まれの競技として、〝車椅子ツインバスケットボール〟がある。一般のバスケットボールや車椅子バスケットボールのゴールと同様の高さである三・〇五メートルのゴール（上バスケット）に加え、車椅子ツインバスケットボールでは、高さの異なるゴール一・二〇メートル（下バスケット）がフリースローサークルの中央に置かれている。つまり、一チームに二つのゴール（ツイン）が存在するということである。

もちろん、車椅子バスケットボールと同様にクラス分け（持ち点）制度がある。車椅子ツインバスケットボールでは試合中にコート上にいる選手の持ち点の合計が一一・五点を超えないように規定されている。ここまでは、車椅子バスケットボールと同様であるが、車椅子ツインバスケットボールでは、この持ち点によってショット区分が決まっているのである（試合中はヘッドバンドの有無や色で判断できる）。

ショット区分については、持ち点一・〇と一・五の選手は、下バスケットにフリースローサークルの円内からシュートする〝円内シューター〟（ヘッドバンドは赤色）となる。持ち点二・〇と二・五の選手は、下バスケットにフリースローサークルの円外からシュートする〝円外シューター〟（ヘッドバンドは白色）で、持ち点三・〇～四・五の選手は、上バスケットにシュートする〝上シューター〟（ヘッドバンドはなし）とされている。このように、それぞれが、有している能力を最大限に発揮できるようにルールや用具を工夫することで、重度障害者であってもスポーツを楽しむ／競うことが可能となるのである。

アダプテッド・スポーツとは

ここでは、車椅子バスケットボールと車椅子ツインバスケットボールを例に挙げ、そのルールや用具の工夫について触れてきた。このように、ルールや用具を障害の種類や程度に適合（adapt）させることによって、障害のある人はもちろんのこと、幼児から高齢者、体力の低い人であっても誰でも参加できるスポーツのことを〝アダプテッド・スポーツ〟という[2]。このアダプテッド・スポーツを科学するのが私の専門領域である。

三　自身の研究テーマについて

私の研究テーマは、脊髄損傷者を含む障害を有する方がより良く生きるために必要な情報を提供することである。これまでに発表／報告した研究内容のうち、主たるものを大きく二つに分けて、具体例とともに紹介する。

試合の撮影風景およびデジタイズ画面　　　移動軌跡の例

図１　デジタイズの分析画面および軌跡の例

車椅子バスケットボール選手の競技力向上に関する研究

例えば、車椅子マラソンであれば、距離が定められている（四二・一九五キロ）ため、現在、ランキング上位の選手がどれくらいの時間で完走するのかが明確である。そのため、トレーニング等を考える場合の基準や目標を立てる際に、それらの情報は有効に活用される。一方で、車椅子バスケットボールはプレイ時間が決まっているものの、どのような運動が行われているのかという客観的な情報はほとんどなかった。

そこで、私は、女子車椅子バスケットボールの客観的な特徴を捉え、競技力向上のための資料を得るために、二次元ＤＬＴ（Direct Liner Transformation）法を用いたゲーム分析を行った[3]。二次元ＤＬＴ法は、バイオメカニクスの領域で用いられる手法の一つであり、ビデオ撮影した映像（図1左）をもとに、デジタイズにより選手の位置を二次元座標上に置き換えて分析を行う（図1右）ものである。デジタイズにより図1右のような軌跡が得られるのだが、二次元座標上に置き換えられた情報を基に試合中の移動距離、最高速度、および平均速度が算出される。

車椅子バスケットボールは、一〇分×四ピリオド（クウォーター：Q）で行われるが、タイマーが動いていない時間にも選手は、常に戦略や状況を考え移動（運動）していることから、実際に分析した時間は、ファウル、フリースロー、そのほかに転倒等のアクシデントで選手の動きが戦略と関係なく停止した時間、およびQ間のインターバルやタイムアウトを除いた時間とした。なお、Qごとの軌跡に関しては、分析から除いた時間が存在するため連続した軌跡を表しているのではない。

私が分析の対象とした試合は、二〇〇五年に行われたIWBF Asia-Oceania Championships の女子決勝戦（日本対オーストラリア）であった。試合は、1Q終了時は、オーストラリアチームにリードされていたが、2Q終了時では、日本チームがリードしていた。3Q終了時に一点差に追いつかれ、4Qで逆転されたあと、大きく離され、六点差で敗戦した。この分析試合に出場した全日本女子車椅子バスケットボール選手八名のうち、1Qから4Qまで継続して出場した選手二名（Player A：ガード・持ち点一・五、Player B：フォワード・持ち点三・〇）と1Qに交代なしで出場した三名（Player C：センター・持ち点四・五、Player D：フォワード・持ち点三・五、Player E：ガード・持ち点一・五）の、計五名（Player Dは、2Qまで継続して出場）を分析の対象とした。車椅子バスケットボール特有のルールである持ち点の合計が規定範囲内であれば、一般のバスケットボールと同様に選手交代の回数が決められていないため、試合の状況やチームの戦略、選手の体力やその日の状態等に応じて複数回の交代が行われるため、フル出場した選手（Player AとB）の結果は非常に貴重である。

Player AとBのQごとの移動の軌跡は図2に示した通りである。ここで、一つ、触れておきたいのだが、この軌跡は、一秒間の動きに対して、五回以上のデジタイズ（どのような場面でも同じ身体一点をクリックしていく作業）が必要となるため、今思い出しても疲労困憊になる——楽しくも苦い思い出でもある——ことを正直に記し、分析の結果に話を戻す。両Player ともに、前半では、攻撃側と防御側のコートでの軌跡の密度が同程度であった。一方、後半になると、防御側での軌跡の密度が増加する傾向がみられた。Player Aは、4Qを通し

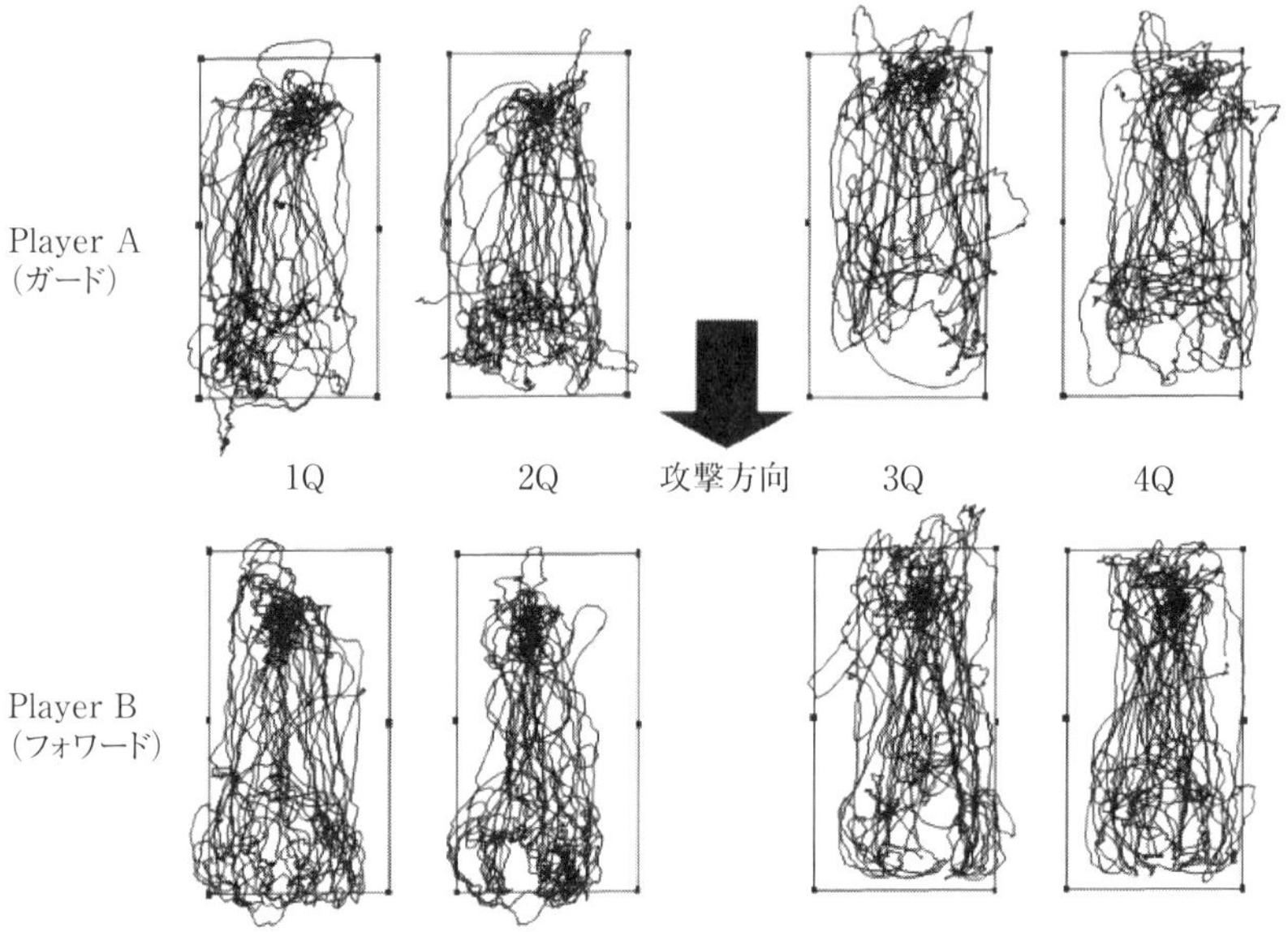

図2　Player A と Player B の試合中の移動の軌跡

出所）注（3）と同じ。

て、センターライン付近での軌跡の範囲が広い。Player Bでは、4Qを通して、攻撃側のゴールに近づくにつれて、移動の範囲が広くなる傾向を示した。また、センターライン付近での軌跡は直線的であった。これらのことから、特に試合の前半については、自身のポジション（役割）に応じた動きを展開しているものの試合の状況に応じて、変化することが推測された。

　フル出場したPlayer AとBの試合中の総移動距離は、Player Aで四八五二・〇メートル、平均速度は一・四七メートル／秒、最高速度は六・二一メートル／秒で、Player Bでは、移動距離は五三五二・六メートル、平均速度は一・六二メートル／秒、最高速度は六・八七メートル／秒であった。上述の軌跡に関する考察に加え、両選手の体力特性は、測定項目で多少の違いはあったが、同等であると考えられた。そのため、両選手の差にはポジション（役割）が影響を及ぼしていることが示唆された。

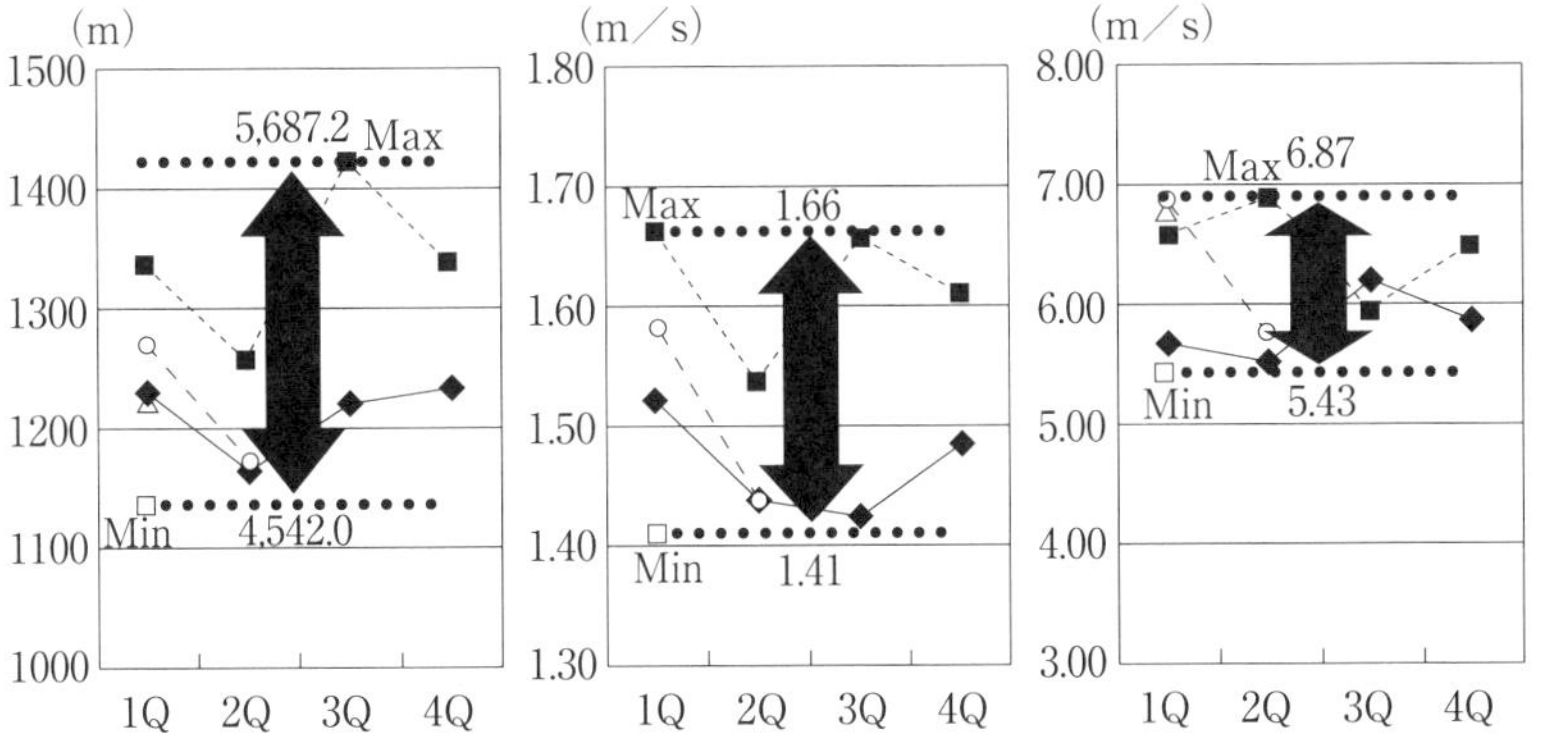

a.推定した移動距離の範囲　b.推定した平均速度の範囲　c.推定した最高速度の範囲

図3　チーム全体の移動距離、平均速度および最高速度の範囲

出所）注（3）と同じ。

対象とした全選手の結果から、移動距離と平均速度に関して、Player C（センター、持ち点四・五）がPlayer A（ガード、持ち点一・五）と近似した値を示したことから、選手の持ち点やポジションは影響しないと考えられた。最高速度に関しては、1Qにおいて持ち点が高い選手と持ち点の低い選手の間に差がみられ、1Qのみの分析を行っていた先行研究と同様の結果となった。しかし、2Q以降では同様の傾向がみられなくなったことから、最高速度に関しては1Qでは持ち点が関係していると考えられた。

移動距離を分析した選手五名の中で、Player E（ガード、持ち点一・五）が1Qで最も低い値を示し、Player B（フォワード、持ち点三・〇）が3Qで最も高い値を示した。この両選手のポジションや持ち点が全く異なることから、Player Eの1Qの移動距離（一一三五・五メートル）を下限とし、Player Bの3Qの値（一四二一・八メートル）を上限とすることで、チーム全体の移動距離の範囲を推定することができると考えた。これらの値を四倍（4Q分）することにより、全日本女子車椅子バスケットボール選手の試合中の移動距離の範囲は、四五四二・〇から五六八七・二メートルであると考えられた（図3-a）。同様に、平均速度と最高速度に関してもチーム全体の範囲を推定した。その結果、平均速度は、一・四一から一・六六メートル／秒となり（図3-b）、最高速度は五・四三から六・八七メートル／秒の範囲であることが明らかとなった（図3-c）。

　これらのことから、全日本女子車椅子バスケットボール選手の試合中の移動距離は約四・五〜五・七キロメートル、平均速度は一・四一〜一・六六メートル／秒、最高速度は五・四三〜六・八七メートル／秒であることが明らかとなった。また、試合中の移動距離や平均速度には選手のポジションや持ち点は影響していなかったが、最高速度に関しては１Ｑでは選手の持ち点が関係していることが示唆された。

　このゲーム分析の結果は、全日本女子車椅子バスケットボールチームの合宿にて紹介する機会が得られたことから、選手はもちろんのことヘッドコーチやアシスタントコーチを含むスタッフに対して発表した。それまで明らかとなっていなかった試合中の動きに関する客観的な資料は、現場での練習やトレーニング内容に活かされる可能性を感じたとともに、採用した分析方法の課題（分析に時間を要するため即時性がない・チームが求めている瞬間的なプレイに対する二次元座標上での動きのフィードバック等）が指摘された。

　そのため、ゲーム分析の方法や視点を変え、女子車椅子バスケットボール選手の試合中のシュートの種類に着目したゲーム分析も行った。二次元ＤＬＴ法を使用した分析と同様の試合を、ツーポイントシュート、スリーポイントシュート、速攻シュート、リバウンドシュート、フリースローシュートに分類して分析した。また、ツーポイントシュートについては、選手のシュート位置を①ゴール下付近、②台形ライン付近（分析当時のコートライン）、③スリーポイントラインから台形ライン付近の三つに分けて記録した。また、同大会で日本が大差で勝利した中国との試合（六六対二〇）を分析した結果と比較し、日本チームの速攻シュート、リバウンドシュートおよびフリースローシュートの成功率は、オーストラリアチームの成功率の半分以下であること、日本チームのフリースローシュートの成功率が中国チームと同等であったことを指摘した。

さらに、選手の障害の程度が試合中の動きに及ぼす影響を検討するために、車椅子ツインバスケットボールのゲーム分析も二次元ＤＬＴ法を用いて行い、車椅子ツインバスケットボールの競技特性を明らかにするとともに、女子車椅子バスケットボール選手との比較も行った。

体力科学の側面からは、女子車椅子バスケットボール選手のトレーニング中の心拍数と最大負荷テストの結果から得られる換気性閾値を用いてトレーニング中の運動強度を推定した。車椅子バスケットボールのように低強度と高強度の運動が間欠的に繰り返される運動では、運動強度を換気性閾値を基準として分類することで、より正確な運動強度の推定が可能であると考えたためである。心拍数は、運動中の物理的運動強度やエネルギー消費量（酸素摂取量）の増加に対し、直線的に比例して増加するため、運動強度の推定によく用いられる。運動中に必要なエネルギーの供給は、ある一定の強度を境にして、主なエネルギー供給過程が有酸素性過程と無酸素性過程に分かれ、この強度は換気性閾値（または無酸素性作業閾値）と定義されている。

脊髄損傷者の生活の質の向上に関する研究

わが国は世界のどの国も経験したことのない高齢社会を迎えていることは、みなさんもよく知っていることであろう。一方で、あまり知られていないが、脊髄損傷者を含む身体障害者においては健常者よりも高齢化が進んでいるのである。また、高齢になるほど身体障害者の割合が高いことから、人口の高齢化により身体障害者数は今後もさらに増加していくことが予想されている。

脊髄損傷者の寿命は急性期または長期的な医学的管理や医療技術の向上およびリハビリテーションの進歩により劇的に延伸した。ケンプは、脊髄損傷者の平均余命が二〇年の間に飛躍的に改善し、健常者の八五％に達していることを報告している[4]。これに伴い脊髄損傷者の生活習慣に関連した様々な合併症が指摘されている。死因による調査では、かつて脊髄損傷者の死因の第一位であった腎不全や尿路合併症が低下し、悪性腫瘍、高血圧および糖尿病といった生活習慣病の増加が特徴として挙げられている[5]。生活習慣病の誘因としては、脊髄損傷者の身体活動量や一日のエネルギー消費量が低いことが関係していると考えられている[6]。実際に、脊髄損傷者の身体活動量や1日のエネルギー消費量が低いことは数多く報告されている[7]。脊髄損傷者のエネルギー消費量の低下について内田竜生らは、一次要因として筋の麻痺によるエネルギー消費自体が困難となること、筋の委縮に伴い基礎代謝が低下すること、発汗などの体温調節が困難でこれに伴う熱エネルギー消費が困難なことなどを挙げている[8]。さらに、車椅子を使用した生活様式の変化、移動に伴うエネルギー消費が減少することなどの二次的要因が存在することを指摘している。

このようなことから、脊髄損傷者では寿命の延伸に伴い、慢性的な運動不足の状態がより長期的に継続することとなり、肥満に起因する生活習慣病の罹患率が高いことが予想される。脊髄損傷者における寿命の延伸は、特に若くして障害を負った者に対して、障害と共存する期間が延長したことを意味する。脊髄損傷者の死因が健常者に近似してきたことや慢性的な運動不足の状態である可能性が高いことから、健常者と同様またはそれ以上に脊髄損傷者において健康寿命の延伸を目的とした生活習慣病の予防が重要となる。つまり、健常者だけでなく脊髄損傷者においても生活の質（Quality of Life：ＱＯＬ）の向上や健康寿命（痴呆や寝たきりにならない期間）の延伸に努めることが必要ということである。

ＱＯＬの定義は広義であり、「生きがい」「満足度」のほか、「宗教」「経済状況」のような概念までも含む定義が存在する。「宗教」や「経済状況」などのように健康とは関係が薄い領域も含まれるため、医療に関連して影響を受ける領域を健康関連ＱＯＬ（Health-related Quality of Life：ＨＲＱＯＬ）と分類することで国際的なコンセンサスが得られるようになった。ＨＲＱＯＬを評価する尺度は数多く存在するが、そのうち、包括的な尺度として、世界的に広く使用されている尺度にＳＦ-36（Medical Outcome Study 36-Item Short-Form Health Survey）がある。

ＳＦ-36は、①身体機能、②日常役割機能（身体）、③体の痛み、④全体的健康感、⑤心の健康、⑥日常役割機能（精神）、⑦社会生活機能、および⑧活力の八つの側面（下位尺度）から構成されている。さらに、八つの下位尺度はそれぞれ重み付けをされた後に身体的健康度を表すサマリースコア（ＰＣＳ）と精神的健康度を表すサマリースコア（ＭＣＳ）の二つの得点にまとめることができる。なお、ＰＣＳには先述の下位尺度のうち①②③④が関係しており、ＭＣＳには⑤⑥⑦⑧が影響している（なお、全体的健康観と活力は、どちらも関連は低いのだが、ＰＣＳにもＭＣＳにも寄与している）。

先行研究において、脊髄損傷者のＨＲＱＯＬには様々な要因が関与していることが示されているが、それらの影響は研究の結果により一貫した見解が得られていない要因が多かった。そこで、私は、脊髄損傷者のＨＲＱＯＬに影響を及ぼす要因の検討を①年齢と障害特性に関する側面、②生活状況と健康状態に関する側面、③スポーツ活動に関する側面、④日常生活活動（Activity of daily living：ＡＤＬ）における自立度と残存機能レベルに関する側面の四つの側面から行った。特に残存機能レベル（車椅子バスケットボールおよび車椅子ツインバスケットボールの持ち点）はこれまでの先行研究における矛盾点を解決するための新しい視点として提案するものであった。これらのことから脊髄損傷者のＨＲＱＯＬに影響を及ぼす要因を検討し、ＨＲＱＯＬの向上に有益な知見を得ることを目的とした[9]。

その結果、身体的側面に及ぼす影響としては図4のような結果が得られた。図4には、上述の四つの側面で検討した要因の中からＨＲＱＯＬの身体的側面に有意に影響を及ぼす要因とそのβ値が記されている（β値がプラスであることは正の影響であり、マイナスであることは負の影響を及ぼしている）。身体的な側面

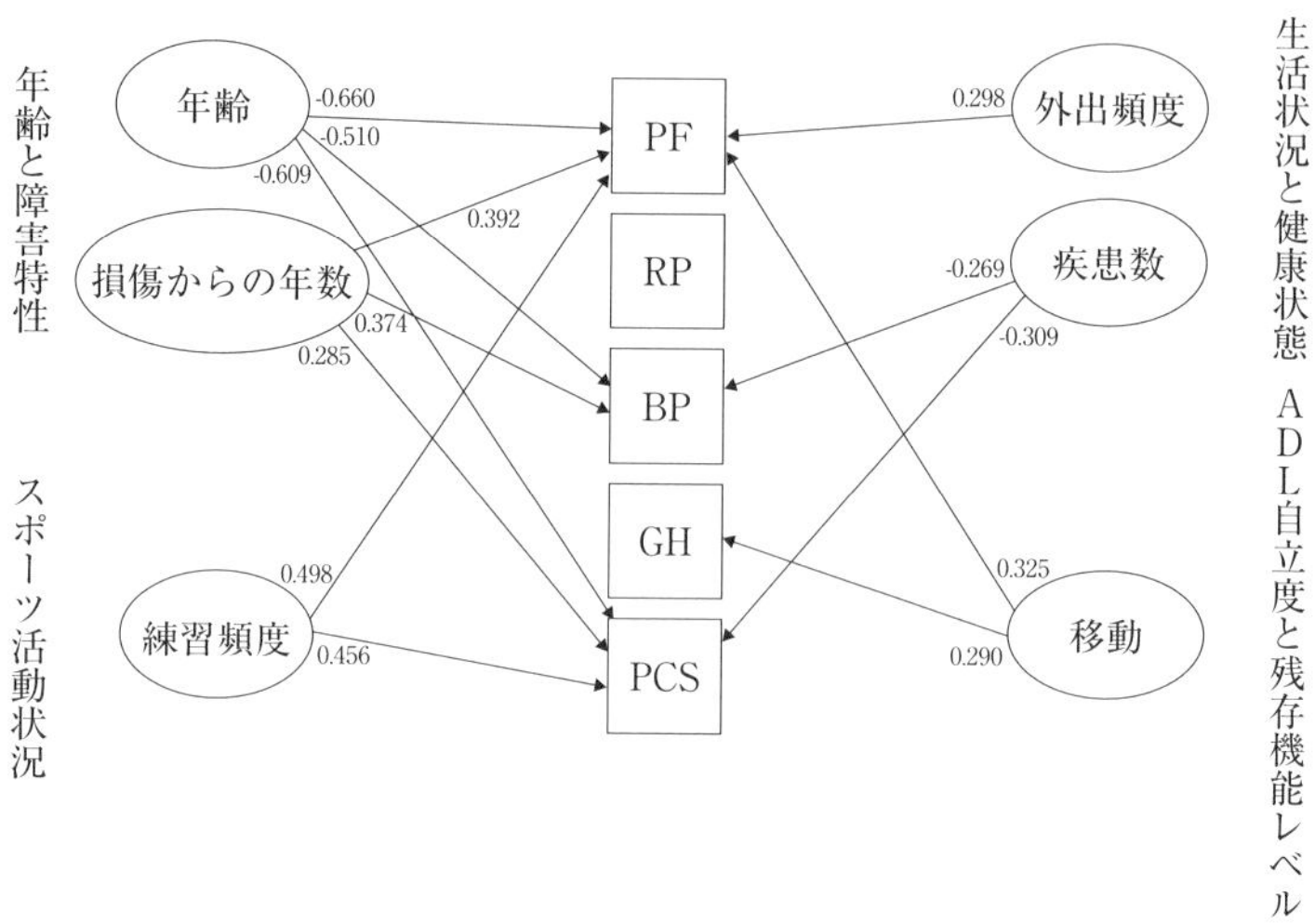

図４　HRQOL の身体的側面に及ぼす影響

出所）注（９）と同じ。

に影響を及ぼす要因としては年齢、損傷からの年数、外出頻度、疾患数、練習頻度および移動における自立度が挙げられた。そのうち、年齢と疾患数が負の影響を及ぼしていることが明らかとなった。健常者と同様に脊髄損傷者においてもより高齢になると健康に関する疾患を抱えている者が多いことが指摘されている。また、近年、脊髄損傷者において健常者と同様に高血圧や糖尿病などの生活習慣病が目立つようになっている。これらの疾患に加え、脊髄損傷者では、脊髄損傷特有の疾患への罹患が考えられるため、健常者よりも早期からの疾患予防が必要であることが示唆されたのである。なお、その際、年齢ではなく損傷からの年数を基準とした取り組みが効果的であると考えられた。

さらに、ＨＲＱＯＬの身体的側面に影響を及ぼす要因として、外出頻度、スポーツ活動の練習頻度および移動における自立度が挙げられた。因果関係の検討までは行うことはできないが、これらの要因は関連し合っている可能性が考えられる。つまり、移動における自立度が高いことは外出における困難も少なく、自由な外出が可能であり、スポーツ活動への参加も容易となることが推測されるのである。

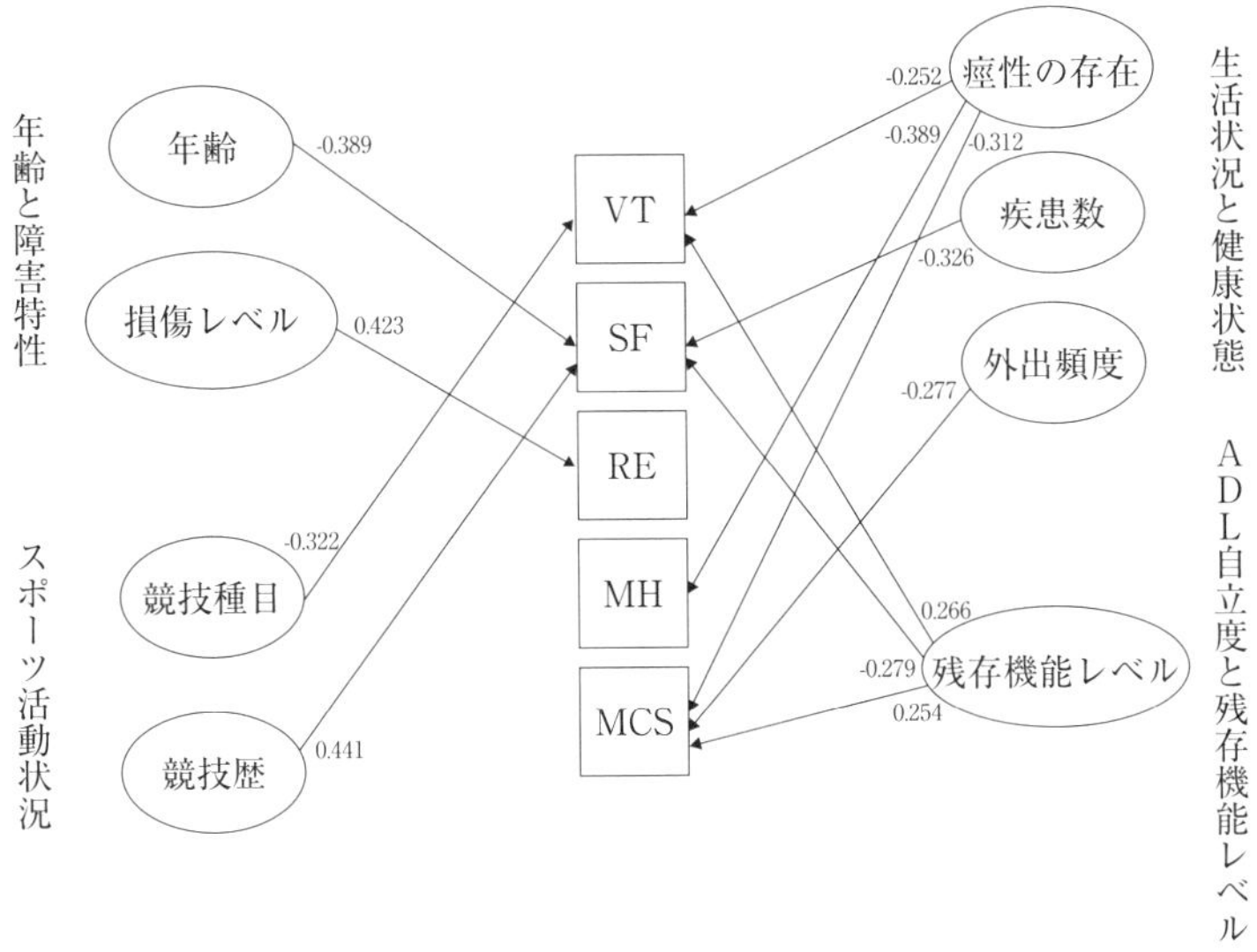

図５　HRQOL の精神的側面に及ぼす影響

出所）注（９）と同じ。

そして、スポーツ参加の頻度が高まることで、より外出頻度が増えることが予想される。これらの要因の全てはＨＲＱＯＬの身体的な側面の向上に寄与することが示されたため、ＨＲＱＯＬの身体的な側面は、より移動を自立して行えるようになることで向上する可能性が考えられた。

　ＨＲＱＯＬの精神的な側面に及ぼす要因については、図５のような結果が得られた。ＨＲＱＯＬの精神的な側面に及ぼす影響として、年齢、損傷レベル、痙性の存在（痙性／不随意痙攣：自分の意志とは関係なく誘発される痙攣）、疾患数、外出頻度、競技種目、競技歴および残存機能レベルが挙げられた。年齢と疾患数がともに負の影響を及ぼすことは身体的な側面に及ぼす影響と同様の傾向であった。また、障害の程度を意味する損傷レベルや現在の身体機能を表す残存機能レベルは、予想に反し精神的な側面にのみ影響を及ぼしていた。損傷レベルが高位であることや残存機能レベルが低いことは、身体的な制限がより多いと考えられるが、このような身体的な制限が、精神的な側面に関与する可能性が示唆された。また、外出頻度や痙性があることは精神的な側面に負の影響を及ぼしていた。つまり、外出頻度が高いことは身体的な側面が良好であることと関係しており、精神的な健康度が低いことに関連していることが明らかとなったのである。脊髄損傷者は外出する際にエレベーターやスロープの存在、細い道路の通行、人通りの多い場所での歩行および障害者用トイレの存在など何らかの問題に不安を抱えていると考えられる。そしてこのような不安は痙性を通して、ＨＲＱＯＬの精神的な側面にさらなる負の影響を及ぼす可能性が考えられた。さらに、損傷からの年数は身体的な側面へは良い影響を及ぼしていたが、精神的な側面へは影響を及ぼしていなかったことから、特にＨＲＱＯＬの精神的な側面へは個人の障害への適応というよりはむしろ、脊髄損傷者を取り巻く環境が影響を及ぼしていることが考えられた。

　このような結果・考察から、脊髄損傷者のＨＲＱＯＬの向上のために次のような方策を示した。まず、ＨＲＱＯＬの身体的な側面を向上させるためには、脊髄損傷特有の疾患だけでなく生活習慣病の予防に健常者よりも早期から取り組むことが必要であり、疾患予防の一つとしてスポーツ活動が挙げられ、高頻度での実施がより効果的である。また、社会復帰後も自由な外出が行えるように、移動における自立度を高める支援を継続していくことが必要となる。また、ＨＲＱＯＬの精神的な側面を向上させるためには、身体的な側面と同様に疾患を予防することに加え、残存機能レベルの強化が有効である。いずれもスポーツ活動への参加が効果的であり、損傷からより早い段階でのスポーツ参加が望まれるとともに、より自由に行える個人スポーツを継続して行うことが有益となる。さらに、外出時に感じる不安や自分の意志とは関係なく身体的な刺激だけでなく心理的な不安により誘発される場合がある痙性を有することは、低いＨＲＱＯＬと関係していたため、それらの不安を解決するバリアフリー法などの政策を促進することを通して、脊髄損傷者の積極的な社会参加が可能となる環境を実現していくことが有益である。

この研究で脊髄損傷者の精神的なＨＲＱＯＬに負の影響を及ぼす要因であった痙性については、超音波弾性装置を使用して、生理学的な側面からの検討も行っている。

四　まとめ

このように私は、私の興味の中心である脊髄損傷者を含む車椅子バスケットボール選手を対象とし、〝より良く生きる〟ために必要な情報を、様々な方法（研究手法）で得てきた／得ようとしてきた。もともと、中学校の保健体育教師を目指していた私にとって、大学三年次に配属されたゼミでの恩師との出会い、大学四年次に女子車椅子バスケットボール選手に出会ったことが〝転機〟だったのだと考える。このような出会いは、きっとみなさんの周りにも、特に〝大学〟という場には溢れており、そこに、どのような色を塗るのか、塗らないのか……はみなさん次第であるということを本章のまとめとして記すこととする。

注

（1）一般社団法人日本体育・スポーツ・健康学会「学会名称変更のごあいさつ」https : //taiku-gakkai.or.jp/innews/6991（二〇二一年七月三日閲覧）

（2）矢部京之助・草野勝彦・中田英雄『アダプテッド・スポーツの科学――障害者・高齢者のスポーツ実践のための理論』市村出版、二〇〇四年、三頁。

（3）三木由美子・福嶋利浩・矢部京之助「第2章―27二次元ＤＬＴ法を用いた女子車椅子バスケットボールのゲーム分析」人類働態学会編『働態研究の方法』人類働態学会、二〇一〇年、一九七―二〇〇頁。

（4）B. J. Kemp, "What the Rehabilitation Professional and the Consumer Need to Know," *Phys Med Rehabil Clin N Am*, 16, 2005, pp. 1–18.

(5) 内田竜生・住田幹男・徳弘昭博・田中宏太佳・村田勝敬「脊髄損傷患者死因統計　第7報　生命表分析について」『日職災医誌』四八、二〇〇〇年、一六三―一六八頁。

(6) 中澤公孝「身体障害者のスポーツ・身体運動の体力医学的意義」『体力科学』五四、二〇〇五年、一三―一四頁。

(7) M. Yamasaki, M. Irizawa, T. Komura, K. Kikuchi, H. Sasaki, K. Kai, and K. Ohdoko "Daily Energy Expenditure in Active and Inactive Persons with Spinal Cord Injury," *J Human Ergol.* 21, 1992, pp. 125–133；A. C. Buchholz and P. B. Pencharz, "Energy Expenditure in Chronic Spinal Cord Injury," *Curr Opin Clin Nutr Metab Care*, 7, 2004, pp. 635–639 など。

(8) 内田竜生・住田幹男・徳弘昭博・真柄彰「脊髄損傷患者における生活習慣病発症頻度とデータベース調査の問題点」『日職災医誌』五一、二〇〇四年、二八九―二九四頁。

(9) 三木由美子「脊髄損傷者の健康関連 Quality of Life の向上に関する研究」広島大学大学院総合科学研究科博士論文、二〇一三年。

〈書き込みワーク４〉【大学４年時】

「あなたが卒業研究論文で取り上げたいテーマは何ですか？　またそのテーマは教育学の領域でどこに位置づくでしょうか？」

卒業研究論文で取り上げたいテーマ

そのテーマを選んだ理由は何ですか？

選んだテーマが含まれると考える教育学の領域

おわりに

本書を読んだみなさんへのメッセージ

本書は主に新しく教育について学ぼうとしている大学生を対象として、教育学科ではどのような学問の世界に出会うことができるのかを紹介すること、教育学科に所属している教員一人ひとりの専門とする学問領域とみなさんがこれから教育学科で学ぶ科目との橋渡しをすること、の二点を目的として書かれた。本書を読んだみなさんは、それぞれの教員の専門とする学問領域が、教育の立場から人間そのものの生き方に深く関わっていることに気付かされたことだろう。

二〇世紀から二一世紀にかけて約一〇〇年の間に起こった社会の成熟と発展は、教育に異なる様相の様々な要望を生み出した。これらの要望の多くは個人が人としてより良く生きるための希望の実現であり、一人ひとりの未来への扉をひらくための方略であった。年月を経て、それらは社会や学校で具体化され、個人の自己実現を図る過程で、他者との共存共生を可能にする調和的な実践になるように改善が図られて現在に至っている。比較的新しい学問領域である教科教育学を事例にあげると、教科教育学は教育学を補完しつつ、各教科の背景学問を背負った教科としての独自性をそなえ、理念と実践の往還をしながら教科教育の実践に貢献するという教科教育学としての独立した特徴をもった学問に成長発展してきた。その過程で各教科の担う教育的役割を明確にしてきている。幼児教育、特別支援教育も教科教育学と同様に、学問としての特徴をもって、それぞれの領域を通して教育に寄与する役割を担っている。

教育学科で学ぶことのできる科目は教育のフィールドの多様性と重層性のために一様ではない。本書が学生のみなさんに期待することは次の三点である。第一に、それぞれの科目について主要な目的とその科目を学ぶ方法を意識することである。第二に、教育学科で学ぶ科目のもとになる知識や背景を考え、その科目を学んで得た知識の活用の場や知識自身の発展性を想像することである。学んでいる知識の背景を考えることは、今を理解するにとどまらず、未来を考える手掛かりになるからである。第三に、教育学科で学ぶ科目同士の共通性や特徴を意識することである。これらを通して、これまで、みなさんがとらえてきた教育についての認識を新たにし、様々な社会現象を教育の視点で考察できるようになることを期待したい。

最後に、本書の出版にあたって、執筆協力いただいた教育学科の先生方に感謝申し上げる。教育学科の学生だけでなく教育について学ぼうとする学生の学びを有意義なものにするための水先案内の役割を果たすものができないかとの教育学科の先生方の思いから本書の出版計画が始まった。教育に関する理論と実践の世界に新たに加わった学生のみなさんが、本書を通して広い学問領域をもつ教育の世界に触れ、学びに参加し、学びの世界から確かな知識と方法とを得て、社会の様々な分野で豊かな実践を構築できる人材として活躍されることを願っている。

木村恵子

〈書き込みワーク５〉【大学卒業時】

「大学での学びを振り返ってみて、入学当時に思っていた「教育」のイメージはどのように変わりましたか？　そう変わった理由は何ですか？変わっていない場合も、その理由を記録しておきましょう」

現時点であなたが「教育」と聞いて思いつくもの、こと、人、その他イメージを書き出そう

大学に入学時の考えと変わった／変わらない点やその理由を考えてみよう

広島修道大学テキストシリーズ

教育学のグラデーション

教育学科の歩き方

2022年4月15日　初版第1刷発行

編　者　木村恵子・谷口直隆・宮崎康子
発行者　中西　良
発行所　株式会社ナカニシヤ出版
〒 606-8161 京都市左京区一乗寺木ノ本町15番地
TEL 075-723-0111　FAX 075-723-0095
http://www.nakanishiya.co.jp/

装幀＝白沢正
印刷・製本＝亜細亜印刷

＊落丁・乱丁本はお取り替え致します。
ISBN978-4-7795-1657-3　C1037